社会主义新农村建设实务丛书

现代观光旅游农业园区规划与案例分析

主　编　张天柱
编　委　张天柱　吴卫华　陆　琳　李国新
　　　　王春晓　王振力　郝岫音　柳　青
　　　　廖　海　曹德瑞　陈苗苗　冉　霞
　　　　张宝良　许惠民　王宇欣　侯振强
　　　　杜　伟　贺焕亮　卜洪震

中国轻工业出版社

图书在版编目（CIP）数据

现代观光旅游农业园区规划与案例分析/张天柱主编.
北京：中国轻工业出版社，2021.1
（社会主义新农村建设实务丛书）
ISBN 978-7-5019-6857-2

Ⅰ. 现… Ⅱ. 张… Ⅲ. 农业-旅游资源-经济规划-中国 Ⅳ. F592.3

中国版本图书馆 CIP 数据核字（2009）第 018569 号

责任编辑：伊双双　　责任终审：张乃柬　　封面设计：伍毓泉
版式设计：王超男　　责任校对：李　靖　　责任监印：张　可

出版发行：中国轻工业出版社（北京东长安街6号，邮编：100740）
印　　刷：三河市万龙印装有限公司
经　　销：各地新华书店
版　　次：2021年1月第1版第11次印刷
开　　本：850×1168　1/32　印张：11.25
字　　数：300千字　插页：4
书　　号：ISBN 978-7-5019-6857-2　　定价：26.00元
邮购电话：010-65241695
发行电话：010-85119835　传真：85113293
网　　址：http://www.chlip.com.cn
Email：club@chlip.com.cn
如发现图书残缺请与我社邮购联系调换
201573K1C111ZBW

序

2008年是我国改革开放30周年。30年来，党和政府一直把"三农"问题作为重中之重，尤其是近年来，中共中央每年年初都要下发"一号文件"，从战略全局出发有力地推进农业结构改革，加快农业科技进步，提高农业综合生产能力，同时采取措施改善农村环境，扩大农民就业，增加农民收入，开创了向现代化农业迈进的新局面。中国共产党十七届三中全会对新阶段"三农"工作做出全面部署，提出"发展现代农业，培育新型农民，建设新农村"的具体任务。

现代农业的发展是时代的需求，它比传统农业大大扩展了农业的内涵与外延。现代农业既是从田间到餐桌到出口的链形产业，同时又是打通第一、第二、第三产业，具有生产、生活、生态多功能的产业。相当一部分农民在传统的种植、养殖业基础上，向农产品加工、贮存、营销、流通领域以及包括发展观光旅游业在内的第二、第三产业转移，标志着农村的进步和社会的发展。

观光旅游农业是农业与旅游相融合、物质生产与精神文化相融合的产业，是景观农业、体验农业、休闲农业等多种形式的统称。观光旅游农业虽然兴起不久，但充分体现了它的生命力。在满足人民提高生活质量的要求、增加国家财税，以及扩大农民就业、使农民致富等方面起到了不可低估的积极作用。

观光旅游农业发展历史很短，虽然全国各地都在积极兴办，但由于资源、人才、技术、管理等因素影响，发展势头与效果极不平衡。为推动这一产业健康发展，以中国农业大学张天柱博士为首的团队，在总结丰富的实践经验，以及成功主持多个农业园区项目规划的基础上，编写了本书，从理性提升和操作层面归纳分析，以期指导观光旅游农业的健康发展。

　　本书具有较强的系统性。在基本概念、国内外产业动态、园区规划原理、规划的实施乃至园区经营管理等方面通过案例与分析进行论述，易于理解和普及，操作性强。现代农业处于转型伊始，无论从理论还是从实践上都需要不断完善，观光旅游业的理论和实践也不例外，相信读者会从中得到启发，共同加以推进。

　　本书的作者大都是富有生机的中青年学者，应他们所约，励以为序。

洪绂曾 2008.11.9.

原农业部副部长，原北京市人大常委会副主任
中国农学会名誉会长
中国草学会名誉理事长
中国可持续发展研究会副理事长
中国农业专家咨询团主任委员

前　言

由本人主编的《现代农业园区规划与案例分析》一书自2008年1月由中国轻工业出版社出版以来，得到了广大读者的支持和欢迎。有不少读者提出建议，希望对该书某些章节所涉及的内容阐述得更加深入、具体一些。

经过研究，我们决定选择其中的第七章进行深化，编写成《现代观光旅游农业园区规划与案例分析》一书。主要理由如下：

（1）与其他类型的农业园区比较，观光旅游农业园区在农业园区中投资建设的比例较高。这可能是因为它的市场大、形式多、易经营、回报快，但其中也不乏由于建设或运营水平不佳而导致的失败者。

（2）投资者来源多样化，有政府、企业、个人等多种渠道。其中多数在投资建设前做了规划，但也有一些是仅凭感觉而仓促上马。

（3）另外，有关现代观光旅游农业园区的某些概念、理论等还比较模糊。

基于以上原因，我们试图通过本书，将长期从事观光旅游农业园区规划的经验总结出来，对有关理论和一些概念（如现代农业、现代观光旅游等）加以归纳或提出自己的见解，以促进观光旅游农业园区的投资建设者更加重视规划、了解规划、学习规划。也希望社会各界参与讨论观光旅游农业园区规划方面的学术问题，共同提高我国农业园区的规划水平，提高观光旅游农业园区的建设和运营水平。

由于作者水平所限,书中难免存在错误和不足之处,希望广大读者批评指正。

张天柱

2008.11.20

目　　录

第一章　概述 …………………………………………………… 1
　第一节　我国观光旅游农业的发展背景 ………………………… 1
　第二节　现代农业及现代观光旅游农业的概念 ………………… 7
　第三节　国内外观光旅游农业园区发展概况 …………………… 34
　第四节　发展现代观光旅游农业园区的意义及其可
　　　　　行性 …………………………………………………… 52
　第五节　我国现代观光旅游农业园区的发展方向 ……………… 56
第二章　现代观光旅游农业基础理论 ……………………………… 59
　第一节　现代观光旅游农业的特征及类型 ……………………… 59
　第二节　现代观光旅游农业的功能 ……………………………… 67
　第三节　现代观光旅游农业理论基础 …………………………… 72
　第四节　现代观光旅游农业开发的基本原则与发展
　　　　　对策 …………………………………………………… 88
第三章　现代观光旅游农业园区规划 ……………………………… 98
　第一节　当前观光旅游农业园区存在的主要问题 ……………… 98
　第二节　现代观光旅游农业园区规划的依据与原则 …………… 102
　第三节　现代观光旅游农业园区规划准备工作 ………………… 119
　第四节　现代观光旅游农业园区规划前期的调研 ……………… 123
　第五节　现代观光旅游农业园区的规划程序与内容 …………… 136
第四章　现代观光旅游农业园区建设与经营管理 ………………… 170
　第一节　现代观光旅游农业园区的建设与施工 ………………… 170
　第二节　现代观光旅游农业园区的管理体制与组织
　　　　　机构建设 ……………………………………………… 177
　第三节　现代观光旅游农业园区的经营管理 …………………… 186

第四节　现代观光旅游农业园区建设评价……………… 216
第五章　现代观光旅游农业园区典型案例与分析……………… 218
  第一节　天津杨柳青果蔬博览园……………… 218
  第二节　内蒙古乌海市海勃湾区高效农业示范园……… 229
  第三节　无锡唯琼生态农庄……………… 237
  第四节　皇城相府养生农业区……………… 244
  第五节　鄂尔多斯市生态农业科技园……………… 256
  第六节　北京市蟹岛绿色生态农庄……………… 273
  第七节　北京顺义三高科技农业试验示范区……… 277
  第八节　上海孙桥现代农业开发区……………… 281
  第九节　山西省潞城市翟店镇现代农业示范基地……… 285
  第十节　内蒙古准格尔旗水镜湖现代农业观光园……… 289
  第十一节　蔡家洼设施农业生态公园……………… 292
  第十二节　安徽滨湖现代农业综合开发示范区……… 297
  第十三节　廊坊市聚龙现代农业休闲观光园区……… 301
  第十四节　中国台湾地区现代农业科技旅游园区……… 305
  第十五节　国外典型现代观光旅游农业园区……………… 319
参考文献……………… 337

第一章 概　述

第一节　我国观光旅游农业的发展背景

一项新产业的出现与发展都源于社会需要，我国观光旅游农业的出现同样有其社会背景，作者分析主要有以下几点。

一、农业、农村、农民状况显著改善

近十几年来，中共中央、国务院颁布了一系列方针政策，大大促进了农业的发展、农村面貌的改善和农民生活质量的提高。

2004—2008年，中共中央、国务院连续五年出台指导"三农"工作的中央一号文件，有力促进了农民增产增收，提高了农业综合生产能力，开创了社会主义新农村建设的新局面。

2004年中央一号文件提出："调整农业结构，扩大农民就业，加快科技进步，深化农村改革，增加农业投入，强化对农业的支持保护，力争实现农民收入较快增长，尽快扭转城乡居民收入差距不断扩大的趋势。"

2005年中央一号文件要求："稳定、完善和强化各项支农政策，切实加强农业综合生产能力建设，继续调整农业和农村经济结构，进一步深化农村改革，努力实现粮食稳定增产、农民持续增收，促进农村经济、社会全面发展。"

2006年中央一号文件要求："完善、强化支农政策，建设现代农业，稳定发展粮食生产，积极调整农业结构，加强基础设施建设，加强农村民主政治建设和精神文明建设，加快社会事业发

展，推进农村综合改革，促进农民持续增收，确保社会主义新农村建设有良好开局。"

2007年中央一号文件指出："发展现代农业是社会主义新农村建设的首要任务，要用现代物质条件装备农业，用现代科学技术改造农业，用现代产业体系提升农业，用现代经营形式推进农业，用现代发展理念引领农业，用培养新型农民发展农业，提高农业水利化、机械化和信息化水平，提高土地产出率、资源利用率和农业劳动生产率，提高农民素质、农业效益和竞争力。"

2008年发布的中央一号文件：《中共中央、国务院关于切实加强农业基础建设，进一步促进农业发展、农民增收的若干意见》，再次确定了"三个继续高于"的原则："今年财政支农投入的增量要继续高于上年，国家固定资产投资用于农村的增量要继续高于上年，土地出让收入用于农村建设的增量要继续高于上年。建设用地税费提高后新增收入主要用于'三农'。"

农村改革，是从中央一号文件开始的，改革突破也是从中央一号文件开始的。2006年，我国全面取消了农业税，与改革前相比，农民减少负担1 250多亿元，人均减负140元左右。近年来，农村实行税费改革，取消了乡统筹费、农村教育集资，取消了屠宰税，取消了统一规定的劳动积累工和义务工等，为农民减轻了不少负担。为了巩固税费改革成果，防止农民负担反弹，农村又推进乡镇机构改革、农村义务教育改革、县乡财政体制改革以及农村金融改革，从而使农村公共服务水平逐步提高，农民分享了改革与发展成果。

中央政府各个部门为发展现代农业，推进社会主义新农村建设，也陆续出台了多项针对性措施。2007年财政部门将大力支持"三农"问题作为本部门工作的重中之重，着力于促进现代农业建设、扩大农村综合改革试点范围、创新财政扶贫开发机制、深化支农资金整合试点、促进深化农村金融体制改革等方面的工作。科技部表示,"十一五"期间将把农村科技工作摆在更加突出的位置,大幅增加农村科技投入,将工业领域和农业领域的经费比例从原来的7∶3调整到5∶5。国家重大科技专项、"863"计划和"973"计划等主体计划都要向农业领域倾斜。农业部从2007年启动"十大行动":粮食综合生产能力增强行动,健康养殖业推进行动,高效经济作物和园艺产业促进行动,农产品质量安全监管加强行动,农业科技创新应用与新型农民培训推进行动,农业产业化和组织化水平提升行动,循环农业促进行动,现代农业设施装备加强行动,禽流感等重大动物疫病防控行动,社会主义新农村建设示范行动。

各省市地方政府也积极行动起来,把"三农"问题作为工作重点。如湖北省2007年的支农投入超过120亿元,主要是围绕农民生产和持续增收最紧迫的问题及加大现代农业发展的投入等方面;山东省计划实施六大农业科技支撑工程,建成一批在国内外有重要影响的省级现代农业科技示范基地、农业研发中心和特色农业科技示范县;陕西省以"一村一品"为突破口发展现代农业。

由于以上各级政府积极、有效的政策,2004年到2006年,我国粮食产量3年稳定增加,累计增产667亿公斤。2007年粮食产量50 150万吨,比上年增加350万吨,增产0.7%。2006年我国肉类总产量8 100万吨,比上年增长4.6%,其中,猪、牛、羊肉分别增长4.3%、5.3%和7.8%;水产品产量5 250万吨,增长2.8%;水果产量17 050万吨,增长5.8%;蔬菜产量58 233万吨,增长3.2%。2007年我国农村居民人均纯收入4 140元,扣除价格上涨因素,比上年实际增长9.5%。2007年农民收入增长呈现出一些新的特点:出售农产品的现金收入明显增加,工资性收入继续保持较快增长,家庭经营第二、第三产业收入保持平稳增长,农民财产性和转移性收入也有所增长。与农民现金收入快速增长对应,农村居民家庭恩格尔系数(即居民家庭食品消费支出占家庭消费总支出的比例）由2002年的46.25%下降到2006年的43.02%。同时，农村经济多元化、农业现代化生产、农村生态环境、农民住宅条件等方面都有明显改善。截至2008年3月，农村电话用户达11 590.2万户。

农村条件的改善，特别是生态农业的发展，使农村不但具备了接待游客的条件，而且还突出了生态平衡的优越性，使人们享受到优美、清新的环境和田园生活。同时，农村城镇化的发展，改善了本地的交通、通信、居住等基础设施，促进了农村旅游资源的开发。

二、城镇化迅速发展

中国共产党的十七大报告在强调走"中国特色社会主义道路"的同时，还提出五条具体道路，其中之一就是"中国特色城镇化道路"。城镇化是社会发展的必然趋势，是社会进步的重要标志。城镇化意味着农村人口向城镇聚集，农业产业向第二、第三产业转移，农民生活方式转变，农民素质提高，传统乡村文明向城市文明转变。城市化的快速发展，城市人口规模的扩大，为发展旅游农业提供了市场客源。

1978年我国开始改革开放时，城镇化率为19.72%，2006年底达到43.9%。平均每年提高0.86%。各省城镇化发展速度不一，每年为0.8%~1.2%的增速。根据2007年山东省的统计数据，城镇化率每提高一个百分点，大约有100万人口从农村进入城镇。1949年我国城镇人口为5 769万，城镇人口占总人口的10.5%，乡村人口占89.5%。2006年我国城镇人口已达57 706万，占总人口的43.90%。乡村人口降至73 742万，占总人口的56.10%。根据世界城市化发展的阶段性规律：城市化水平在30%以下为城市化初级阶段，城市化水平在30%~70%为城市化加速阶段，城市化水平在70%以上为城市化后期阶段。我国城镇化正处在加速发展阶段,所以,将有更多的农民转变为市民。

我国城市人口 2005 年底达到 5.6 亿,比 5 年前提高 7%,即 13 亿中国人中有 43% 生活在城市。城镇化导致人口高度集中,引发了一系列"城市病"(诸如住房狭窄、交通拥挤、污染严重、生活和工作压力大等),他们渴望在假日期间到广阔的农村去观光旅游、放松自己,呼吸优质空气,欣赏大自然之美,或者带着孩子到农村去体验农民生活,参与农耕活动,增加农业知识。据北京市调查,每年有 67.1% 的家庭到郊区观光旅游,其中有 61.9% 的家庭每年到郊区旅游 3~5 次;全市有 15.1% 的市民每年到郊区旅游 5 次。由此可见,城市化的快速发展,日益扩张的城市人口,为发展观光旅游农业提供了巨大的客源市场。

三、城镇居民收入增加

城镇居民经济收入水平的显著提高,是推动观光旅游农业发展的动力。根据国际上的经验,人均 GDP 达到 1 000 美元时,旅游需求急剧膨胀,但主要是观光性的需求;人均 GDP 达到 2 000 美元时,将基本形成对休闲的多样化需求和多样化选择;人均 GDP 达到 3 000 美元时,度假需求量显著增加。2006 年中国居民人均 GDP 超过了 2 000 美元,城镇居民家庭人均可支配收入达到 1 310 多美元,恩格尔系数也降到 47.7%,大城市这些数据的提高更显著。因此,居民的消费倾向逐步向物质消费和精神消费的多样化、高级化和个性化转变,人们消费结构发生变化,用于休闲娱乐的费用大大提高,旅游等活动增加。随着我国经济持续快速发展,居民收入水平不断提高,收入中用于休闲旅游的比重将进一步增加,而且这一消费群体会越来越大,成为观光旅游农业的主要客源。

四、居民休闲时间增加

我国自1995年开始实施每周5天工作制，1999年9月开始实行3个"长假日"制度（五一、十一和春节）。这样我国公众每年享有国家法定假日114天（含周日）。其中，学生和教师全年达140多天；公务员及外企管理人员，全年约124天；离、退休人员绝大多数赋闲在家。这些休闲假日为发展观光旅游农业提供了时间保证。2008年国家发展和改革委员会对假日作了调整，还规定了带薪休假，我国公民将有更多的休闲时间。

五、道路、交通条件改善

高速公路和私人汽车的发展，为农业观光旅游提供了极大的方便。

根据中华人民共和国交通运输部的报道：截至2006年底，全国公路总里程达345.70万公里，比上年末增加（同口径比，下同）11.18万公里。路网结构进一步改善：全国公路总里程中，国道13.34万公里，省道23.96万公里，县道50.65万公里，乡道98.76万公里，专用公路5.80万公里，村道153.20万公里，分别占公路总里程的3.9%、6.9%、14.7%、28.6%、1.7%和44.3%，比上年末分别下降0.1、0.1、0.5、1.0、0.2个百分点和提高1.9个百分点。公路技术等级和路面等级进一步提高：全国等级公路里程228.29万公里，占公路总里程的66.0%，比上年末提高2个百分点。其中二级及二级以上高等级公路里程35.33万公里，占公路总里程的10.2%，比上年末提高0.3个百分点。按公路技术等级分组，各等级公路里程分别为：高速公路4.53万公里，一级公路4.53万公里，二级公路26.27万公里，三级公路35.47万公里，四级公路157.48万公里，等外公路117.41万公里。城市郊区的交通发展更快，有的地区已经与城市的主要交通网络连接在一起。

据国家统计局2008年2月发布的《2007年国民经济和社会发展统计公报》：至2007年末，全国民用汽车保有量达到5 697万辆（包括三轮汽车和低速货车1 468万辆），比上年末增长14.3%，其中私人汽车保有量3 534万辆，增长20.8%；民用轿车保有量1 958万辆，比上年增长26.7%，其中私人轿车1 522万辆。自2001年底中国加入世界贸易组织以来，长期受到压抑的汽车消费得到释放，汽车市场规模不断扩大，私人消费成为主流。自2006年起，中国取代日本成为仅次于美国的世界第二大新车消费市场。中国同时还是仅次于日本和美国的世界第三大汽车生产国。私人轿车的发展无疑促进了观光旅游农业产业的发展。

第二节 现代农业及现代观光旅游农业的概念

一、现代农业的概念

党的十六大报告曾指出："统筹城乡经济社会发展，建设现代农业，发展农村经济，增加农民收入，是全面建设小康社会的重大任务。"2006年颁布《中华人民共和国国民经济和社会发展第十一个五年规划纲要》更是把"发展现代农业"单列一章。既然提出现代农业，就意味着它是农业发展中的一个历史阶段，要很好理解现代农业的概念，首先要了解农业发展史。

（一）农业发展简史

世界农业发展至少已经历了10 000年的历程。关于农业发展史，根据所选择的分期标志不同，国内流行"三阶段"论和"四阶段"论两种观点，如下所述。

"三阶段"论点中，多数人认为农业发展史可分为三个阶段：原始农业、传统农业和现代农业。原始农业出现在新石器时期，这一时期的人类使用简陋、粗糙的工具，采用刀耕火种和轮垦种植的耕作制度，依靠长期休耕的方法自然地恢复地力，而不是靠人工的栽培耕作技术去提高土壤肥力。传统农业是农业发展史上的第二个阶段，它的基本特征有两点：一是使用的生产工具有了进步，人类在冶铁术和畜力使用的基础上发明了耕犁，极大地提高了生产效率；二是利用和改造自然的能力有了进步，改变了在原始农业阶段只靠自然力去恢复地力的状况，创造了利用人工施用有机肥来提高土壤肥力的办法，发明了用选择农作物和牲畜良种来改善农作物和牲畜性状的技术，此外还创立了间作、套种等复种制度。现代农业是农业发展的最新阶段，它是用工业技术装备的、受实验科学指导的、以商品生产为主的一种农业。"三阶段"论点中的另一部分人认为农业发展史可划分为古代农业、近代农业和现代农业三个阶段。古代农业指的是资本主义生产方式在农业中出现之前的农业。它使用的生产工具简单，以人力、畜力为动力，靠单纯的经验积累起来的生产技能，进行自给自足的小农经营的生产，经营规模狭小，没有多少分工。近代农业指的是19世纪末20世纪初资本主义生产方式开始出现时这段时期的农业，表现为作业实现了半机械化，较为复杂的畜力农机具得到广泛运用，自然科学也开始应用于农业，经营规模和商品生产逐渐扩大，生产处于工场手工业阶段。现代农业一般为近100年来西方发达国家不断将现代工业、现代科学技术和现代管理方法大规模地应用于农业而发展起来的"工业式"农业，即资本、技术和能源密集型农业。特别是第二次世界大战以来在各发达国家所出现的高度发达的农业，实现了全面机械化，各种现代科学技术在农业中广泛应用，生产经营达到高度社会化、集约化、专业化和企业化，农业生产结构发生了根本变化，农业劳动生产率得到大幅度提高。

"四阶段"论者将农业发展史划分为原始农业、古代农业、近代农业和现代农业四个阶段。原始农业大体上指石器时代以来的农业。古代农业大体上相当于奴隶社会直至封建社会、殖民地社会时期的农业,其特征为:以人力、畜力为主要动力;以传统的生产经验积累为农业生产技术的主要内容;在经济形态上处于自给自足状态;大多数人口从事农业生产。近代农业大体上是指从19世纪中叶至20世纪40年代一些经济发达国家的农业。其基本特征是半机械化和机械化的农机具在农业生产中占据了统治地位,其他各种农用生产资料在农业生产中的应用日益增多,农业技术开始采用近代自然科学的成果,农业生产由自给自足为主转化为商品化、社会化的生产,农业的发展速度大为加快,而农业产值与农民数量在国民经济和总就业人数中的比重开始下降。现代农业是指自第二次世界大战以来的农业,此时发达国家的农业已经达到了很高的水平,普遍采用现代化工业成果来装备农业,以机械作业替代手工操作,并广泛使用化工产品和大型农业设施。这些国家用现代科学技术改造和发展农业,用现代经济和管理科学经营和管理农业,提高了农业的专业化、集约化和市场化水平,农业生产的效率空前提高,农产品的产量大幅度增加,农业与农村的面貌发生了根本性的变化。

笔者认为,"四阶段"论将农业发展的历史划分得更细致一些,但"三阶段"论基本将农业发展历史各阶段轮廓描述得比较清楚,两者都将现代农业看作农业历史中一个最新发展阶段,对现代农业的阐述也基本一致。

(二)现代农业的概念与特征

1. 现代农业概念

关于"什么是现代农业"有各种论述和定义。笔者认为,作为一个名词的定义,应该语言简明,涵盖内容全面,有前瞻性,不因社会、经济、科学技术的发展而陈旧或不适用。根据目前对现代农业的各种描述,我们对现代农业的概念归纳为:现代农业就是农业科学技术化、集约化、产业化、规模化和商品化。

2007年中央一号文件对发展现代农业的方向明确指出："用现代物质条件装备农业，用现代科学技术改造农业，用现代产业体系提升农业，用现代经营形式推进农业，用现代发展理念引领农业，用培养新型农民发展农业"。农业现代化是个动态过程，它是一个不断发展、提高的过程，也就是说，农业现代化水平在与时俱进。

现代农业是一种"大农业"，它不仅包括种植、养殖业，还包括产前、产后相关产业，如产前的农药、肥料、种苗等的生产和产后加工、销售等，实际上贯穿了第一、第二和第三产业，第二产业如农产品加工，第三产业如"观光旅游农业"等。

现代农业是技术密集型产业，它体现了现代高新技术的先导性。科学技术渗透到农业各个方面：如用新技术培育优良品种、提高产量、保证产品安全，用现代信息系统指导农业生产规划与市场预测，用现代装备进行农业生产和农产品贮存保鲜、运输、加工等，用先进理念管理农业、运作产品流通和营销体系等。

关于"农业集约经营"一词，《中国大百科全书》经济学Ⅱ卷作了如下定义："在一定面积的土地上，集中地投入较多的生产资料和劳动，使用先进的技术和管理方法，以求在较小面积的土地上获得高额产量和收入的一种农业经营方式"。我国《辞海》中对"集约经营"辞条的解释为："粗放经营的对称。在一定面积的土地上投入较多的生产资料或劳动，采用新的技术措施，进行精耕细作的农业经营方式——广泛地采用集约经营方式以发展农业，称'农业集约化'"。对集约农业可进一步的理解为：调整结构，优化产业和产品构成；增加投入，提高农业综合生产力；依靠科技，增加资源产出率；防止污染，保持农业生态平衡；增加收入，走向共同富裕；逐步建设成为一个资源节约型农业。

现代农业必然进行农业产业化经营。所谓农业产业化，就是以国内外市场为导向,以提高经济效益为中心,发挥资源优势,以系列化服务为手段,通过实行种养加、供产销、农工商一体化经营,将农业再生产过程的产前、产中、产后诸环节联结为一个完整的产业系统的经营方式。从功能和性质上看,农业产业化是引导分散的农户小生产转变为社会化大生产的组织形式,是多方参与者主体自愿结成的经济利益共同体。目前全国各类产业化组织与农业生产的连接方式主要有合同、合作、股份合作等方式,强化了企业与农户的利益关系,不仅包括订购数量、质量,而且还充实了最低保护价、提供系列化服务等内容,并引入保险机制,提高了抵御风险的能力。

农业生产商品化是以商品关系把广大农村与城市连接起来,使自给农业发展为市场化农业。农业从生产成果到生产手段普遍实现商品化,农民的大部分经济活动被纳入市场交易,农产品的商品率很高。农业打破了内部物质循环的局限性,使农民完成从单凭经验到依靠科学,从盲目生产到产供销协调发展的全面转变。

2. 现代农业的特征

现代农业与传统农业相比,主要有以下几个基本特征:

(1) 完善的产业体系　完善的产业体系是现代农业的重要标志。农产品生产、加工、流通环节实现一体化结合、产业化经营,形成较为完整的产业链,以企业化、产业化经营为特征的农业合作组织、生产联合体和产加销一体化组织成为农业生产的主体。

(2) 实现城乡一元化发展　突破了传统农业远离城市或城乡界限明显的局限性,实现了城乡经济社会一元化发展和城市中有农业、农村中有工业的协调布局,科学合理地进行资源的优势互补,有利于城乡生产要素的合理流动和组合。

(3) 建立管理和服务体系　突破了传统农业部门分割、管理交叉、服务落后的局限性,实现了按照市场经济体制和农村生产力发展要求，建立一个全方位、权责一致、上下贯通的管理和服务体系。

（4）实现了农产品流通　突破了传统农业封闭低效、自给半自给的局限性，发挥资源优势和区位优势，实现了农产品优势区域布局，农产品市场化程度高度成熟，贸易国内外流通。

（5）用工业化手段装备农业　工业装备是现代农业的硬件支撑。随着现代工业的发展，农业生产各个环节和整个过程采用机械化作业，农业机械与计算机、卫星遥感等技术结合，新型材料、节水设备和自动化设备应用于农业生产。

（6）广泛应用先进科技　先进的科技是现代农业发展的关键要素。从19世纪中叶农业化学技术的发展，到20世纪中叶的"绿色革命"，生物技术和信息技术也逐步渗透到农业种质资源、动植物育种、农作物栽培、畜禽饲养、土壤肥料、植物保护等各个领域，农业科研的领域和范围不断扩大，农业生产的深度和广度不断拓展，农业的可控程度大大提高，出现了"精确农业"等全新的农业发展模式。

（7）高素质的劳动者　高素质的农业劳动者是现代农业发展的根本。从事农业生产或经营的劳动者，具有现代农业专业知识和现代思想观念和经营理念，有较强的市场意识和管理才能，能熟练地使用农业机械设备。

（8）健全的社会化服务体系　健全的社会化服务体系是现代农业发展的重要条件。现代农业生产的各个环节都有社会化服务组织提供专门服务，健全的多种形式的农业服务组织构成了高效农业社会化服务网络。

（9）生态环境受到重视　注重农业经济与生态环境的协调发展，是现代农业发展的基本趋势。

关于农业现代化，有几项世界各国比较认同的标准可以参考：科技对农业的贡献率在80%以上；农产品商品率平均95%以上；农业投入占当年农业总产值的比例在40%以上；农业劳动力占全国劳动力总数的比例低于20%。

（三）国外发展现代农业的典型模式

由于各国国情、资源、农情、农业发展面对的矛盾和负担不相同，农业现代化的内容、水平也不相同。以下是国外几种发展现代农业的典型模式。

1. 人少地多型模式

人少地多型模式以美国为代表。他们是以机械化开始农业现代化的进程，农业现代化的特点表现为资本、技术和能源的密集投入，即采用现代化的设施及农业机械装备，大量投入化学肥料、农药、杀虫剂、除草剂等换取高产出。

美国从传统农业到现代农业的变迁是在十分独特的历史和自然条件下发展和完成的。由于美国拥有地域辽阔、土地富饶等得天独厚的自然条件，以及具有其他国家没有的大陆殖民开发的独特历史条件，使美国在解决农业发展中非常关键的土地问题上与众不同。美国独立后不久，即于1784年、1787年先后颁布了一系列重要的土地法令，确立了西部土地的分配原则，决定以每英亩（0.4公顷）不少于1美元、每块售出土地不少于259公顷的办法处理西部获得的土地。在西进运动中，由于夺取了印第安人的大片土地，美国国土面积从1776年宣布独立时的95.9万平方公里扩大到1853年的786.8万平方公里，增加了8倍多。1862年国会通过并颁布了"宅地法"，该法规定，凡年满21岁的美国公民，只要交纳10美元的登记费，都可以在西部地区领取15公顷的荒地，且耕作5年后即成为自己的财产，从此确立了美国家庭农场经营的基本形式。基于地广人稀，为提高劳动生产率，美国农业的现代化以机械化为突破口。1840年后，播种机、脱粒机、饲草收割机开始商业性生产，此后各地广泛采用联合收割机、拖拉式撒肥机、翻耕播种联合机等。20世纪30年代，拖拉机耕地已经普及。到1959年，美国的小麦、玉米等主要农业作物的耕、播、收割、脱粒、清选等作业机械化程度已达100%。第二次世界大战之后，为提高农业的土地产出率，美国农业的化学化、良种化进程迅速推进。1970年农用化学品的使用量是1930年的11.5倍，1990年化肥的使用量为1946年的6.1倍。从1960年起，除草剂的使用迅速增加，现已超过杀虫剂。为适应不同地区气候和土质的要求，20世纪70年代前后，美国培育出许多杂交品种，并开始利用遗传生物工程方法、核辐射技术和航天工程技术，改造优化种子的遗传基因，使农产品产量与品质大幅度提高。随着计算机技术和生物技术的发展，计算机、转基因、卫星遥感等高新技术广泛应用，美国农业生产更趋向工厂化、自动化、区域化和专业化。现在，美国农业机械化程度位居世界第一，是全球最典型的现代化大农业，平均每个农场耕种的面积约为1 600公顷，直接从事农业生产的人口约为350万人。这350万人不仅养活了3亿美国人，而且还使美国成为全球最大的农产品出口国。美国玉米、大豆、奶类的总产量在世界上连续几十年遥遥领先，居世界第一位。2000年和2001年，美国平均每公顷谷物的产量达到5 974公斤和5 728公斤，分别比世界平均产量高出96%和88%。美国是世界上玉米、小麦、稻米、大豆、棉花等主要农作物单位面积产量最高的国家之一。与美国农业现代化过程情况类似的国家还有加拿大和澳大利亚，其农业现代化也始于农业机械化。

2. 人多地少型模式

日本、荷兰和以色列是人多地少型国家的代表，它们是以提高土地单位面积产量、发展特色农业和种植高附加值农产品为主要手段进行农业现代化。

日本山地多、耕地少且相对分散，水田占有较高的比重，但劳动力资源十分丰富。日本农业现代化的起步主要是从多投入劳动和肥料开始的。1955年国民经济高速发展以前，日本的农业技术突出表现为节约土地和资本，通过品种改良、施肥和栽培技术的改进，使用简单农具和畜力等，多投入劳动、少投入资本和充分利用土地资源，追求高产量和高农业经济效益。1961年，日本政府颁布了《农业基本法》，明确地把以调整土地经营规模为中心的所谓"结构政策"摆在农业政策的首位。在农地政策方面强调放宽对农地占有的限制，鼓励农地向"中心农户"集中。1962年，日本政府又对《农地法》进行修改，修改的主要内容是：放宽农户拥有土地上限，在自家劳力耕作的情况下，所拥有的土地可以超过3公顷。1970年和1982年，又对《农地法》进行了第二、第三次大修改，核心内容也是放宽对农地租赁的限制，实行地租自由化。1980年，日本政府颁布了《农地利用增进法》，其主要内容是：以土地租佃为中心，促进土地经营权流动；以地域为单位，组成农用地利用改善团体，促进农用地的集中联片经营和共同基础设施的建设。日本农业协同组织（以下简称农协）起源于1910年。第二次世界大战后，根据1947年颁布的《农业协同组合法》，农协得以重建，至今已走过了60多年的历程。1956年日本政府制定《农业整建措施法》，进一步从法律上加强了对农协的保护和支持，使各级农协在经营上趋于稳定，1961年又不失时机地推动了全国各地农协的大规模合并，确立了农协在农村经济中的领导地位。进入经济高速增长时期后，农协适应农业专业化、机械化和市场竞争的需要，在组织机构、农产品流通形式、事业范围等方面不断进行调整，以农协为主，帮助"核心农户"和生产合作组织妥善经营农户出租和委托作业的耕地。在全国建有国立和公立科研机构、大学、民间（企业等）三大系统组成的农业科研体系。推广服务主要由政府的农业改良推广所和农协负责，从中央到地方形成了一套完整的体系。1956—1975年，日本农业劳动生产率大幅度提高，在解决了粮食基本满足人民生活和工业发展需要的前提下，随着城市化进程和工业发展速度加快，农村劳动力不断向城市和工业转移，农业人口逐渐减少，为实现农业机械化和提高农业劳动生产率创造了条件。种植业与畜牧业是日本农业的两大部门,1993年,农业总产值中,种植业占73.9%,畜牧业占25%。在种植业中,大米占27%,蔬菜占26%。1967年日本的水稻机耕面积达96%,机械收割面积达80%,机械脱粒面积达98%。20世纪70年代,日本推广了小苗带土移栽机,从而解决了机械插秧问题,实现了农业生产全面机械化。日本农业的机械化有一个显著特点,就是以中小型机械为主。以拖拉机为例,在同等耕地面积上,日本的大型拖拉机拥有量只相当于原西德的30%,法国的76%,英国的86%,而小型拖拉机拥有量则相当于原西德的45倍,法国的35倍,英国的80倍。到1975年,日本已经基本实现了农业现代化。此后又通过发展"石油农业"、"化学农业",增加化肥、农药、农膜、除草剂等化工生产资料,以及农业机具,使农业产值大大提高。1976年以后,日本开始解决"石油农业"带来的负面效应,协调人与自然、经济与生态环境的关系,保护与充分合理利用自然资源,提高农产品的质量和档次,实现农业经济效益、生态效益、环境效益、社会效益的有机统一。在这一阶段,日本注重发展"有机农业"、"生态效益农业",开始减少使用化肥、化学农药等,扩大施用有机肥料、生物肥料、生物农药和生态灭草剂等。同时开展无污染的清洁农业生产,利用现代高新技术发展新型农业模式和进一步提高农业现代化水平。按1995年美元与日元汇率计算,日本农业劳动力人均产值已由1979—1981年的15 655美元提高到1996—1998年的30 272美元,17年间增长了93.4%,接近美国的39 523美元。1998年农业就业比例只有5.0%,农户数下降至329.1万户。

  荷兰是世界上人口密度最高的国家之一,人口密度达435人/平方公里,也是一个典型的人多地少型国家。就是这样一个土地十分珍贵、农业资源相当贫乏、在20世纪50年代国内农产品尚不能自给自足的国家,仅用了十多年时间,就一跃成为全世界仅次于美国和法国的第三大农业出口国,每年出口创汇550亿美元。奶牛饲养、蔬菜、花卉的出口更是雄踞世界第一。Aalsmeer是世界最大的花卉拍卖市场。荷兰农业取得如此巨大的成就，得益于正确的农业发展战略、高质量的教育、一流的研究和向农民有效的技术推广系统。荷兰农业以规模化的家庭经营为基础，着力发展装备农业，就是由人工控制农作物环境进行农产品生产的农业。荷兰的装备农业是世界现代农业的典范。荷兰重视科研与生产的紧密结合，发展高效农业，建立起日益完备、高度发达的现代农业体系。现在，荷兰以农户为单位的家庭农场约有12万个，其中近1/2的农场从事种植业，其余为畜牧农场和园艺农场。荷兰温室农业产值占农业总产值的1/4以上，因而成为独立的专门的农业产业。温室农业是工厂化作业，1987—1997年10年间，荷兰的耕地面积年递减率为0.2%，而温室农业用地面积却有所增加。区域性布局也发生了变化：将具有较大温室比例的荷兰南部省份温室集中起来，进行规模化生产，逐步缩小荷兰北部的温室面积。保护地园艺种植占荷兰农业生产力的1/5以上，从事温室农业类生产的大约有9 000农户，其中，近2/3专门种植花卉或盆景植物，1/3经营蔬菜生产。70%以上的农场平均只有2个劳动力，农业劳动力约占全国总劳动力的3%和全国总人口的1.8%。这些劳动力主要是农场主本人，家庭成员多为帮手，此外还雇些临时工，但荷兰家庭农场的规模在欧盟成员国中是最大的。

以色列地处中东，其农业资源极为有限，在2.1万平方公里的国土面积中，沙漠占了60%，耕地仅占国土面积的20%。水资源总量为20亿立方米，其中农业用水仅10亿立方米。由于农业资源贫乏，他们不得不走以高科技提升农业和农业资源高效集约的发展道路，努力提高农业机械化水平，大力发展节水灌溉和污水处理技术、农业生物技术，培育优良作物和禽畜品种等。以色列节水农业位居世界第一，平均每立方米水可产2~3千克粮食，是我国的2~3倍，水肥利用率达80%~90%。以色列创造出了世界上科技含量最高、技术成果最辉煌的农业。近十多年来，以色列农业总产值年增长率始终保持在15%以上，农业劳动力占全国总劳动力5%以下，产值占全国总收入仅6%的农业，不仅供应全国需要的农林产品，改变了粮食、蔬菜、水果长期依靠进口的状况，而且还能大量出口。若按以色列的土地生产率计算，地球可以多养活100亿人口。

3. 人口、土地一般型模式

第三类农业现代化的典型是土地和劳动力比例差异不悬殊的国家，如法国。他们主要是从改造小农经济农业的规模着手，进行农业现代化。

到20世纪初，法国仍是小农经济加手工劳动占主要地位的国家。由于农业生产率低，在第二次世界大战后的初期曾出现农产品不能自给、粮食依赖进口、不得不实行配给制的尴尬局面。第二次世界大战后，法国政府奉行国家干预主义经济政策，出台了一系列引导农业发展的措施，促使土地集中，实现规模经营，为农业现代化奠定了基础。尤其是1960年出台了"法国农业指导法"，其中一项重要内容就是要各级政府成立"乡村设施和农业治理协会"，其宗旨是"改进农业结构，增加农业生产单位的土地面积，为农民耕作提供方便"。法国政府还利用法律手段规定农场主的合法继承人只有一个，防止土地进一步分散，并通过税收优惠政策，鼓励父子农场、兄弟农场以土地入股，开展联合经营。此外，国家还给大农场主提供低息贷款，对农民自发的土地合并经营减免税费，促使农场的规模不断扩大。法国政府还鼓励农村剩余劳动人口退出土地经营。根据1962年颁布的"农业指导补充法"，设立了"调整农业结构行动基金"，对自愿离农者给予补贴。20世纪70年代初，又设立"非退休金的补助金"，给年龄在55岁以上的农民一次性发放"离农终身补贴"，鼓励年老农场主退出土地；同时，对愿意离开农业到工业、服务行业去投资或就业的青年给予奖励性的赔偿和补助。通过上述有效手段，使战后法国的农场数目迅速减少，农场规模日益扩大。农场数量从1955年的226.6万个减少到1975年的130.4万个，20多年间共减少了96.2万个，减少率42.4%。其中减少最多的是中小农场，特别是小农场。从1955年到1975年，50公顷以下的中小农场由219.6万个减少到116.4万个，减少了46.8%。而50公顷以上的大农场，则由9.51万个增加到13.88万个，增加了45.9%。农业经营规模的扩大无疑对于促进农业机械化起了重要作用，有了规模，机械才有了用武之地。为推动农业生产的机械化，法国政府专门设立了直属农业部的"国立农机试验研究中心"。另外，法国持续发放农业贷款和补贴，还由国家出钱培训农民。现在法国农业产量、产值均居欧洲之首，是世界上仅次于美国的第二大农产品出口国和世界第一大农产品加工出口国，创造了历史奇迹。

农业现代化的国家，他们的农业人均产出指数较高（根据主要农产品产量按照农业人口平均后测算的指数），加拿大已达到60.8%，美国为50.3%，澳大利亚达到49.4%，新西兰和法国也分别达到了44.4%和41.8%，德国、英国和意大利分别为30.3%、29.8%和20.4%，日本和韩国分别为11.5%和6.3%。而中国仅为1.8%。

（四）中国农业的现代化进展

新中国成立以后，农业现代化发展基本可分为三个阶段：改革开放前的计划经济阶段和改革开放后的两个阶段。

第一阶段是在1949—1978年时期。1953年，中共中央在《关于党在过渡时期总路线的学习和宣传提纲》中提出了建设现代化工业、现代化农业、现代化国防和现代化交通运输的目标。这一时期，中国农业现代化建设主要是以学习原苏联为主，进行农业"四化"：农业机械化、农业化肥化、农业水利化、农业电气化，基本是从农业技术和生产方式变革的角度理解农业现代化。这一时期全国各类水利设施资产总值达到1 000多亿元，供水能力 4 000 亿立方米，修建大量防洪防涝工程，建成 4 700 万公顷灌溉农田，6 万多座农村小水电。1978 年全国农业机械总动力保有量达到 11 746 万千瓦。由于这一时期各种政治运动频繁，农业现代化进展受到冲击，生产力水平提高较少，农民温饱问题基本没有得到解决。

第二阶段是在 1978 年改革开放到 2002 年。1978 年 12 月中共十一届三中全会作出《中共中央关于加快农业发展若干问题的决定（草案）》，提出了改革开放的历史任务，指出对农业的领导一定要从实际出发，一定要按照自然规律和经济规律办事，按照群众利益办事，尊重和保护社员群众的民主权利，绝不能滥用行政命令，绝不能搞瞎指挥和不顾复杂情况的"一刀切"，以及集中力量抓好农业技术改造、发展农业生产力等。1980 年 9 月，在召开的省、市、自治区党委第一书记座谈会上，专门讨论了加强改善农业生产责任制问题，并颁布了会议纪要，第一次以中央文件的形式阐明包产到户的社会主义经济的性质。中国在广大农村普遍推行家庭联产承包责任制，坚持土地等主要生产资料集体所有制，实行土地所有权与经营权分离，从而充分调动了广大农民的生产积极性和主动性，农业生产率迅速提高，农民的温饱问题逐步得到改善，农业现代化速度较快，农业得以快速增长，农产品供给全面增加，成为农民历史上收入增长最快的时期。粮食产量由 3 亿吨增加到 4 亿吨，年均增长 6.2%；农业产值年均增长 7.3%；棉花、油料产量年均增长分别高达 19.3% 和 14.7%；农民收入年均提高 13.4%。

1985—1988 年，政府取消农产品"统派统购"制度，对粮油等大宗农产品实行合同定购与市场收购的"双轨制"，而对其他农产品完全放开，实行市场调节农产品统购制度改革与农村产业结构调整。1988 年，全国主要农产品产量都大幅度提高，粮食产量创下历史最高纪录。

1992 年以后，中国农村市场经济体制改革速度加快，农村市场体系逐步形成，市场机制的作用越来越大。1997年以后，特别是跨入21世纪后，农业结构调整成为中国农业发展和解决"三农"问题的主旋律。这一时期农业结构大规模、战略性调整的特点是范围的全面性、时间的长远性、内容的整体性、方式的多样性和调整目标任务的前瞻性等。进入20世纪90年代后期，中国农村产业结构和劳动力就业结构转换速度明显加快，农村第一产业产值比重持续下降，农村第二、第三产业产值的比重持续上升，农村非农产业产值占农村社会总产值的比重不断增加，农村劳动力就业结构呈现由第一产业向第二、第三产业流动的趋势。如1978年中国农村第一、第二、第三产业构成比例为68.6∶26.0∶5.4，而到1997年，第一、第二、第三产业的比例为24.4∶62.9∶12.7。农村第一、第二、第三产业的就业结构由1978年的92.0∶7.1∶1.1变为1997年的70.6∶17.8∶11.5。1978年中国农村非农产业产值为215.5亿元，占农村社会总产值的14.6%。到20世纪90年代中期以后，其产值份额已经超过了75%。20世纪90年代中国的粮食自给率达到99.6%，尤其是90年代后期以来，国内粮食供给从总量和结构上都出现了相对过剩，其他农产品也有类似的情况，中国农产品全面短缺的时代已经基本结束。

第三阶段是在十六大以后。从十六大开始，我国进入了科学发展新阶段。此阶段我国制定了加强"三农"工作的大政方针，把"三农"问题作为全党工作重中之重，将我国总体上带入以工促农、以城带乡的发展阶段。此外，还制定了工业反哺农业、城市支持农村和多予少取放活的基本方针，规划了建设社会主义新农村和发展现代农业的基本任务。

2004年粮食增产387.5亿公斤，总产量是新中国成立以来最多的一年，单产也创下历史新高。2005年粮食总产量达到4 840亿公斤，增产145.5亿公斤。两年增产量超过500亿公斤，创造了历史纪录。如图1-1所示。

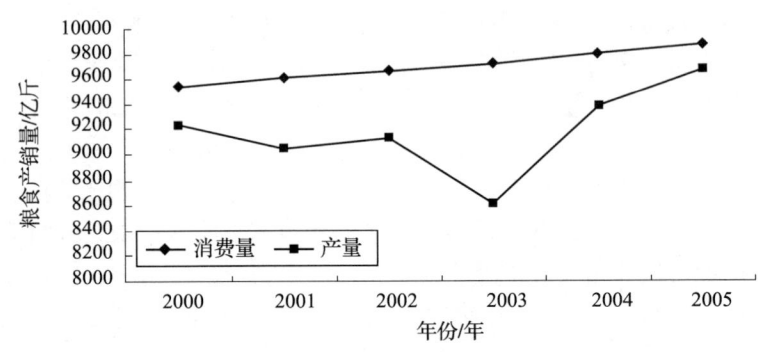

图 1-1 "十五"时期国内粮食产需变化

农业种植结构也得到不断优化，棉、油、糖、麻、烟、果、蔬等经济作物生产获得较快发展，主要农产品向优势区域集中的步伐加快，农产品优质化水平进一步提高。2004年，棉花产量达到632万吨，创历史新高。"十五"时期累计棉花产量为2712万吨，比"九五"时期增长557万吨，增长25.8%。2004年和2005年，油料产量分别达到3066万吨和3078万吨。"十五"时期，累计油料产量为14717万吨，比"九五"时期增长2479万吨，增长20.3%。2005年，蔬菜产量达56284.4万吨，与2002年相比增长6.4%；"十五"时期，园林水果总产量累计达29556万吨，比"九五"时期增加1898万吨，增长6.9%。2005年畜牧业产值约为13000多亿元。肉类总产量达到7700多万吨，约占世界肉类总产量的28%，比2000年增加1590万吨，增长40.1%，平均年递增4.7%。其中猪肉产量达6100多万吨，占世界猪肉总产量的45%以上，跃居世界各猪肉生产国之首，"十五"时期平均每年递增4.5%；牛羊禽肉产量分别达714万吨、436万吨和1453万吨，"十五"时期年均增长6%、9.8%和3.8%。2005年我国禽蛋总产量达到2872万吨，人均占有量达20公斤左右，约占世界禽蛋总产量的30%以上，居世界第一位。2005年奶类产量达2800多万吨，其中牛奶2680多万吨，"十五"时期平均年增长速度达到25%以上。畜产品结构更趋合理，如猪肉占肉类的比重由2000年的65.8%下降到2005年的64.9%；牛羊肉则上升到14.9%；禽肉也占到了18.8%。良种繁育体系已初具雏形。目前全国种畜禽场达9 114个，其中县级以上各类国有种畜禽场近2 000个，国家级重点种畜禽场83个，家畜繁育改良站也达到3 000多个，另外还有种公牛站79个，年提供冷冻精液1 000万份。国家级家禽育种中心、瘦肉型猪育种中心及奶牛育种中心的建成使我国形成了比较完整的良种繁育体系。疫情防治机制初步建立，我国目前已设有从中央到乡镇各级畜禽疫病防疫机构及村级防疫员，有约100万人的畜禽疫病防疫队伍。近200个兽药厂，生产2 000多个品种规格的兽药，每年生产近300亿头份畜禽疫苗。2005年我国水产品总产量达到5 100万吨，比2000年增长19.2%。"十五"时期，我国水产品累计产量提高了821万吨，增长全部来自养殖业。水产养殖业产量占水产品总产量的65%。远洋渔业稳步发展，水产品出口大幅增长，渔业的国际竞争力显著增强。"十五"时期，在面临国际贸易壁垒等不利因素不断出现的情况下，我国水产品出口一直保持高速增长态势，年均增长率超过16%。2005年全年水产品及其制品出口额近80亿美元，比2000年翻了一番，约占我国农产品出口总额的30%，连续六年居大宗农产品首位。目前，我国水产品出口总额约占世界水产品出口总额的10%，位居世界首位。

关于现代农业的评价指标目前尚无统一标准，舆论有各种看法。分析发达国家农业情况，我们认为应考虑以下几方面：第一，农业设施水平，如电力供应情况，耕、耙、播、收等机械化程度，有效灌溉面积比重等；第二，农民文化水平，一般应在中专以上；第三，农业产出水平，如粮食单产，平均一个劳动力一年的农业产量等；第四，农民生活水平，如恩格尔系数，农民居住条件、生活及家用文化设备，医疗和子女就学条件等；第五，生态环保情况，如森林覆盖率，野生动物繁殖状况，水冲厕所普及情况，废弃物循环利用情况等。

中华人民共和国农业部中国农业信息网公布的《全国农业统计提要》中，对《全国农业现代化水平》列出以下几项，如表1-1所示。

表1-1 全国农业现代化水平

指　　标	单　　位	2005年
农村用电发电情况		
乡、村办水电站数	个	26 726.00
装机容量	万千瓦	1 099.50
发电量	万千瓦时	3 483 997.10
农村用电量	万千瓦时	43 757 016.90
农用化肥施用情况		
农用化肥施用量（按折纯法计算）	万吨	4 766.20
氮肥	万吨	2 229.70
磷肥	万吨	743.80
钾肥	万吨	489.80
复合肥	万吨	1 303.60
农田水利情况		
有效灌溉面积	千公顷	55 029.40
旱涝保收面积	千公顷	40 236.70
机电排灌面积	千公顷	36 715.60

注：此表为我国2005年数据。

二、现代观光旅游农业的概念

（一）我国观光旅游农业存在的问题

20余年来，我国观光旅游农业迅速发展，无论在经济效益及社会效益方面都发挥了重要作用，促进了国家的繁荣、稳定，但也存在一些不足。

1. 政府宏观管理不够

各级政府尚缺乏把观光旅游农业作为公益事业来发展，缺乏把社会效益放在经济效益之上的观念。如缺乏政府规划、指导，采取各种措施对观光旅游农业的开发，提供规划编制的技术支持和资金支持，以保证区域发展的均衡性和产业发展的驱动力。

2. 法规不够健全，管理不够规范

在税收、贷款、用地、工商管理、食品、卫生、安全保证等方面政策、惩罚条例很不完善。观光旅游农业的规章制度和管理机制不健全，农业部门、旅游部门与其他相关部门在管理上还不够协调。旅游区的道路建设、配套设施建设、管理服务用房等用地结构和布局还比较散乱，没有统一的标准和要求，各行其是。

3. 科学规划重视不够

目前，观光旅游农业基本是地方政府、企业、乡镇或农民自主开发。不少农业观光旅游项目缺少整体规划和科学论证，土地利用不合理，浪费资源，项目设计雷同，布局不尽合理，功能不配套，市场定位不准，简单仿效，粗放经营。在开发建设上随意性较大，存在着一定的无序性和盲目性。特别是一些农家接待点，厨房设备简陋，基本消毒设施缺乏，没有水厕，排污、排水通道不畅，生食、熟食混放，从业人员也缺乏必要的健康保证等，整体卫生状况不理想。

4. 服务人员缺少培训，素质不高

目前，观光旅游农业经营管理人员大多是原来从事农业生产、加工、营销的工作人员，对旅游业缺乏管理经验。旅游服务人员大多不是正规职业学校的毕业生，有的虽然进行了短期培训，但时间短，不够规范，从整体上来看素质仍然偏低。在招徕客源上，业主往往采取单打独斗，被动地进行宣传促销，如在门前竖立广告牌、为游客发传单（或发名片）和宣传册等，宣传口径不统一，宣传局限在各自的接待范围。业主们走出本地学习别人的先进管理经验、利用网络做大宣传、参与旅游节、会进行宣传和促销的意识还不强，使已初具规模的品牌产业不能形成合力。

5. 对旅游客源市场正确定位缺乏研究

农业旅游景观的建设和改造，应遵循一定的市场原则，参照一定的客源对象，满足游客的休闲心理和消费习惯。同时，乡村旅游景区和项目开发要考虑市场的需求和竞争力，还要考虑不同职业、不同年龄旅游者的心理需求，即市场的需求，这是经营者要考虑的首要因素。这是一项深入、细致的调查研究工作，目前我国在这方面还较落后。

6. 观光旅游活动中的生态和环境保护建设不足

实现观光旅游农业的可持续发展是建立在良好的生态环境基础上的，保护生态环境就是保护乡村旅游资源，保证旅游产业的持续发展。应把农业观光旅游开发与生态环境保护结合起来，在编制旅游规划的同时，搞好生态规划。要大力发展生态观光农业，大力实施林业生态工程建设，优化旅游生态环境，加强农林资源管理，保证乡村旅游资源可持续利用，实现经济效益、社会效益和生态效益的统一。

7. 促进农业观光旅游的非政府组织较少

发达国家在这方面做得较好，如1992年美国建立了非营利组织——国家乡村旅游基金（NRTF），从事项目规划、募集和发放资助、提供宣传。任务是鼓励可持续的农业旅游发展，提供网络信息服务，执行州旅游合作计划，推广国际旅游项目，提高联邦旅游和休闲场所的知名度，实行游客分流，开发全美森林服务项目等。加拿大于1977年和1990年分别成立了乡村度假农庄协会（CVA）和土著旅游协会（CNATA），组织培训，帮助从业人员转变观念，注重参与者的能力建设。1989—1994年，我国台湾农政单位成立了发展观光休闲农业策划咨询小组，一方面在台湾大学、屏东技术学院等院校开设观光休闲农业课程,建立观光休闲农业理论基础;另一方面着手培训观光休闲农业的经营人才。

(二) 现代观光旅游农业的概念和实例

1. 现代观光旅游农业的概念

如前所述,观光旅游农业是旅游和农业相结合的第三产业,它兼有旅游和农业两个产业的双重特性,又是一个具有复合特性的服务型产业。对农业而言,它增加了农业的观光旅游价值,为社会提供了一个新的旅游形态,丰富了农业结构;对观光旅游业而言,扩大了观光旅游空间,丰富了观光旅游内容。现代观光旅游农业又界定了观光旅游和农业必须满足现代化的要求。旅游的现代性体现在食、住、行方面的方便性、舒适性、安全性和卫生性。现代是与传统和原生态相对的概念,也就是说现代观光旅游农业既不同于传统的乡村旅游,也有别于原生态的自然风光之游,而是有计划、有目的地将游客吸引到预先规划、建设好的现代农业园区内进行消费。这种农业园区具有科技示范功能、生产功能、教育功能、参与功能、品尝功能、娱乐功能、修身养性功能、采购功能等。游客可以在园区参观,放松紧张的心情,也可在园区居住参与各种活动。园区吸引的消费主体是城市居民,根据城市居民的不同层次、不同爱好、不同年龄和需要等,预先规划、建设有不同的设施,并在不同季节,服务的对象有所侧重。

笔者认为,与传统观光旅游农业或农村旅游比较,现代观光旅游农业具备以下特点。

(1) 人为性强　人为性表现在园区的规划性和计划性方面,特别是创新理念在园区建设上的应用。就是通过规划,将当地各种优势条件利用起来,采用科技手段和现代装备,对一个合适的农业地区加以改造、提高、浓缩,建设成观赏性、可参与性、教育性、娱乐性、享受性、休闲性很强的农业园。园区建设、运转、发展、盈利等，都按照原来规划、设计的既定目标进行，并基本达到预期的效果。

（2）科技水平高，有一定规模　科技水平表现在种植、养殖、加工等各个农业领域。如节水灌溉、施肥测土配方、温室室温和湿度自动控制、禽畜饲料计算机配方等，由于良好的生产手段和环境激发了劳动者的热情，从而大大提高了工作效率、产量和质量。另外，科技水平还体现在居住、洗浴、休闲娱乐等方面。旅游者不仅可学习、亲身体验到现代农业知识，也获得了享受。

农业园区必须有一定规模才便于引进先进的科学技术，才便于规范化、标准化，观光旅游内容才能丰富，才能吸引、容纳大量的游客，才能高效运转。园区观光旅游设施集中，才便于游客花较少时间能享受更多乐趣，得到更多知识。

（3）法规完善　观光旅游园区的建设、管理都是按照国家有关法律进行。农产品生产和加工过程以及服务有规范，产品有标准。保证游人的人身安全、所食用的食品安全，保证游人的精神愉快和健康。

（4）展示性、趣味性强　现代观光旅游农业园区采用各种手段在种植、养殖等农业生产中展示农耕文化、民族文化、民俗文化和饮食文化，以及将科学技术、景观艺术、引人入胜的农业产品、趣味性很强的娱乐融入其中。既有现代人文、科学技术，也有传统、原始文化和生产方式的再现。因此，可使旅游者在园区得到丰富的知识和极大的乐趣。园区内的内容和设施，随着科学技术的发展和市民观念意识的发展变化而定期更新，使游客总能有新的感受而流连忘返。这是传统农业所不及的。

（5）观光旅游和农业交融性强　观光旅游和农业相互交融、渗透、促进。在规划观光旅游路线、居住环境、饮食内容时，是以农业、农村文化为基础；在规划、设计农业建设项目时，必须考虑观光旅游的要求。观光旅游项目运行过程中会对农业提出新的要求，促进农业的提升与发展；不同文化背景的旅游者会丰富农业观光旅游区的内容；农业、农村和农民的新变化，又会吸引更多的观光旅游者。

（6）可持续发展　现代观光旅游农业是规范化、科学化管理的行业。在农业发展的基础上重视农业生态环境的整治，提高农业生态系统的环境质量；旅游活动体现对生态系统的保护；对游客行为和数量控制力度强。所以，现代观光旅游农业是可持续发展的产业。

2. 现代观光旅游农业实例

肯尼亚、乌干达、坦桑尼亚等非洲国家的农业、养殖业、野生动物园的观光旅游基本属于原生态、传统型农业旅游。在那里看到的是传统耕作、种植方式的咖啡园、茶叶园、香蕉园，传统的家庭养殖，农民过着天然的田园生活。野象、斑马、鹿等自由自在地生活在广阔的原野。农业是这些国家的主要经济支柱，但仍比较落后，属于小农经济，粮食产量只能满足自己的需要，农业现代化水平较低，基本是靠天吃饭。

在肯尼亚只有15%的土地能得到雨水灌溉和施有充足的肥料，7%～8%的土地属于一级。2005年谷物每公顷产量仅1 322.3公斤（我国则达5 105公斤）。但该地区适于种植咖啡和茶叶，咖啡产量较高，而且质量好，并创造了独有的咖啡生产、加工、营销模式。肯尼亚从1903年才开始种茶树，经过85年的努力，今天已跻身于世界主要产茶国之列，产量仅次于印度、中国和斯里兰卡，产品主要销往英国进行加工，其浓烈、香艳的红茶在世界市场享有很高的声誉。

1990年肯尼亚曾召开关于生态旅游的区域性工作会议，1993年在肯尼亚诞生了全非洲第一个生态旅游协会（ESOK），1997年肯尼亚又主办了关于生态旅游的国际研讨会。现在，肯尼亚旅游业产值占全国GDP的63%。政府组织旅行社统一经营肯尼亚、乌干达、坦桑尼亚的农业旅游活动，游客能够预订各种参观路线，可观光、参与野营、打猎和与农民交谈等。但这种生态、传统型农业观光旅游的景点是分散的，没有人工修饰，旅游者要花费较多的时间才能看到较多的东西，才能得到整体概念。正是由于这些国家的农业受现代化的影响较少，基本保持原生态，对发达国家的民众吸引力很大，每年都有大量外国游客到这里度假旅游（图1-2）。

图1-2　肯尼亚、乌干达、坦桑尼亚国家野生动物园

而在国内，山西皇城相府养生农业园是现代观光旅游农业园区的典型代表（图1-3）。园区总占地面积约16.85公顷，由观光采摘果园、空中花园、科技农业展示区（其中包括连栋温室区、日光温室区、观赏树木区、露地蔬菜展示区）及景观绿化区组成。为了满足园区的供暖需求，在连栋温室区建有锅炉房。在园区内建有高档次卫生间供游客使用，以及一个400平方米的小型停车场。规划利用当地具有优势的资源、自然环境和地理条件，加以人工修饰，引入现代科技和设施。在观光采摘果园种植品质好、味道美的桃、梨、杏、葡萄、樱桃等各种果品；在空中花园种植花卉，用不同的花卉组成不同的图案，颜色多彩，种类多样，"四季花不同，月月有变化"；在科技农业展示区的连栋温室内有芳香养生园、热带风情园、奇特果蔬园和珍奇花卉园。

图1-3 山西皇城相府养生农业园

在这个旅游园区内,游客花较短的时间就可以得到自己需要的各种享受:采摘品尝蔬菜、水果,观赏奇花异草,休闲养神等。舒适、方便的食宿环境,大大缓解了精神和身体的疲劳。从这里可以看到,现代观光旅游农业园区和传统或原生态观光旅游农业(园区)显然是不同的。

(三)几个相关名词的界定

目前在文献中与"观光旅游农业"有关的名称较多,如观光农业、旅游农业、观光旅游农业、休闲农业、都市农业、农村旅游(农家乐)等,使用比较混乱。为了更恰当、准确地使用这些名词,有必要在概念上把它们加以解释、区分和界定。

1. 观光农业

中国社会科学院语言研究所编写的《现代汉语词典》对"观光"的解释为:"参观外国或内地景物、建筑等。"牛津大学出版社出版的《英国牛津大学英语词典》对"sightseeing"(观光)的解释为:"The activity of visiting places of interest in a partucular location"(参观感兴趣的地方的活动)。根据以上解释,观光游览活动往往是满足旅游者对自然风光、人文景观或社会风貌的追求,从而扩大其阅历、增进其知识、调节其身心。观光农业是以农业生产活动、农业产品、农村环境、乡镇文化、乡土民俗等为主题吸引人们参观，以饱眼福，从而增加农业知识，调节生活，增强身心健康。游客在农业观光中得到了享受，观光活动中可能发生消费，也可能不发生消费。

2. 旅游农业

中国社会科学院语言研究所编写的《现代汉语词典》对"旅游"的解释为"旅行游览"。牛津大学出版社出版的《英国牛津大学英语词典》对"tourism"（旅游）的解释为："A journey for pleasure in which several places are visited"（以娱乐为目的到各处的参观旅行）。旅游是一种往复的行动，离开原点后再回到起点。根据世界旅游组织和联合国统计委员会对"旅游"推荐的技术性的定义，"旅游"系指："为了休闲、商务或其他目的离开他（她）们的惯常环境，到某些地方并停留在那里，但连续不超过一年的活动"。旅游包含食、住、行、游、购、娱"六要素"。旅游农业则是把农业与旅游业结合在一起，利用农业景观和农业生产吸引游客前来观赏、游览、品尝、休闲、体验、购物的一种新型农业经营形态。

旅游农业具有商业性、消费性、享受性。因为旅游农业是服务性产业，是要进行盈利的商业活动。游客参与农业旅游的过程中，会产生住宿、吃饭、游乐、购物等消费，与此同时游客也从中得到享受。

3. 观光旅游农业

我们认为"观光旅游农业"在各种名称中是比较准确、含义较全面的名称，观光旅游与农业相结合形成的产业是第一产业和第三产业密切结合的产业，它为游客提供了观光、旅游、休闲、消费和享乐的机会。因此，本书以"观光旅游农业的规划与案例分析"为题进行阐述。

4. 休闲农业

中国社会科学院语言研究所编写的《现代汉语词典》对

"休闲"的解释为"休息；过清闲生活"。牛津大学出版社出版的《英国牛津大学英语词典》对"leisure"（休闲）的解释为"free time; use of free time for enjoyment"（享受空闲时间）。休闲可进一步从时间和活动角度理解：从时间角度理解，是工作与生存时间之外的、可任意选择支配的时间；从活动角度看，是人们可按照自己的意愿做一些令自己愉快的事情，参与自己选择的活动，并可随意地放弃这一活动。休闲农业在我国台湾使用得较早、也较普遍，如休闲农场、休闲农业区、休闲农业园区等。

研究休闲农业，首先要弄清楚的是，休闲农业是服务于需要休闲活动群体的一个产业，它只是休闲经济中的一部分，该产业的产品是与农业密切结合在一起的。而休闲的主体是工作大众、退休人员。他们在自己可任意支配的时间内，能够为自己安排农业方面的休闲活动，进行农业休闲消费。休闲农业不能理解为农业休闲时（如冬季）开展的观光旅游活动。

休闲农业的特点，一是销售对象是处在休闲状态的群体，如处于常规假日或国家大假中的工作人员；二是它具有明显的季节性，一年四季不同，有旺、淡季之分，假日期间较旺，平时较淡。休闲农业从概念上说涵盖面较窄，它属于观光旅游农业范畴。

5. 都市农业

顾名思义，都市农业是为都市服务的农业，农业区靠近城市。都市农业有两方面的功能：一是为城市提供农产品；二是为城市居民提供观光旅游场所。都市农业为城市提供的农产品不同于一般农村农业。供应的农产品品种以不宜于远距离运送、易腐败的产品为主，如某些蔬菜、水果、水产养殖类，以保证这些产品在新鲜状态下快速送到市民手中，而且一年四季都要保证供应。另外，要供应特色农产品，农产品的品位档次要高（如稀有新产品、高质量）、便于烹调、便于食用，以满足大城市中国家机关（中央、省级等）、国外领事馆、大企业、高等院校和科研单位等各层次的要求。对都市农业科技水平、环境保护、生态等方面要求也更高。由于都市农业自身的特点和特殊地位，从而形成一种特殊的农业形式，各大城市如北京、上海等市的农业都定位于都市农业。

6. 农村旅游（农家乐）

农村旅游是指涉及与乡镇有关的一切旅游形式，是农业旅游的一部分，包括诸如田园风光之旅、乡村民居观赏之旅、村镇民俗文化之旅等。农村旅游有消费性和享受性，但不一定都有商业性经营，如到农村观赏大自然，也可能有商业性活动，如"农家乐"旅游。

"农家乐"是个体农业观光旅游业。各地政府对农家乐的整体发展可能有规划，但一般由于农家乐经营者的资金、文化水平以及地理条件和基础设施所限，"农家乐"的规模不可能发展很大，服务内容也较单一，它不是独立的农业旅游类型，而属于农村旅游中的一种。

第三节 国内外观光旅游农业园区发展概况

一、国外观光旅游农业园区发展概况

国外观光旅游农业园区正式出现于19世纪的欧洲。1865年，意大利"农业与旅游全国协会"的成立标志着该类旅游的诞生。"农业与旅游全国协会"专门介绍城市居民到农村去体味农业野趣，与农民同吃、同住、同劳作，或者在农民的土地上搭起帐篷野营，或者在农民家中住宿。旅游者骑马、钓鱼、参与农活，借此暂时离开繁华、喧闹、紧张的城市，在安静、清新的环境中生活，食用新鲜的粮食、蔬菜、水果，购买新鲜的农副产品。意大利农业旅游的经营者非常重视基础设施、休闲娱乐设施

和服务设施的建设。现在意大利有1.15万家专门从事"绿色农业旅游"的管理企业，70%以上配备有运动与休闲器械，供那些喜欢健身运动的游客使用；55%的景区为游客提供外语服务，为外国游客解决语言不通的困难；50%以上的景区提供包括领养家庭宠物在内的多种服务项目。

早在19世纪初，美国就出现了农场娱乐和旅游活动，如城市居民在夏天到农村亲戚家避暑。到20世纪20年代，市民开车到农村旅游已较普遍。1930—1940年农村娱乐进一步发展，市民为了逃避第二次世界大战带来的萧条和紧张，到农村追逐民俗。1960—1970年，又进一步发展到去农村骑马、接触农场动物以及重温农村生活。1980—1990年，度假农场、农村早餐加住宿旅馆以及商业旅游等产业已很普遍。2002—2004年，有9 000万青年到农村旅游。

1982年联合国欧洲经济委员会和世界粮农组织曾召开特别会议，讨论将农业和旅游业结合发展的可能性及可能产生的影响，此后，农业观光旅游更引起各国的重视。

（一）美国

2004年大约52 000家美国农场（占全国农场的2.5%）从农场休闲娱乐活动（农业旅游）中获得总数9.55亿美元的额外收入。根据美国农业资源管理调查处（ARMS）的报告，在美国农业旅游中，骑马和农场度假最为普遍，60%的农场娱乐是骑马、骑牛和骑驴。400公顷以上土地的大农场旅游收入最高，100~400公顷规模的中型农场的旅游收入最低。

美国全国农业法规中心对"农业旅游"的定义为："它是把农业生产或加工和旅游结合起来的一种商业活动，将游客吸引到农场、草场，参观生产农场、各类农业、园艺、农业经营活动，以及参与农业耕作，以达到娱乐、受教育的目的，同时农场主获得经济利益。"该中心认为农业旅游包含4个因素：融合旅游和农业；公众参与农业；增加农场收入；为参观者提供娱乐、体验和教育。它包括农村避暑、非盈利农业旅游、在农村休闲及享受农村生活等活动。具体内容可以是室外活动，如钓鱼、打猎、野外摄影、骑马、驾驭牲畜、新鲜农产品采摘、实际农耕体验学习、参加各种收获节等娱乐活动，也可以是室内活动，如参观农业博物馆、罐头加工厂，参加烹调课、酿制和品尝葡萄酒、帮助管理农场等，或其他休闲活动，如在农场居住、游览、购物等。

美国《农业旅游工作手册》（Agri-Tourism Workbook）中的定义为："农村旅游（rural tourism）不同于农业旅游（agri-tourism）。第一，农村旅游不一定发生在农场或牧场；第二，如果旅游发生在农场或牧场，或农业工厂，承办农业旅游的企业不获得利润。"

1. 美国农业旅游园区类型

美国有官办农业旅游园区和私营农业旅游园区。

（1）官办农业旅游园　美国的农业园区最早出现在国家公园。19世纪末至20世纪初美国各州就建设了州立公园对公众开放。现在各州都还在不断扩大州立公园。如1859年德国移民Wendelin Grimm 和他的妻子在明尼苏达州北部 Carver 县，清理掉野生树木和草丛，从事农耕，在此种植了耐寒的苜蓿草，从而成为美国现代苜蓿草的起源地。它位于 Minneapolis 城郊和农村之间，1962年 Hennepin 县公园保护区得到这个农场，1974年该农庄被列入国家注册遗产。经州政府不断投资修建，将老农舍、家庭果菜园、遗留下来的苹果树、篱笆墙等进行了修缮，并与园区周围的农田和牧场一同成为明尼苏达州的农业遗产和农业旅游园。这个农业园对学生进行现代农业教育以及供人参观，学生可参与农业活动，了解食品、土地和劳动者之间的关系，每年接待游客20多万。

加利福尼亚州有数十个州立公园，这些州立公园只收停车费，不收门票，参观者可步行或骑自行车进入。各公园有不同的特点和服务内容，可进行长途跋涉锻炼和湿地旅游、野餐（野餐点提供烤炉、餐桌和凳子)、参加农事活动(如采摘、喂牛等)、支帐篷野营(野营点设有遮阳伞、烤炉、餐桌、凳子、卫生间)、观赏野生动物、参观农业历史文物和优美的风景、参与手工艺品制做等。加利福尼亚州政府专门设有"公园与娱乐部",其任务是保护加利福尼亚州的生物多样性、无价的自然和文化资源,以及为民众创造高质量的户外娱乐活动,以提高他们的健康,提供教育和精神享受。该部管辖270余个州公园,总面积56万余公顷,其中有450.250公里长的海岸线,1 005.625公里长的湖和河岸,约15 000个野营地和4 827公里长的徒步旅游、自行车旅游和骑马旅游观光道路区。加利福尼亚州立公园有多种多样的自然和文化遗产,如地下水、红木林、野生动物、海滩、娱乐区、水库、荒野区、州历史园、早期家园、西班牙时代建筑、博物馆、游客中心、文化遗迹和文物、灯塔、鬼城、滑水、会议中心及停车场等。这些公园保存和保护各种有文化和环境影响的建筑和野生动物栖息地、濒临灭种的植物和动物、古代美国土著人居住地及历史艺术品。加利福尼亚Santa Clara县圣约色(SAN JOSE)Martial Cottle农业历史馆和农业公园建于1860年,原为私人农庄,后卖给州政府,成为州立公园之一,现有土地117公顷。该农业园向公众提供19世纪Santa Clara县重要的历史遗迹及其独特的农耕景观。在加利福尼亚州Contra Costa县Brentwood市农业园,向社区居民展示农耕作业,为游人提供农事参与活动以及接受农业教育。

内布拉斯加州农业园是从农业交易会开始。1941年开始将农业交易会的场所固定下来,为牲畜和展览建了大棚,后来建成永久性的建筑。1942年举行第一次赛马,创利润10 000美元,到1987年利润增加到366 000美元。以后园区发展作物种植、肉牛养殖等。从1965年纪念交易会建成25周年开始,对参会和参展者全部免费。1952年建设展览大厅,展览手工艺品、文物及牲畜。服务人员几乎全部是义务工。

位于马里兰州 Derwood 的农业历史园，是拥有 166 公顷土地综合园区，有农舍、谷仓、相匹配的农场建筑以及活动中心。为使人们了解过去的耕作情况，其中 20 公顷专作历史展示区。农舍配备了家具，反映世纪之交时一般农家生活。现在农业园每年举行各种农业节，如每年 10 月举办收获节，展示过去和现在的农村生活。

亚拉巴马州官办农业园（博物馆）有 41 公顷土地及各种设施，是为保护亚拉巴马州东南部线草文化和环境遗产而建。该农业园属基金会所有，它是 19 世纪 90 年代留下来的活的历史性农场，有一座单间学校和普通仓库，还有该世纪转折期的教堂、宽广的山道、天然小道、野生动物展室、天文馆和野餐区。另外，还有为亚拉巴马州农业园董事会服务的总部。园区每年对游人开展的专项活动有三月的"春季农业节"，十月的"老式小车展"、"线草遗产节"，以及 12 月的"维多利亚圣诞节"。

（2）私营农业旅游园 20 世纪 70 年代美国农业特别是小规模的农场或家庭农户收益下降，城市居民希望吃到新鲜、营养、健康的农产品，以及享受景色优美、生物多样的天然环境，农业旅游在私人农场应运而生。果园采摘（U-Pick）在这个年代是农业旅游最普遍的项目。果园采摘对农民有很大好处，可使自己从沉重、辛苦的劳动中解脱出来，在收获的繁忙季节解决劳动力问题，因为这期间雇佣临时工比较困难。他们认为，采摘园与城市的最佳距离是开车一小时就能到达，城市人口在 5 万人以上。另外，大量的采摘活动，必须建设停车场，儿童采摘还会带来较大的损失。因此，农业旅游又增加很多形式，如驱车观光、农场度假（数天至数周）、垂钓、野生动物观赏、骑马、打猎、农场教育旅游（罐头加工学习、烹调课、农业历史等）、参加农产品品尝和农业劳动体验、参观农业博览馆、参加交易会和各种农产品节（大蒜节、西瓜节、收获节、谷仓联欢等）和农业传统节、休闲疗养、农场购物（农村市场或路边小摊）等。期间，消费者和农民进行文化和产品的交流,以及农产品工艺品的制作和销售。度假农场还为旅游家庭提供学龄儿童家庭教育条件,如农作物、野生动物认识和采集、可持续农业和有机农业教育、写生等,深受家长欢迎。图1-4至图1-6所示为美国几例农业观光旅游活动。

图1-4　农村帐篷野营园(campgrounds)

图1-5　学龄儿童农业教育

图 1-6　农村车房野营园 (RV park)

美国农业部设有专项资金,"美国农村基金"资助农业发展,其中包括促进农业旅游。另外,各州建有州农业旅游工作组,它由大学研究人员、推广人员、农民和消费者顾问,以及能定期会面研究教育和研究计划的各界支持农业旅游的代表组成。

为了帮助小农场开发农业旅游业,提高收入,使农业可持续发展,一些大学(如加利福尼亚大学)还建立了小农场协助中心,通过网络指导农民如何开展农业旅游活动,吸引参观者。指导内容从非正规的农场住宿旅游到建立完善的农业旅游企业。在网上建有信息库,旅游者能方便地查询到州内各县的旅游农场及其可参与的活动。愿意参加农业旅游信息发布的农场可以申请报名,安排的旅游活动可以是路旁售物摊位、鲜活农产品市场、种植者和旅游者交流等。

2. 美国农业观光旅游业法律与法规建设

美国联邦政府、各州政府和地方(一般是县)在农业旅游方面都有比较完善的法律和法规。美国法规可归纳为三类:一般法律、雇员法和经营范围法。一般法律是大多数农业旅游经营企业必须遵循的法规,如保护参观旅游者的利益(人身安全、食品质量与安全、购买的农产品的质量与分量等)、酒类销售、饮用水、农产品加工等方面的规范;雇员法是农业旅游经营者雇佣工人时要依据的法律，如雇员工资、福利、补贴等；经营范围法规定：农业旅游经营者经营的农业土地只能用于农业活动，但经过县政府批准后，农业土地可建学校、森林繁殖地、公用设施、小型农产品加工厂、教堂等。其他如娱乐场所用地、垂钓、打猎、露营地、农贸市场、旅馆等经营权都有相应的规定。

由于每年有 26 000 名儿童在农业活动中受伤，100 多名儿童死亡，美国特别关注参加农业旅游的儿童的健康和安全。如全美农业儿童健康和安全中心发布了《儿童农业旅游健康和安全指导书》，以供经办农业旅游的农场主参考。

美国对经营者也有保护性法律。如美国农业法律中心将进入农场参观者分为三类：私自闯入者、合法进入但没有为农场主增添收益者和被邀请进入的参观者。对第一类参观者农场主不负责他们的安全，除非农场主有意伤害或进入者是儿童；对第二类人，主办者必须告诉旅游者潜在的危险；对第三类旅游人员，主办者在保证他们的安全方面负有高度责任。所以，美国农业观光旅游运转有序，旅游者可放心地参与各种活动。

（二）日本

20 世纪 60 年代，由于日本经济快速发展，越来越多的农民离开土地到城市工作，农村劳动力减少，以致日本农村地区普遍出现了高龄化农业经营者和农业过疏化的严峻局面。日本政府为解决这一问题采取了一系列措施，如提高农业机械化程度及集约化水平，并开展多种经营。在政府的引导和扶持下，许多农民兼营蔬菜、水果和花卉等，有的转向经营园艺和畜牧水产业。靠近城市的不少农民则充分地将现存的零星土地加以利用，如建造停车场和仓库等，通过出租房屋、店铺等来增加收入。

日本农业旅游有四种住宿类型：第一类是日本传统型（minshukus 和 ryokans），即榻榻米式卧室，设备较简单，一般房内没有私人卫生间，外部设有公共卫生间；第二类是避暑旅馆型（Resort hotels），在比较大的农村旅游点才有，空间比较大，一般面向大旅游团队,房间内设有卫生间,大部分卧室是榻榻米式;第三类是餐宿公寓(pensióne),基本出现在乡村,有些小城镇也可发现,是欧洲餐宿公寓的日式翻版,为一种西方古典建筑,像大农场的住房,比较大,各房间铺有木地板,有卧室、餐室、桌椅、日式浴盆或仅有淋浴,提供日式餐或西餐,有的提供早餐,常常是开车旅游的青年人去住,价格接近第一类;第四类是日式公寓,有日式住房和食品以及基本设备,如淋浴、带桌椅的餐室等,在标记上与第三类(pensióne)的不同在于pensióne前标有"Wa-fu"(日本式)字符。所有以上四类住宿在报价中都包括了早、晚餐(日本许多农村没有吃饭的地方),供应的饭菜是固定的日式餐(米饭、miso汤、绿茶、海带、咸菜、生鸡蛋、烤鱼、酱豆等),客人获得同样的食品,除非你专门预定。

  日本观光旅游农业内容丰富,有观光旅游农场、民俗农庄、教育农园、森林旅游、农村修学旅游、亲水公园、市民农园、农业公园等。

  观光旅游农场是利用乡村的森林、小溪、草原等乡土自然风光,附设小土屋、露营区、烤肉区、戏水区、餐饮、体能锻炼区及各种游憩设施等,为旅游者提供综合性观光场所和服务。

  观光旅游农场一般流行于城市近郊,主要是开放成熟的果园、菜园、花园、茶园等,让游客自己亲手摘果、摘菜、赏花、采茶,享受田园生活乐趣。在观光旅游农场里向人们展示先进农业高科技和优质农产品,以开阔旅游者的眼界,同时也宣传了现代农业。

  民俗农庄是利用农村自然环境、景观和当地文化民俗,并在维护整体农村自然景观的原则下,仿建农庄小屋,让游客接触、认识和体验农村生活。民俗农庄设施虽然简单,却具有乡村特有的自然、宁静的气氛,游客可以借此体会农村闲适的生活,充分享受农村和平、安宁的夜晚乐趣,体验其中浓厚的乡土风情。

  教育农园是利用农场环境和产业资源,进行户外教学,使学生增加实际知识,补充学校教学的不足。农园中所栽植的作物、饲养的动物以及配备的设施极具教育内涵,所以教育农园以接待学生修学旅行为主。

(三) 欧洲

1. 英国

欧盟对农业旅游的发展很重视,并有统一规划,如2007—2013年支持农业旅游预算为170亿美元,其重点是改善住宿条件,这促进了欧盟各成员国农业旅游的协调发展。

英国农业旅游园区也是从国家公园逐步衍生、发展起来的。1949年英国议会通过《国家公园和进入农村条款》。20世纪50年代大多数英格兰和威尔士国家公园形成,园区包括城镇和村庄。国家公园基本是由风光秀美的农村扩展而成,它们受到专门保护,使每个公民能够享用。在英格兰,国家公园约占全国土地面积的5.5%。国家公园管理者鼓励农业从单一的、只生产食品的产业,转变到多功能的大农业产业活动,诸如农业旅游、娱乐、观光、野生动物和历史展览和木材业等。公园的初衷是使公众参与该区的娱乐,保护并改善园区景观,保护园区周围良好的社会和经济状况,以及帮助农民发展。这可能就是英国最早的农业园区雏形。

英国一些私人农村庄园是英国农业旅游的重要景点。这些由早期贵族们在乡村建设的豪宅,极其漂亮,引人入胜,如位于牛津郡伍德斯托克镇附近、建于1705年的丘吉尔庄园;距离伦敦7公里,坐落在英国中部的北安普顿郡的奥尔索普庄园;19世纪英国最著名的浪漫主义诗人拜伦的故居斯台德庄园等就是典型代表。现在这些庄园已为国家所有,对游人免费开放参观,属于观光型农业公园。

20世纪70年代,英国农业部联合组织了农业休闲旅游局(FHB),帮助农民发展农业旅游以补偿农业亏损。现在在英格兰、苏格兰和威尔士有1 000个农场参加到95个民间农业休闲旅游小组（FHG）中。属于农业休闲旅游局的各农业休闲旅游小组都有适合当地情况的特色和标准。农业休闲旅游局是非盈利协会组织，其唯一目的是为成员招揽旅游者。它为该组织成员统一进行培训，如学习电脑技术、急救技术、招待和经营技术、会计和市场开发等。农业休闲旅游局每年开一次工作年会和几次讨论会，学习其他农业旅游组织的经验和研究如何开拓市场。自1981年以来，英国严重的经济问题威胁着农民，农业就业人员和农业收入都显著下降。另外，欧盟对农民结构支持的变化也进一步威胁着农民的收入。以上两个因素不仅给农民带来困难，也使英国整个农业受到严重影响。因此，开展农业旅游是增加农民收入和拯救农业的一剂良方妙药。根据有关资料，英国约19.7%的农民提供观光旅游服务业，约9.5%的小农场提供住宿或餐饮，可住宿的农业旅游占英国注册旅馆的2.5%，占自助烹调旅馆的8.5%。它们提供了其他行业无法提供的休闲服务，2/3的农业旅游者购物花费为住宿费用的两倍。1994年英国农村休闲旅游平均每户额外收入10 720美元。63%的农民认为农业旅游对他们至关重要，是将来继续增加收入的重要途径。农业旅游也使农民继续留在他们耕作的土地上，由于带动了相关产业的发展，也吸引了非农业人员到农村就业。

  英国的农业旅游有三种类型：第一类是住宿加早餐型。农场主提供住宿和早餐，房间包括卧室和卫生间，价格较低。对家庭旅游者，可带孩子、宠物或马匹，对单身者可参加农业活动。第二类是自助烹调型。农场主提供的住处有卧室、卫生间和厨房，自己做饭，主人不提供早餐。这些房间可能是和农场主的住房连在一起，也可能是用谷仓改造的单独一套房间，旅游者可居住一周或更长时间，其价格与第一类相同。第三类是集体宿舍型，或叫大棚屋。大多数大棚屋是由废弃的谷仓或马厩改造而成，或由拖车式住房（caravan）构成，其中1/3是欧盟资助的，农民最高可得到17 000美元补助。大棚屋设施较简陋，通常一间房住

8~10人，内设厨房和就餐区，卫生间在室内或室外。这种类型的服务对象是背包旅游者、徒步旅游者、自行车旅游者、团队组织旅游者，其价格较低。他们还为残疾旅游者提供轮椅，各建筑屋都考虑了轮椅的方便进出。多数农场年入住率在40%~60%，一般旅游部分收入占农业总收入的50%左右。上述三类农业旅游类型，以第一类住宿加早餐型获利最高。这些农民还经营农产品商店。1970年开始，农场还专门为学校儿童安排活动，每年有3 000多名儿童和他们的老师学习如何运作农场、树立团队精神，在享受大自然的同时，还进行体力劳动锻炼。各农场给予他们热情、友好地接待，提供舒适住房和农村烹调食物。

政府号召中学开展课堂外教育，帮助所有儿童和青年人都能有各种户外学习和锻炼的机会。为了便于开展这项活动，英国59个城市里建有大约1 000个社区花园、66个学校农场，每年约有50万志愿者在那里工作，吸引参观者300多万。

英国有各种组织从事农业旅游、教育工作，如"天然英格兰"是英国政府的农村景观法规顾问组织，它的任务是保证天然环境可持续发展，促进农耕、农田管理，野生动物保护，保护生物多样性；负责景观、海岸历史遗迹等景观选择。它还关注规划政策、土地环境布局等，并且和学校、地方政府、家长、监护人及其他组织合作，提供有意义的教室外活动，安排农场参观、参与农耕和园艺体验。

2. 其他欧洲国家

1855年法国参议员欧贝尔带领一群贵族到巴黎郊外的农村度假，向当地人学习制作鹅肝酱馅饼、伐木种树、挖池塘淤泥、学习养蜜蜂，与当地农民同吃住。这时农业旅游只是上流社会贵族的休闲娱乐活动，普通民众很少参与。之后法国推出"农庄旅游业"，全国有1.6万农户建立起了家庭旅馆，3 000多家农民还组成了一个联合经营组织，取名为"欢迎您到农庄来"，吸引了众多的游客。这种新兴的"绿色度假"旅游活动方兴未艾，每年可以给法国农民带来 70 亿法郎（100 法国法郎约合 106 元人民币）的收益。法国葡萄酒闻名遐迩，以葡萄酒为主题的酒乡游非常吸引国内外游客，游客可以参观葡萄园、酿酒作坊、酒窖，参与酿造葡萄酒的全过程，了解酿酒工艺，品尝美酒，参加当地酒庆活动，甚至可以将自己酿好的酒带走，向亲朋好友炫耀。另外，法国还推出田园风光游，游客可穿梭于阿尔萨斯地区或卢瓦尔河一带，下榻乡村客栈，尽情享受远离尘嚣的安宁与恬静。

在西班牙，每一个地区政府都有乡村旅游方面的立法，从立法上确立乡村旅游的地位。西班牙国家和地方政府还对乡村旅游制定了很多标准，其中有一些是必须执行的强制性标准，从标准上确保西班牙乡村旅游的质量。比如法律规定，乡村旅馆必须是具有 50 年以上历史的老房子，而且最多提供 10~15 个房间，开业需要申请，经过政府审核合格，才发给开业许可证。

在波兰，乡村旅游与生态旅游紧密结合。他们在开展活动的内容上与其他国家一样，然而参与接待的农户却是生态农业专业户，一切活动均在特定的生态农业旅游区内进行。

匈牙利是将乡村旅游与文化旅游紧密结合的一个典范，游人在领略风景如画的田园风光的同时，感受丰富多彩的民俗风情，欣赏充满情趣的文化艺术，在乡村野店、山歌牧笛、乡间野味中体会几千年历史积淀下来的传统民族文化。

（四）马来西亚

马来西亚早在 1985 年就建立了一处农林旅游区作为科技示范和生态保护的样板，并以此发展观光旅游农林业。该园区位于吉隆坡至巴生高速公路区段，距吉隆坡 35 公里。区内设有鱼池、果园、菇房、稻田、花园、植物园、禽场、畜场、野餐区、灌木林区和雨林区等，兼具公园和迪斯尼等名园的部分特点，突出自然属性，如稻田一年四季都能看到从秧苗到收获的各个生长阶段，并有插秧船和收割机供参观者亲自动手；四季馆有温控四季农业景观，其中冬景馆对生长在热带的参观者吸引力最大。

（五）肯尼亚

肯尼亚是非洲各国开展生态旅游最早的国家。肯尼亚摆脱英国殖民统治后，自然观光业和狩猎旅游业迅速发展。由于狩猎旅游业的繁荣以及国际市场象牙和犀牛角价格昂贵带来的丰厚利润，使掠夺式的打猎行为严重影响了野生动物的生长与繁衍。同时，由于缺乏科学的规划与良好的管理也造成旅游品质的下降，因此，肯尼亚政府于1977年宣布禁猎令。为了保护肯尼亚的野生动植物，政府强迫原住居民迁离，建立国家公园，并采取了一系列保护当地居民利益的措施，使当地居民从旅游业中受益，从而改善了居民的生活质量，推动了生态旅游区的环境保护和可持续发展。现在，肯尼亚有26座国家公园、28处保护区和1处自然保留区，共占陆地总面积的12%，也就是说，全国约有10%的土地用于野生动植物的保护。政府还提出"用你的镜头来猎取肯尼亚"，以替代过去的狩猎旅游。这样的改变取得了非常好的效果，不仅使旅游人数、旅游业收入增加，更重要的是对当地企业和民众有正面效应。过去旅游经营者大多是西方的白种人，旅游利益也大多由他们独占。现在，肯尼亚有更多的私人企业投入旅游业，有了许多属于国人自己经营的旅游集团、旅游服务公司，为当地居民带来许多就业机会。1966年肯尼亚旅游发展协会成立，其主要宗旨是协助有兴趣的私人企业取得政府的资金赞助，发展生态旅游，和其他外国投资者分享"旅游"这块蛋糕。此外，根据肯尼亚的法律规定，所有的旅游企业都需有部分股权为肯尼亚人所拥有，所以肯尼亚旅游发展协会的另一种重要角色就是扮演外国投资者和本国商人之间的中介者和联系人，发挥了相当重要的作用。

肯尼亚发展生态旅游业成功的经验是：维系当地人民生活，强调社区参与，兼顾当地居民的利益。生态旅游除了提供自然旅游、提高保护环境责任外，也负有繁荣地方经济、提高当地居民生活品质的重要功能。从经济方面看，社区的参与可使居民从旅游业中直接受益，在一些贫困地区称为"旅游扶贫"；从旅游方面看，社区居民参与到旅游服务中，渲染原汁原味的土著文化气氛，增加了吸引力；从社会发展方面看，发展旅游促进了当地社会的发展；从环境保护方面看，社区参与为保护生态环境提供了强大动力。

二、我国观光旅游农业园区发展概况

（一）概述

农村观光旅游早在我国古代已经出现，但那时仅仅是个体活动形式，人们只是为了观赏乡村风物、风情、民俗以及原野景观等。民国时期，学校在春秋季节组织学生到农村春游和秋游已较普遍。新中国成立后的50年代，为接待外事的需要，山东省石家庄村率先开展"农家乐"旅游活动。20世纪70年代，在北京近郊四季青人民公社、山西昔阳县大寨大队出现了"农家乐"性质的政治性旅游活动。

但观光旅游农业作为我国一个重要产业开始发展起来是始于20世纪70年代末。深圳开办的荔枝观光园及其后开办的采摘园可能是我国最早的农业观光旅游园。进入20世纪90年代以后，我国农业观光旅游蓬勃发展，如出现上海浦东孙桥现代农业开发区（1994年开发建设）、苏州未来农林大世界（1995年开发建设）、广东省梅县雁南飞茶田度假村（1995年开发建设）、北京锦绣大地生态观光园区（1998年开发建设）等。1998年国家旅游局以"华夏城乡游"作为该年的旅游主题，提出"吃农家饭、住农家屋、做农家活、看农家景"的宣传口号。1999年，国家旅游局推出"生态旅游年"，为观光旅游农业的发展起到了极大的推动作用，进一步促成了一大批观光旅游农业项目的建设，如北戴河集发生态农业观光园、上海崇明岛前卫庭鹤农家乐、厦门华夏神农大观园、云南西双版纳傣族园及四川成都市郊的小农舍度假村等，进一步促进了我国乡村旅游业的发展。

进入21世纪，农业旅游进入一个全面发展的时期，旅游景点增多，规模扩大，功能拓宽，分布扩展，呈现出一个良好发展的新态势。2003年国家旅游局对全国农业旅游示范点进行了评选，共选出203个农业旅游示范点。其中，农业观光旅游点83个，占40.89%；农业科技观光旅游点39个，占19.21%；农业生态观光旅游点33个，占16.26%；民俗文化旅游点12个，占5.42%；休闲度假村（山庄）7个，占3.45%；古镇村落（新村）14个，占6.9%；农家乐7个，占3.45%；自然景区9个，占4.43%。2005年1月国家旅游局正式公布了首批全国观光农业306个示范点名单，北京韩村河等203个单位成为首批"全国观光农业示范点"。2006年，国家旅游局推出"中国乡村旅游年"，提出"新农村、新旅游、新体验、新风尚"宣传口号，推动了乡村旅游更快更好地发展，为建设社会主义新农村做了贡献。这一年，国家旅游局又发布了《关于促进农村旅游发展的指导意见》，意见提出，从现在起到2010年，全国每年旅游从业农民的人均纯收入增长将达到5%；全国将建成100个农村旅游特色县、1 000个农村旅游特色乡镇、10 000个农村旅游特色村，力争实现每年新增农村旅游就业人员35万人，间接就业150万人，农村旅游将成为国内旅游市场的主要支撑体。争取到2010年，全国100%的农村旅游发展带头人、90%的经营户和80%的服务者得到全面、有效的培训。

据国家旅游局测算，2006年全国休闲农业和乡村旅游年接待规模超过4亿人次。2007年的"春节"、"五一"和"十一"三个黄金周，城市居民选择休闲农业和乡村旅游的约占70%，每个黄金周休闲农业和乡村旅游吸纳游客超过6 000万人次。休闲农业和乡村旅游已经成为满足消费者回归自然需求的极具潜力的朝阳产业。

为了进一步推动农业观光旅游有序、有计划地发展，2007年3月16日国家旅游局和农业部发布了《关于大力推进全国乡村旅游发展的通知》。通知在"工作要求"中提出："加大乡村旅游扶持力度；积极促进乡村旅游服务体系建设；加强乡村旅游调查研究；解决制约乡村旅游发展的瓶颈性因素，如要加强乡村旅游环境、道路、饮水等基础条件建设等；抓好乡村旅游市场开拓工作；探索各种类型的乡村旅游模式；组织实施乡村旅游'百千万工程'。到"十一五"期末，全国争取推出乡村旅游100个示范县、1 000个示范乡、10 000个示范村。"通知在"组织保证"中提出："把乡村旅游纳入重要工作日程，国家旅游局、农业部已签署了联合推动全国乡村旅游发展的协议，并将联合开展乡村旅游的工作调研；成立乡村旅游工作领导机构。"国家旅游局、农业部已成立"全国乡村旅游工作领导小组"，共同推进全国乡村旅游工作；实行分级、分工责任制。国家旅游局、农业部负责全国乡村旅游的组织、筹划、指导和协调工作；省以下旅游、农业部门负责指导开展本行政区域内的乡村旅游工作；给予必要的经费保障和政策扶持等。

各级地方政府在农业观光旅游规划、管理方面也做了不少工作，如北京在1998年编制了《北京市观光农业发展总体规划》；2005年制定了《北京市乡村旅游发展规划》；2002年开始实施《北京市郊区民俗旅游接待村（户）评定标准（试行）》、《北京市郊区民俗旅游接待村（户）评定暂行办法》。截至2005年底，北京地区共评定出三批市级民俗旅游村110个和四批市级民俗旅游接待户7 119个；2004年开始按照《北京市观光农业示范园区评定标准（试行）》，评定出两批共45个市级观光农业示范园区。

我国台湾地区观光旅游农业发展较早。20世纪70年代台湾逐渐达到小康生活水平，人们的生活和消费方式由劳动型转向休闲型，果园、农场于农闲或假日向社会开放，让大众参与。经过单一果园、多类农园、主题式农园和整合式农园四个阶段的发展，目前台湾已拥有1 000多家休闲农园，成为一种新兴的农业发展形态。1992年起，台湾也陆续实施了包括休闲农业辅导办法、休闲农业标章核发使用要点、休闲农场设置管理要点等主要法规和其他近50个相关法规在内的观光休闲农业法规体系。

(二) 观光旅游农业发展的几个阶段

我国观光旅游农业发展的过程大致可以分为三个阶段。

1. 初期阶段 (1980—1990年)

这一阶段我国处于改革开放初期。改革开放较早的深圳首先开办了荔枝节，主要目的是为了招商引资，随后又开办了采摘园，取得了较好的效益。以后各地纷纷仿效，开办了各具特色的观光农业项目，自发地开展了形式多样的农业观光旅游项目，举办荔枝节、桃花节、西瓜节等农业节庆活动，吸引了城市游客前来观光旅游，增加了农民收入，并借此举办招商引资洽谈会，收到了良好效果。

2. 迅速发展阶段 (1990—2000年)

这一阶段我国处在由计划经济向市场经济转变的时期。随着我国城市化发展和居民经济收入的提高，消费结构开始改变，在解决温饱之后，有了观光、休闲、旅游的新要求。同时，农村产业结构优化调整、扩大农民就业、农民增收提上日程。在这样的背景下，靠近大、中城市郊区的一些农村和农户利用当地特有农业资源环境和特色农产品，开办了以观光为主的观光旅游农业园，开展采摘、垂钓、种菜、野餐等多种旅游活动。农业观光旅游园的规模和建设水平都提高了一步，如北京市蟹岛绿色生态农庄、泰安市肥城桃园世界、广州番禺化龙农业大观园、江苏苏州西山现代农业示范园、四川成都郫县农家乐、福建武夷山观光茶园等，这些观光休闲农业园区吸引了大批城市居民前来观光旅游，体验农业生产和农家生活，欣赏和感悟大自然，很受消费者欢迎和青睐。

3. 完善提高阶段（2000—2010年）

这一阶段为提高观光旅游农业的建设、管理、经营质量阶段。各类农业观光旅游园区功能上将更加丰富，服务设施将更加完善，把生态和可持续发展作为园区规划的重要内容；政府在农业观光旅游方面的法规、政策将不断完善；农业园区的服务质量将进一步提高，农业观光旅游园区将走向有序、良好的运转状态。

第四节 发展现代观光旅游农业园区的意义及其可行性

一、发展现代观光旅游农业园区的意义

现代观光旅游农业园区不同于天然、原生态公园，也不同于一般的农村旅游，它应符合上节"现代观光旅游农业的概念"中的六项要求。现代观光旅游农业园区的建设要有规划，运转、服务有规范，产品有标准，经营有利润，是一种常年运行的产业。发展观光旅游农业园区是解决"三农"问题的重要措施，对促进农业结构调整和社会经济发展、培育农业经济新的增长点等多方面具有积极作用。

（一）有利于调整农村产业结构，促进农村经济多元发展

观光旅游农业园区的建设打破了以传统粮食作物为主的农业产业结构。农业园区发展特色种植、养殖、林木、果树、花卉以及加工等产业，相比较单一的粮食种植，其经济效益提高数十倍，大大加快了农民致富的步伐，有效地推动了农村经济的发展和农村环境的改善。

农业旅游带来的巨大客流必然拉动观光旅游农业园区周边地区商业、服务业、交通运输业、农产品加工业等相关产业的发展，尤其是带动与之有关的食品、日用品、工艺品，特别是当地

特色农副产品、土特产的产销活动,从而促进商品交换,繁荣农村市场,促进乡镇企业的发展,达到"开拓一处景观,致富一方乡亲"的目的。

(二) 促进农村劳动力就业

观光旅游农业是一种服务性很强的劳动密集型产业,观光旅游农业园区内的度假村、饭店、餐饮、商店、游乐场等部门需要大量的服务员、厨师、售货员、保安人员、后勤人员、维修人员等,无论合同工或旺季临时工都可优先在周边区域农民中招聘。一般认为,旅游业直接创造一个就业岗位,就将产生另外三个与之相关的就业机会。因此,一个观光旅游农业园区的建设将很大程度上解决其周边农村剩余劳动力的就业问题,尤其是农村妇女的就业问题。此举既降低了园区经营成本,又提高了农村家庭直接收入。

(三) 推动社会主义新农村建设

当前,观光旅游农业园区规划时都以现有的乡村为基础加以改造。园区的建设,必定带动农村及其周边文化教育、通信、交通等的发展。观光旅游农业园区所形成的优美的自然环境、规范而标准化的农业生产、便利的交通条件,改善了农村环境和农村风貌、农民生活,也提高了农民的文化。

通过观光旅游农业园区,广大农民还可以学到先进的农业生产技术和管理手段。由于受到大量外地游客和现代文明的熏陶,农民的信息通畅了、脑子活了、路子广了、思路宽了。不少农民学会了上网,了解到更广泛的农业信息,电子商务也逐渐走进了农民的生活。城市游客把现代化城市的政治、经济、文化、意识等信息辐射到农村,使农民不用外出就能接受现代化意识观念和生活习惯,提高了农民素质,促进了城乡统筹,增加了城乡之间互动。

(四) 缓解传统景点旅游压力,丰富旅游产品

随着我国人民生活水平的提高和假期的增多,以及退休人员

数量逐年增加，选择外出旅游放松身心的人越来越多。传统旅游景点的观光旅游压力很大，不仅对历史建筑造成损坏，并且引起严重的交通堵塞、人员拥挤，带来安全隐患，达不到休闲的目的，旅游质量下降。观光旅游农业园区的发展进一步拓宽了旅游资源，满足了人们回归自然、返璞归真的个性化需求，同时具有健身疗养、休闲娱乐等综合功能。游客在景区内既可以参与娱乐、品尝美食，又可以亲自劳作、亲近自然、陶冶情操，因此观光旅游农业园区越来越受到都市人的欢迎。随着客流量的增多，旅游市场逐渐由城市转移到了农村，这有效缓解了城市旅游带来的交通、住宿、餐饮等方面的压力，同时也延长了旅游产业链，有利于农业旅游做大做强。

（五）为城市居民、学生提供学习了解农业知识、参与农业生产活动、体验农村生活的机会

观光旅游农业园区（点）可向城市居民和学生提供体验农业生产及农耕文化、参与农家文化娱乐、学习农业知识、了解农民生活等服务，使人们在休闲的同时，能享受到农村的田园风光和感受丰富的农业资源、享受农业生产的实践、了解趣味农业知识、参与农家特有娱乐活动等。

二、发展现代观光旅游农业园区的可行性

我国农业发展历史悠久，各种文化资源、自然资源丰富，具有发展观光旅游农业的优异条件。国家对农业问题很重视，特别是中国共产党第十六次代表大会以来，中央颁布了一系列方针政策，如中共中央国务院 2008 年 1 月颁布的《关于切实加强农业基础建设进一步促进农业发展农民增收的若干意见》中就清楚地说明了发展观光旅游农业的方向是正确的，当前我国的大环境为观光旅游农业的发展奠定了基础。但是某个地区是否一定可以开发现代观光旅游农业，还需要进行可行性研究。一方面，观光

旅游农业项目建设存在风险，在国外已被列为风险投资行列，某些学者甚至认为其失败的可能性在60%以上，因此对农业旅游园区的建设进行可行性分析具有非常重要的现实意义；另一方面，若项目可行，需要付诸实施，可行性报告又是项目融资、申请长短期贷款、向当地政府或主管部门申请各种审批手续、与其他相关部门签订各种协议与合同（诸如土地使用协议，供电、水、气合同等）的重要依据，从而使项目建设得以快速、顺利进行。

可行性研究的使命是为项目投资决策提供可靠的科学依据。通过对园区的背景分析，对旅游农业市场的需求和态势预测，着重分析发展现代观光旅游农业在建设上是否可行、经济上是否有利、技术上是否可能。

（一）建设可行性

建设上的可行性主要与政府政策、当地的自然条件、资金来源、周围环境、交通条件、客源市场、土地利用情况等因素有关。观光旅游农业园区的投资较高，资金必须有保证；园区要选址在经济发达和流动人口多的大城市和特大城市的郊区，以保证有良好的客源；园区所在的区域必须有良好的交通条件，可进入性要好；园区要有充足的水源，严重缺水的干旱地区、农业用地很少地区，就不宜建设；优美的风景、有趣的地貌和生物、新鲜的空气和洁净的水源以及优良的地质条件、适宜的气候条件也是建设观光旅游农业园区的必备条件。

（二）技术可行性

现代观光旅游农业是一个综合性产业，需要各种现代农业技术、农产品加工技术、电子技术、管理技术等领域的专家参与。如果当地缺乏这些技术人才，就需要寻求、组织高等院校、科研、设计部门的有关专家，以达到技术保证。

（三）经济可行性

旅游农业作为一种开发投资行为，必然以经济效益为中心，特别是对于广大的农村地区来说，发展旅游农业不仅可以增加经济收入，还可以改善地区的农业结构，促进地区的经济发展。常用的经济效益的评价指标有就业效益、收入分配、技术进步效益、促进地区经济发展、促进部门经济发展、促进国民经济发展（改善结构、布局，提高效益）、提高国际竞争力等。

此外，还要分析社会效益和生态效益，从而决定该方案是否可行。生态环境是人们赖以生存和持续发展的最重要的物质基础，旅游农业的发展也必须以良好的生态环境为前提。农业旅游园区的开发建设可以将自然生态的保护与资源的开发很好地结合起来。

总之，从我国总体情况来看，现在是发展现代观光旅游农业的大好时机，是可行的。但对各个不同地区而言，还需要认真论证。

第五节　我国现代观光旅游农业园区的发展方向

一、个性化

观光旅游农业园区的生存之本是其个性化、特色化。个性化来自当地的资源条件、地理位置、文化特征等，也就是发掘它的优势。发挥好优势，才能突出园区的个性，园区才具有与众不同的特色，才能吸引更多的游客，才具有生命力。园区具有突出的个性，才能创造出品牌。

当前从全球来看，由于现代化的发展，工具主义、资本主义的利润最大化与标准化、程式化原则已渗透到社会的每个角落，也影响了观光旅游业。美国社会学家乔治·里兹尔提出了"社会的麦当劳化"论点。他认为，现代化过程当然也渗透到了休闲活动中，团队旅游就是最好的例子。旅行社的团队旅游按既定的线路、食宿标准以及成本收益原则严格操作。麦当劳快餐的经营方针是"快吃、快走",吃完就走。现代团队旅游的方针是"快看、快走",看完就走;游客被旅游车整团地从一个景点高效运到另一个景点,运动中的游客就如运输带上的零件或物品,完全被操控,失去了自由,也很难有那些需要时间、静下来"细嚼慢咽"才可能有的品味与体验。有些观光旅游农业园区的建设雷同化,内容单调、死板,缺乏个性,这也是种程式化的表现,值得我们注意。

二、加强政府作用

(一)做好规划
做好规划是发展我国观光旅游农业园区的根本保证。应引导园区投资者做好观光旅游农业园区的规划,使园区建设方向明确,发展有计划,达到促进农业及农村经济繁荣、农民致富的目标。

(二)建立协会
建立园区协会,互通政策、市场信息,分工合作,共享市场,可促进产业整体的发展、壮大。

(三)财政支持
政府应给予政策性财政支持,鼓励能促进"三农"发展的园区建设,投资基础设施,建立信息中心等。

(四)不断完善有关农业观光旅游的法律、法规
目前,在观光旅游农业园区方面我国各级政府颁布了一些法规,如《北京市郊区民俗旅游接待户评定暂行办法》、《天津市乡村旅游经营户质量等级评定办法》、《湖南省休闲农业庄园星级评定办法》等,其中多为行政性管理措施。但有关旅游经营行为、为居民出游提供有效保障等方面的法律还较少。

三、加强旅游心理研究

仔细分析研究城市居民各群体的旅游动机、爱好、习惯等心理，建设不同景观，开发个性化的旅游产品等，这才是保持市场繁荣的基础。

四、加强国际交流

中国的国际旅游与发达国家相比差距很大，如入境过夜旅游人数只及法国的一半，国际旅游收入还不到美国的 1/5。应积极改善农业观光旅游条件，加强外语培训、礼仪培训和世界主要国家风俗习惯培训，以及加强对外宣传力度，以吸引国外游客到中国参与农业旅游、农事活动。

第二章 现代观光旅游农业基础理论

第一节 现代观光旅游农业的特征及类型

农业休闲作为乡村旅游的一种方式，最早是在西方发达国家兴起并发展起来的。早在19世纪初，旅游开发者就注意到农业的观光旅游价值。欧洲在19世纪30年代就开始了农业旅游，意大利在乡村旅游发展基础上于1865年成立"农业与旅游协会"，专门介绍城市居民到农村去体味农业野趣，参与农业活动，开展农业旅游活动。到20世纪50~70年代，发达国家出现了具有以观光职能为主的观光农园，农园内的活动以观光为主，并结合购、食、游、住等多种方式进行经营，同时有了为观光休闲农业服务的从业人员。这一时期，观光休闲农业从农业和旅游业中独立出来，并且找到了旅游业与农业共同发展、相互结合的交汇点，这标志着新型交叉产业——观光休闲农业的产生。到20世纪80年代以后，随着人们旅游需求的转变，对度假的需求日渐增大，观光农园也相应地改变其单纯观光功能，扩展为休闲、度假和体验等多种功能，休闲农业和乡村旅游业紧密结合起来，并进入规范化和专业化发展的新阶段。

现代观光旅游农业是以现代农业为基础，在现代农业的基础上形成"可览、可游、可居"的环境景观，构造出了"城市—郊区—乡间—田野"的空间休闲系统。

一、现代观光旅游农业的特征

(一) 高科技特征

现代农业中，技术变革已成为生产要素不可分割的部分，由技术变革所产生的新的生产要素已成为农业增产、农民增收的主要源泉。高新技术的应用是推动农业系统持续良性运转的重要手段，是解决农业发展现实矛盾的必然选择。

现代观光旅游农业是在保护农业经济平衡的条件下，依靠科技进步，把传统农业技术的精华和现代化科学技术有机结合起来，吸收一切新技术和新方法，以达到提高农业生态经济生产力和农业综合生产力的目的。现代观光旅游农业属于高度知识密集型的农业，其运用的高新技术和新成果一旦在市场上成功，就会引起区域性的模仿浪潮。通过对现代观光旅游农业园区的参观游览，游客能了解当今国内外的科技成果，增长见识。

现代观光旅游农业要增强吸引力，就必然需要在良种选育、栽培管理及加工、贮藏、运输等各个环节上积极吸纳国内外先进技术，不断提高农业生产各环节的技术水平。所选项目以先进实用技术为主，所有入选项目都必须经过严格筛选，以确保其高科技性，项目区内还要建成一流的信息网络中心、物流研发中心、科技推广和技术培训中心，推广使用无土栽培种植、组织快繁、温室调控、工厂化育苗、绿色食品生产、节水灌溉、生物防治、胚胎移植、珍禽养殖、食用菌生产、无公害蔬菜生产、农产品精加工等多种高新技术。

现代观光旅游农业始终坚持科技是第一生产力的宗旨，试验探索通过技术创新、不断利用农业高新技术改造传统农业、发展现代农业的新路子。未来的农业科技将在探索作物、畜禽等动植物和微生物生命奥秘，挖掘增产潜力方面取得重大突破，从而使农业生产的"高产、优质、高效、生态、安全"目标达到一个全新的水平。

(二) 农业特征

农业是以种植业为主的物质生产活动，旅游业是以观光休闲为主的精神文化活动，旅游休闲农业虽具备生产活动和旅游活动的统一，但仍然具有显著的生产性特点。现代观光旅游农业是以农业为载体，使传统农业的单一生产功能向综合功能发展，展示了生态、观光、旅游农业之路，突破了传统农业的掠夺式生产模式，实现了经济效益、社会效益和生态效益的统一。现代观光旅游农业围绕着动植物的生产及加工，向游客提供特色和绿色的农产品，在满足人们物质需求的同时，向游客输出观光、休闲、采摘、购物、品尝、农事活动体验等旅游功能。

现代观光旅游农业要求按照循环经济理念，加快农业园区生态化改造，推进农业园区建设，构建跨产业生态链，推进园区清洁生产，从源头上减少废物的产生，实现由末端治理向污染预防和生产全过程控制转变，控制和减少农业生产中的污染物排放，提高资源利用效率，构建循环型的现代农业。

现代化的循环农业已不仅是建设几个沼气池、增施有机肥、提倡秸秆还田等简单的技术创新，还应充分考虑在农业规模化、企业化、产业化发展趋势中出现的生态破坏和环境污染问题，以及经济效益的提高和农业精品名牌的创新等问题。现代农业已经从过去被动的简单适应环保要求的生产农业，转化为通过积极寻求先进的技术手段来实现资源利用和效益最大化的现代型生产农业。

目前，我国农业普遍存在的经济效益偏低、生态环境恶化问题，严重制约了农业的发展。现代观光旅游农业是依靠高新技术发展起来的一种特殊产业，由于重视环保及高新技术的运用，可提高农业的经济效益，又能促进农业更加符合生态平衡的要求，从而实现经济效益、社会效益和生态效益的高度统一。

(三) 现代设施装备特征

现代设施装备特征就是用最新的、处于国际或国内领先水平的设施装备武装农业。在农业生产的整个过程中，现代化设施装备始终贯穿其中，如自动灌溉系统、环境自动监控系统等。现代观光旅游农业园区作为一个向外展示的窗口，代表着我国现时的农业设施设备水平，新材料、新工艺、新机具、新系统的应用在其中都得到了充分的体现。先进设施装备是现代农业的物质基础和重要标志，是提升现代农业水平的重要环节。要加大投入力度，改善农业基础设施和生产条件，改善设施装备结构，提升设施装备水平，加大先进适用农机化技术和机具的开发应用，走符合国情、符合各地实际的农业现代化发展道路。现代设施装备的应用，还能起到示范的作用，吸引周边地区的农民参观学习，有利于现代设施装备的推广应用。

(四) 产业化特征

农业经营形式的产业化农业一直被认为是一种初级产业，是一种与传统的、落后的生产方式和生产条件相联系的产业，农业似乎只是种植业和养殖业的生产，而农产品的加工被看成第二产业，农产品的流通被看成第三产业。长期以来，由于生产、加工、销售分割，利润分配不合理，导致农产品价格波动大，农业生产效益不稳定。现代农业的建设首先要解决这一问题，真正实现农业产业化。如上海为了加快农业产业化建设的步伐，正在构筑农业"六大产业高地"，即种子种苗产业、温室产业、农机产业、农副产品加工产业、农业生物技术产业、农艺软件和先进农用生产资料产业等，以确立上海农业在全国的优势和领先地位。

现代观光旅游农业的出现，为农业产业化经营注入了新鲜血液。现代观光旅游农业产业化经营是指现代观光旅游农业的一体化、规模化经营，是现代观光旅游农业发展的最佳经营模式。现代观光旅游农业产业化经营有其独特性，即突出现代观光农业旅游与现代生产的一体化、规模化经营，强调绿色食品、有机食品、无公害食品的产业化经营。在现代观光旅游农业产业化经营中要求资源高效利用、产品无污染且品质优良、实现各环节的良性循环。

（五）现代化管理特征

社会从过去的农业链条时代发展到今天的工商链条时代，农业的内涵也在逐步发生着变化。现代化农业不仅仅是生产技术的现代化，更应该是经营管理方式的现代化，即通过应用新科技向前向后延伸农业产业链，为农民提供更多的涉农就业岗位。将现代企业管理制度引入农业，将园区看作一个由许多部门、产业以及社会再生产的各个环节相互联系、相互协作的要素组成，以最大限度地提高经济效益。企业是农业园区运作的主体，因此园区的运营要遵循现代企业的运行机制与模式。要按照"自主经营、自负盈亏、自我约束、自我发展"的原则来组建、管理，逐步建立"产权清晰、权责明确、政企分开、管理科学"的现代企业制度；要按照市场经济规律和旅游业发展规律的要求，探索多形式、多层次园区发展机制，如进行运行公司制、投资业主制、科技承包制、联结农户合同制的试点。但企业自主经营的同时，要接受政府的宏观指导和监督，以确保园区正确的发展方向，进而形成以企业经营为主导、行政引导为保障的合理有效的运营机制。

二、现代观光旅游农业园区的类型

现代观光旅游农业园区的分类方法很多，可以按行政体制、示范内容、投资主体、区位特征和农业科技活动企业来划分。本书着重从示范内容对现代观光旅游农业园区进行分类，分为现代种植类园区、现代养殖类园区、现代加工类园区和综合类园区。

1. 现代种植类观光旅游园区

现代种植类观光旅游园区以种植为主，通过引进新品种和新技术，推广无土栽培种植、组织快繁、温室调控、工厂化育苗、绿色食品生产、节水灌溉、生物防治、食用菌生产、无公害蔬菜生产等多种高新技术，生产有机、绿色食品和特种蔬菜、瓜果等，以满足不同层次的人群对农产品的需求，提高市场竞争力，对周边的农民起到辐射与示范作用，带动周边地区的产业发展，并且与旅游相结合，展示现代设施的种植栽培过程和先进的生产技术等，提供游客参与体验的机会，提高了农业种植的附加值。如别具一格的农具展览馆，陈设有各种各样新奇古怪的农用机械，有的是现在使用的，有的是已被淘汰的，人们可以借此了解农业发展历史和增长农机具知识。

根据种植方式的不同又分为大田作物规模化种植，包括水稻、蔬菜、玉米、大豆、茶叶、牧草、马铃薯等规模化种植；设施工厂化种植，包括名优花卉、苗木、名优蔬菜、水果、中草药、食用菌等。围绕种植业主要开展观光、采摘、体验、科普等旅游项目。

珠海的"农科奇观"就是典型的种植类观光旅游农业园区。农科奇观位于珠海市前山梅溪路上，占地133公顷，是珠海市农业科研示范基地，同时也是一个以展示高科技农业为主题、环境优美的现代休闲度假旅游区。区内目前已建成珍奇蔬菜瓜果园、八卦田园、沙漠植物园、园艺超市、兰花培育及观赏中心、兰花苑、盆景园、巨型南瓜园等10多处景观及休闲娱乐设施。农科奇观是集农业科研生产、旅游观光、科普教育、学生旅馆于一体的大型绿色生态旅游景区，已成为广大游客和学生享受新奇乐趣、增长见识的绿色伊甸园。

2. 现代养殖类观光旅游园区

现代养殖类观光旅游园区通过调整养殖规模、品种结构和养殖方式，推广使用生物防治、胚胎移植、珍禽养殖、氨化饲料等多种高新技术，提高效益，创造高额利润，同时注重生态效益。畜禽生产基地建设实行"品种优良化、生产模式化、布局集中化、产后加工化、运销冷链化"的园区经营管理模式,突出地方特色。同时,与旅游相结合,比如在动物农场中人们可以观赏到各种家畜在自然怀抱中的憨态,又能增加动物学的知识;牧场馆每天定时安排挤牛奶表演和奶油加工过程,在游客观赏之余,还可以购买各种包装精美而新鲜的奶制品。

养殖园区里的养殖又分为常规家畜、家禽养殖和特禽、水产养殖三种。常规养殖主要包括奶牛、肉牛、生猪、肉羊、家禽等的规模化养殖;特禽养殖一般包括饲养珍稀动物、奇禽珍鸟或当地特有品种,如鸵鸟养殖、鳄鱼养殖、珍珠养殖等。围绕养殖业主要开展垂钓、珍稀动物观赏、饲喂、认养等活动。

深圳光明农场位于深圳西北部,距市区30分钟车程,占地55平方公里。光明农场是目前全国规模最大、配套最全,集运动、休闲、观光、饮食服务为一体的生态旅游园区,以"绿草地、牛奶、家肥"形成了绿白黑三色循环生态链,带来了良好的生态效益。光明牛奶、光明乳鸽、光明玉米已成为光明旅游的三大品牌。在这里,游客不仅可以参观现代化观光牛场,还可以参与亲自喂牛、与牛拍照、免费品尝纯鲜牛奶、游览亚洲最大的鸽子城(听听白鸽的爱情故事)、游览风光迷人的天鹅湖等活动。此外,这里还有全国最大的滑草场及滑车场,拥有澳洲原装进口全套滑草设备,游客可以尽情体验滑草情韵。在回归自然、返璞归真已成为人们新的休闲心态的今天,深圳光明农场作为深圳一个绿色环保的天堂,常有港澳及国内外旅游团体来光明农场品尝乳鸽的美味、牛奶的醇香、水果的鲜甜,观览奶牛的风姿及"落地皇鸽"的神采。农场的旅游开发规划已纳入深圳市旅游发展"九五"规划和2010年远景目标纲要。一个具有参与性、观赏性、休闲性、度假性的"绿色食品之国,农业旅游胜地"将为特区增添新的色彩。

3. 现代加工类观光旅游园区

农产品加工业发展滞后,是当前制约农民增收和农业结构调整的重要因素，建设优势农产品加工园区是发展现代农业的必然选择。要通过采取有力措施，完善企业技术创新机制，加快建立以企业为主体的技术创新体系，大力推进产学研结合，引导和鼓励企业与高等院校、科研院所共建企业技术研发中心，提高企业技术创新能力，不断提高产品的科技含量和附加值。企业除了通过合资合作、技术参股等方式，还可通过多渠道、多形式引进新技术、改造旧设备等方式，努力提高产品质量、产品档次，组建研发队伍和建立标准化的实验室，开发新产品，塑造自己的品牌。政府对推动农产品加工业的发展，要实施品牌战略，对企业开发的新产品要大奖特奖，并帮助企业开拓市场，合力打造地方品牌。目前，生物技术、储藏保鲜技术、设备工艺和包装材料等一大批新技术、新工艺、新设备开始应用于农产品加工领域，农产品加工业开始进入到以科技创新来推动产业升级的阶段。通过对农产品的分级处理和精加工，进一步实现农业的增值。

农产品加工主要包括对畜禽产品的深加工，如肉制品加工、蛋制品加工、奶制品加工、果蔬产品深加工（如各类饮料、休闲食品）等。围绕农产品加工开展的旅游活动主要是工厂化农业生产参观、加工设备及生产流程参观及农产品购买等活动。

上海浦东临空出口农业园区是上海市级现代农业园区，2001年7月经上海市人民政府现代农业园区建设领导小组批准建立。这几年来园区坚持"高起点规划、高门槛招商、高质量建设、高辐射带动、高标准管理"的"五高"发展思路，坚持"做大产业、做强龙头、做精产品、做优环境"的园区开发和建设宗旨，尝到了建立和完善标准化建设的甜头。目前，依托紧靠浦东国际机场、磁悬浮大道和东海大桥等得天独厚的"海陆空"立体区位优势，园区"一个中心、四个功能区（农业展示中心、农产品物流精深加工区、水产品贸易加工区、都市生态旅游观光区）"效应渐显，同时园区及农业产业化龙头企业的示范、辐射和带动功能也日趋增强。园区农业产业化龙头企业根据农产品

（水产品）生产、加工、出口需要逐步扩大域外生产基地，到2005年为止，各龙头企业辐射带动境外蔬菜标准化生产基地1 677公顷，水产品养殖（滩涂资源）基地开发10 005公顷，一方面满足了园区龙头企业加工、出口产品的初级农产品（水产品）的需要，另一方面为基地调优农产品结构提供了信息和技术支撑，又为基地周边农民创造了就业和增收的机会。

4. 综合类观光旅游园区

综合类观光旅游园区就是种植、养殖、加工的两两结合或者种养加的复合园区，是比较普遍的一种园区类型，也是未来园区的发展方向。通过产加销的经营模式，可以使农业效益最大化。如种植黄豆直接销售效益不高，但通过加工成豆腐销售、用豆渣养猪、用猪粪作肥返田用于提高黄豆单产等方式，可以提高其经济效益。这样就将单一的种植业转变为集种植业、加工业、养殖业为一体的综合生产系统，取得了良好的综合效益。

北京蟹岛绿色度假村总占地220公顷，集农业种植、养殖、加工、旅游、休闲度假、农业观光、有机食品生产于一体，采用"前店后院"式经营格局，其中90%用于农业种养，10%用于旅游休闲度假。经营项目有：开设饭楼、食府、蒙古大营、各类商务客房及特色仿古农庄、会议室、垂钓蟹宫、温泉洗浴中心、体育中心、水上乐园、青少年环保教育基地科普中心及农业观光、有机农产品采摘、自捡生态蛋等，建立了农业生产与农业观光联动、消费与生产环节联动的经营模式。种植业与养殖业相结合，生产、加工与消费相结合，以农业生产为基础，发展农副产品加工和旅游农业，形成了资源高效利用的生态型产业循环链。

第二节 现代观光旅游农业的功能

现代观光旅游农业以现代农业为依托，而现代农业不仅具有食品保障功能，而且具有原料供给、就业增收、生态保护、观光休闲、文化传承等功能，所以具体来讲，现代观光旅游农业主要具有以下功能。

一、产品生产功能

现代观光旅游农业园区的本质是一个农产品生产区，农产品生产及加工是其基本功能。但这里所指的农产品不是一般的农产品，而是最新品种或者利用先进适用的农业生产技术和精细加工技术生产出来的优质精品。通过生产、加工这类农产品，能一年四季为人们提供充足的名特优、鲜活嫩的农副产品，满足不同层次的物质消费需求，同时保证生产者和经营者有较高的稳定收入，并且提高产品出口外销的能力，显著提升区域农产品市场竞争力。

满足城市居民新的农产品消费需求的现代观光旅游农业通过对农业生产环境的改良，借助各种生物农业技术，对传统农作物实施品质更新和功能改造，赋予农产品以新的性能，使之更好地满足人类健康生活的需要。具有新功能的农产品包括无污染农产品、医疗用农产品和观赏性农产品。

二、科研展示、带动功能

大都市具有交通便利、信息畅通等显著优势，现代观光旅游农业一般凭借大都市的经济实力，凭借其科技、资金、人才等优势，在农业设备、农业高科技的应用开发和农业生产力水平等方面，将率先基本实现农业现代化，接近或达到国际先进水平，同时为推动全国农业现代化提供经验，起到辐射与示范作用。现代观光旅游农业不仅引进现代农业新技术、新品种、新成果，并加以推广应用，同时示范并推广现代农业建设、农业高新技术企业的经营管理及成功经验。现代农业示范园区通过引进消化吸收国内外现代农业新技术、先进设施和科学管理模式，形成不同农业生产区域适用的现代农业技术组装模式与经营管理模式，使其成为技术新、产出高、效益好的现代农业示范的样板，为农民对现代观光旅游农业的认识和当地区域农业与农村经济的发展起到重要的示范作用。

现代观光旅游农业园区作为区域农业生产力新的制高点、现代农业与农村经济新的增长点，具有明显的生态、区位、政策等方面的优势，将加速技术、人才、资金、信息向园区的集聚。在推动和促进园区的建设和发展的同时，具有较强的向外辐射扩散、带动周边地区农业与农村经济发展的作用。

三、教育培训功能

农业资源不仅展现自然美，为人类体验生活之乐趣创造了客观条件，而且它本身也是宝贵的教育素材，具有极其重要的教育意义。通过现代观光旅游农业园区的观光旅游开发，使一些农村特有的乡土文化及许多民间工艺得到延续发展，并创造具有特殊风格的农村文化。同时随着现代化高新技术进入农业，现代观光旅游农业园区不仅能使游客，特别是从小生活在都市的青少年了解农村、认识农业、掌握作物的常规栽培过程、领略高科技农业的魅力等，而且通过示范培训，培养农村科技人才，特别是青少年人才，强化农业科技队伍的建设，普遍提高了农民的文化水平和生产技能，培养造就具有一定的科技水平、能基本运用现代技术、了解社会信息的新型农民。

此外，在参与农业活动中，观光旅游活动增加了人们的交往和沟通机会，可以增进人与人之间的情感交流，降低城乡居民彼此之间严重的疏离感。农业园区利用农场环境和产业资源，将其规划成学校的户外教室，通过配备教学和体验活动场所、教案和解说员，能为游客提供活生生的教材和案例。

四、观光旅游功能

现代观光旅游农业的开发,主要以生产或生态功能为主,同时提供农业观光服务。旅游者不仅可观光、采摘、参与农业劳务活动或租赁耕种某种农作物,体验农民生活、享受乡土乐趣,而且可住宿、度假、游乐。这是现代观光旅游农业园区区别于一般农业园区的特点。

现代观光旅游农业除保持农业的自然属性外,又有新型农业设施的现代气息,加上生态化、精品化的整体设计和常年进行名特优瓜果、蔬菜、花卉、水生植物和大田作物,以及畜禽和各种鱼类的生产与示范,形成融科学性、艺术性、文化性为一体的人地合一的现代观光旅游景点。通过现代农业优美的自然景观和生态环境、浓郁的田园风光、现代生产设施与科学技术及安全优质的生态产品吸引城市居民观光、旅游,为都市居民和国内外旅客提供清洁优美的休闲、采摘、游览场所,提高了人们休闲生活的质量,还可展示浓郁的农耕文化,提高休闲生活的意境和档次,提高农业效益。如大群的牲畜、广袤的田野、先进的现代化生产流程等,都会让游客流连忘返。

五、生态环保功能

城市迅速发展后,交通、工业、消费的发展使废气、废水和噪声等对城市环境的危害日益严重。绿色产业是城市环境的最佳卫士,可以净化环境、吸收反射噪声,调节区域气候,防止水土流失,维护生态平衡,提高城市环境质量,创造良好的生活空间,发挥生态屏障功能。因此,休闲农业被誉为"城市的净化器"。

生态环保是农业在都市地区不断被强化的重要功能。调节环境和平衡生态是现代农业的重要功能之一，通过发展现代观光旅游农业，满足都市人们价值观念更新、讲求生活质量、注重环境意识和回归自然的需求。

现代观光旅游农业园区运用生态学、生态经济学原理和系统科学的方法，把现代科学技术成就与传统农业技术的精华有机结合，把农业生产、农村经济发展和生态环境治理与保护、资源的培育与高效利用融为一体，使之成为具有生态合理性、功能良性循环的新型综合农业，可实现农业的可持续发展，维护自然生态平衡。

现代观光旅游农业的发展贯穿了生态思想，它不仅满足了旅游者回归自然、返璞归真的心理需求，更重要的是为水泥世界点缀了绿色，净化了空气，绿化了环境。在旅游经历中，游客会潜移默化地受到生态教育，增强环境意识。

六、产业增收功能

现代观光旅游农业园区提供了一种农业发展的新型模式，通过现代观光旅游农业园区观光旅游的经济带动作用，可扩大农村的经营范围，增加农民的就业机会，提高农民的收入，壮大农村经济实力，在一定程度上起到了农业生产的示范样板作用。对稳定农业生产有利，同时增加了城乡人民的接触，拓展了农村居民的人际关系，缩小了城乡差别，提高了农民的生活质量，进而推进城乡一体化进程。

现代观光旅游农业产业化经营是农业产业化经营的重要内容之一。农业产业化要求用现代工业的经营理念改造农业生产者传统的自给自足和生产过程中不计成本不讲效益等观念。通过改造传统的自给半自给的农业和农村经济，在家庭经营的基础上，使之和市场接轨，逐步实现农业生产的专业化、商品化和社会化。

现代观光旅游农业以国内外先进的现代农业科技为依托，立足于本地区农业资源开发和主导产业发展的需求,以构建产业基地为基础,加工转化为龙头,商品市场为载体、龙头企业为核心、生态效益农业为目标,坚持"基地化建设、专业化生产、区域化布局、商品化经营"原则,寓产业化于现代观光旅游农业的规划开发建设之中。通过现代观光旅游农业建设打基础,应用新科技向前向后延伸农业产业链,在园区基本实现农业产品标准化、经营企业化、管理信息化、技术服务网络化,实现农业结构优化和产业升级,为农民提供更多的涉农就业岗位,解决农村的剩余劳动力问题,实现农民的就业增收。通过市场化经营来牵动,建立出口创汇型农业企业,大力发展出口创汇型农副产品的生产与加工,开拓国外市场,增加外汇收入,改善投资环境,实现现代观光旅游农业的优质、高效和可持续发展。

第三节 现代观光旅游农业理论基础

现代观光旅游农业属于边缘交叉学科,涉及现代农业、旅游、农业景观、区位等各个方面。目前的理论基础的发展还不是很完备,笔者从农业基础理论、景观生态学和旅游学等三方面对现代观光旅游农业进行探讨。

一、农业基础理论

(一)农业区位理论

区位是指人类行为活动的空间。具体而言,区位除了解释为地球上某一事物的空间几何位置,还强调自然界的各种地理要素和人类经济社会活动之间的相互联系和相互作用在空间位置上的反映。区位就是自然地理区位、经济地理区位和交通地理区位在空间地域上有机结合的具体表现。

区位主体是指与人类相关的经济和社会活动,如企业经营活动、公共团体活动、个人活动等。区位主体在空间区位中的相互运行关系称为区位关联度。区位关联度影响投资者和使用者的区位选择。一般来说，投资者或使用者都力图选择总成本最小的区位，即地租和累计运输成本总和最小的地方。

区位理论是关于人类活动的空间分布及其空间中的相互关系的学说。具体地讲，是研究人类经济行为的空间区位选择及空间区内经济活动优化组合的理论。

农业区位理论的创始人是德国经济学家冯·杜能，他于1826年完成了农业区位论专著——《孤立国对农业和国民经济之关系》（简称《孤立国》），是世界上第一部关于区位理论的古典名著。

杜能"孤立国"理论的前提条件有：

① 在孤立国中只有一个城市，且位于中心，其他都是农村和农业土地。农村只与该城市发生联系，即城市是"孤立国"中商品农产品的唯一销售市场，而农村则靠该城市供给工业品。

② "孤立国"内没有可通航的河流和运河，马车是城市与农村间联系的唯一交通工具。

③ "孤立国"是一天然均质的大平原，并位于中纬，各地农业发展的自然条件等都完全相同，宜于植物、作物生长。平原上农业区之外为不能耕作的荒地，只供狩猎之用，荒地圈的存在使孤立国与外部世界隔绝。

④ 农产品的运费和质量与产地到消费市场的距离成正比关系。

⑤ 农业经营者以获取最大经济收益为目的，并根据市场供求关系调整他们的经营品种。

杜能农业区位理论的主要内容包括：

（1）杜能区位理论的基本经济分析　杜能根据其理论前提，认为市场上农产品的销售价格决定农业经营的产品和经营方式；农产品的销售成本为生产成本和运输成本之和；而运输费用又决定着农产品的总生产成本。因此，某个经营者是否能在单位面积土地上获得最大利润（P），将由农业生产成本（E）、农产品的市场价格（V）和把农产品从产地运到市场的费用（T）三个因素所决定，它们之间的变化关系可用公式表示为：

$$P = V - (E + T)$$

按照杜能理论的假设前提进一步分析，"孤立国"中的唯一城市是全国各地商品农产品的唯一销售市场，故农产品的市场价格都要由这个城市市场来决定。因此，在一定时期内"孤立国"内各种农产品的市场价格应是固定的，即 V 是个常数。杜能还假定，"孤立国"各地发展农业生产的条件完全相同，所以各地生产同一农产品的成本也是固定的，即 E 也是个常数。因此，V 与 E 之差也是常数，故上式可改写成：

$$P + T = V - E = K$$

式中 K 表示常数，也就是说，利润（P）加运费（T）等于一个常数。其意义是只有把运费支出压缩至最小，才能将利润增至最大。因此，杜能农业区位论所要解决的主要问题归为一点，就是如何通过合理布局使农业生产达到节约运费，从而最大限度地增加利润。

（2）杜能圈　根据区位经济分析和区位地租理论，杜能在其《孤立国》一书中提出六种耕作制度，每种耕作制度构成一个区域，而每个区域都以城市为中心，围绕城市呈同心圆状分布，这就是著名的"杜能圈"。

① 第一圈为自由农作区：是距市场最近的一圈，主要生产易腐难运的农产品。

② 第二圈为林业区：本圈主要生产木材，以解决城市居民所需薪材以及提供建筑和家具所需的木材。

③ 第三圈是谷物轮作区：本圈主要生产粮食。

④ 第四圈是草田轮作区：本圈提供的商品农产品主要为谷物与畜产品。

⑤ 第五圈为三圃制农作区：即本圈内 1/3 土地用来种黑麦，1/3 用来种燕麦，其余 1/3 用作休闲（三圃制是 14、15 世纪欧洲的一种耕作制度，大致分为春耕、秋耕、休闲三部分，轮流用于春播、秋播、休闲。这样，每一块土地在连续耕种两年之后，可以休闲一年，被称为"三圃制"）。

⑥ 第六圈为放牧区，又叫畜牧业区。

（3）杜能圈的修正模型 杜能根据假设前提得出的农业空间地域模型过于理论化，与实际不太相符。为了使其区位模式更加符合实际条件，他在《孤立国》第一卷第二部分中将假设前提加以修正，指出现实存在的国家与"孤立国"有以下区别。

① 在现实存在的国家中，找不到与孤立国中所设想的自然条件、土壤肥力和土壤的物理性状都完全相同的土地。

② 在现实国家中，不可能有那种既不靠河流边，也不在通航的运河边的唯一的大城市。

③ 在具有一定国土面积的国家中，除了它的首都，还有许多小城市分散在全国各地。

针对以上情况，杜能根据市场价的变化和可通航河流的存在对"孤立国"农业区位模式产生的巨大影响，对"杜能圈"进行了修正。他假设当有一条通航河流可达中心城市时，若水运的费用只及马车运费的 1/10，于是一个距城 100 英里，且位于河流边上的农场，与一个同城市相距 10 英里远，位于公路边上的农场是等同的。这时，农作物轮作制将沿着河流两岸延伸至边界。

杜能还考虑了在孤立国范围出现其他小城市的可能。这样大小城市就会在产品供应等方面展开市场竞争。结果根据实力和需要形成各自的市场范围。大城市人口多，需求量大，不仅市场范围大，市场价格和地租也高。相反，小城市则市场价格低，地租也低，市场波及范围小。

尽管我们现实的状况会比杜能"孤立国"理论复杂，但其中心理论还是有很多是值得我们借鉴的，对于我们今天农业生产的基地布局、农业空间布局仍具有重要的指导意义。

（二）发展极理论

20世纪50年代以来，发达国家以追求经济高速增长为目标，把大量资源和要素集中投入到经济发展条件较好的区域。经济高速增长的结果，不仅没有缓解反而加剧了发达区域与欠发达区域之间的差距，为了对这一现实经济问题进行解释，部分经济学家提出了一些很有见地以二元经济为特征的区域经济不平衡增长理论。1945年法国经济学家佩鲁（Perroux）首次提出增长极概念，其出发点是抽象的经济空间，以部门分工所决定的产业联系为主要内容。

布代维尔（Boudeville）从理论上将增长极概念的经济空间推广到地理空间，认为经济空间不仅包含了经济变量之间的结构关系，也包括了经济现象的区位关系或地域结构关系。因此，增长极概念有两种含义：一是在经济意义上特指推进型主导产业部门；二是在地理意义上特指区位条件优越的地区。

发展极理论是一种非平衡发展理论，主要是指在区域内建立或嵌入高起点的推动型产业之后，会产生"乘数效应"而带动整个区域经济发展的动态机制。具体讲，就是具有优势的地区随着产业聚集日益成为发展极，通过发展极产生的扩散效应，带动邻近地区的共同发展。一般来说，发展极对周边地区产生的扩散效应，其强度随时间而变化。

发展极理论在实践中有很多种应用模式，归纳起来主要有两种：点轴开发模式和网络开发模式。

（1）点轴开发模式　点轴开发模式是发展极理论运用的低级阶段。它运用网络分析方法，把国民经济看作由点、轴组成的空间组织形式，即"点"和"轴"两个要素结合在同一空间，"点"即发展极，"轴"即交通干线。这一模式的基本思路可以作如下归纳：首先确定发展轴，在一定区域范围内，选择若干资源较好的具有开发潜力的重要交通干线经过的地带，作为发展轴予以重点开发；其次，确定发展轴上的发展极，在各发展轴上确定重点发展的发展极，确定其发展方向和功能；最后，确定发展极和发展轴的等级体系。首先集中力量重点开发较高级的中心城市和发展轴，随着区域经济实力增强，开发重点逐渐转移扩散到级别较低的发展轴和中心城市。

（2）网络开发模式　在经济布局框架已经形成、点轴系统比较完善的地区，进一步开发就可以构成现代区域的空间结构。一个现代化的经济区域，其空间结构必须同时具备下列三大要素：一是"节点"，即作为发展极的各类中心城镇；二是"域面"，即"节点"所吸引的发展轴两侧的范围；三是"网络"，由商品、资金、技术、信息、劳动力等生产要素的流动网及交通、通讯网组成。

网络开发可提高"节点"与"域面"之间生产要素交流的广度和深度，促进地区经济一体化，特别是城乡一体化；网络的外延，则可将区域的经济技术优势向四周区域扩散，将更多的生产要素进行合理调整、组合。这是区域发展一种比较完善的模式，是区域经济发展走向成熟阶段的标志。在实践中，点轴开发模式和网络开发模式并不是泾渭分明的两个模式，二者之间并没有一个明显的界限。

（三）系统工程理论

运用系统工程原理，就是把农业科技园区的建立与发展看成是一个全方位开放、有效运行的大系统。其内部各个子系统与外部社会环境支撑需协同聚合、协调一致、相互作用、密切配合，且各个子系统具有高度的专业化和密切协作的关系。在此基础上，园区内的农业生产实行高度集约化经营，引进和采用农业高新技术，把高新技术、常规技术、传统技术有机结合起来，通过农业子系统内的物质与能量适度循环和转化，充分合理地利用一切自然资源和社会经济资源，延长农业生产的生物链，实现无公害、无废物、无污染的生产，从而使农业科技园区系统取得最佳的生物产量和最好的经济效益。

（四）技术诱导变革和技术创新理论

美国学者费农拉坦和日本学者速水雄次郎在1985年各自分析世界农业发展的研究中提出了技术诱导变革和创新理论。该理论认为，农业技术结构的形成及变革完全具有诱导性和非自发性。资源供给结构及其变化和社会对农业的需求结构及其变化，决定了农业投入要素的相对价格水平及其变动，投入要素相对价格的变动又诱导着社会生产者不断根据经济理性原则调整各种要素的投入比例，以相对廉价的要素来代替相对昂贵的要素，选择最优技术和发展新的技术以突破资源供给对实现社会需求的限制，因此，在现代观光旅游农业的技术选择上必须以当地的资源供给结构为依托，同时在选择技术结构和进行科技投入时应充分考虑当地的农村体制结构，并对其进行适应性调整。建设现代观光旅游农业园区本身也是一种创新，通过创新使园区的生产要素、生产条件、生产组织进行重新组合，以建立效益更好、生产效率更高的新的农业生产体系。

（五）可持续发展理论

什么是可持续发展，不同的国家有不同的认识，不同的学科有不同的定义，但其基本含义和核心思想是一致的，这就是江泽民同志概括的："所谓可持续发展，就是既要考虑当前发展的需要，又要考虑未来发展的需要，不要以牺牲后代人的利益为代价来满足当代人的利益"。可持续发展有两个基本点：一是必须满足当代人的需求，否则他们就无法生存；二是今天的发展不能损害后代人满足需求的能力。

可持续发展始源于人类所面临的生态危机，本质上为一种生态化发展模式，以人与自然关系的协调发展为基本内容。可持续发展涉及可持续经济、可持续生态和可持续社会三方面的协调统一，要求人类在发展中讲求经济效益、关注生态和谐和追求社会公平，最终达到人的全面发展。这表明，可持续发展虽然缘起于环境保护问题，但作为一个指导人类走向 21 世纪的发展理论，它已经超越了单纯的环境保护。它将环境问题与发展问题有机地结合起来，已经成为一个有关社会经济发展的全面性战略。

当前人们对它的研究已突破"经济—科技—政治"等实践层面，开始进入其基础结构"观念—价值—文化"等认识论、价值论领域。世界上尤其是发达国家在其农产品过剩而经济增长缓慢的背景下，先后出现了如"有机农业"、"生物动力农业"、"自然农业"等种种模式，其核心内容就是反对化肥农药，提倡自然循环和自然生态，保护生态环境的可持续农业和可持续农业与乡村发展。根据吴忆明和吕明伟的观光采摘园景观规划设计中的可持续发展原理，笔者也总结出了现代观光旅游农业的"三个可持续性"：一是生产可持续性，即保持新鲜农产品的稳定供应；二是经济可持续性，即通过开发现代观光旅游农业的综合服务体系来实现其经济效益；三是生态可持续性，即通过合理地开发和规划园区内的景观和休闲娱乐项目达到保护园区生态环境的目的。

（六）农业循环经济学

农业生产是人类以生物的自然再生产为基础的产业。我国传统农业早已有了对农业循环经济的认识并付诸实践。例如桑—蚕—桑及养殖—种植—养殖的循环，又如用地与养地结合，就是从土地取走的物质通过施肥还田，使"地力常新壮"。

那什么是农业循环经济呢？农业循环经济是科学地安排不同生物质在系统内部的循环、利用或再利用，最大限度地利用农业环境条件，以尽可能少的投入得到更多更好的产品。

生物质包含了动物、植物、微生物及其派生物、排泄物和遗体以及其中的生物质能。生物质中的每一种都是农业循环经济的组成部分，是相互作用、互为循环经济条件的不同物质组合形成农业循环的系统。

目前，我国诸多地区都已着手采取各种形式探索农业循环经济发展模式。具体做法有：

（1）减量化生产形式 主要是通过科学使用化肥、农药和其他农用资料，或者用新型生产资料、技术来替代常规生产资料和技术，以达到减少使用化肥、农药、农膜等农资数量、减少污染排放的目的。比如江苏省宜兴市试点实施的"太湖农业面源污控制"综合配套技术成效明显，在通过滴灌施肥技术降低氮肥用量2/3的情况下，仍可提高作物产量30%，并且地下水硝态氮含量降低了60%。同时，通过改造农田排水系统，建设生态型沟渠，在沟渠里种植鱼草、空心菜、水芹等植物，既可有效吸收农田排水中的氮、磷等影响水质的物质，又可用于水产养殖和蔬菜种植。

（2）再利用运作形式 主要是指将废弃物能源化、肥料化和饲料化。比如，在生态农业综合开发中，畜牧业与种植业相结合，加上以沼气发酵为主的能源生态工程、粪便生物氧化塘多级利用生态工程，可将农作物秸秆等废弃物和家畜排泄物能源化、肥料化，向农户提供清洁的生活能源和生产能源，向农田提供清洁高效的有机肥料。有机废弃物饲料化利用生态工程也是再利用运作模式的又一重要内容。南京市高淳县固城镇通过"秸秆种菇模式"，将农作物秸秆用于栽培食用菌，把种菇栽培的下脚料还田重复利用，形成了"稻草—蘑菇培养基—菇渣肥田—水稻"的循环经济生态模式。

（3）再循环链接形式 主要可分两类，一类是农产品在储存或运输过程中质量发生了变化，不能按原用途消费，可经过分类处理改变用途，既可减少农业通过最终产品向系统外输出污染物，又能增加可利用的物质与能量来源，如变质水果和蔬菜类可转化成肥料，次等粮食可加工成酒精；另一类是从保护生态环境的角度出发，将农产品加工成环保农业生产资料，如可降解地膜、营养钵、生物柴油等生物产品。

从理论上来分析，以生态农业为基础的农业循环经济概念应包含三层基本含义：一是要有发展，因为人类的需求在不断增长，为了满足这种不断增长的需求，农业生产必须不断地发展，以改善人民的生活条件，提高生活质量；二是这种发展要有可持续性，也就是说这种发展不能以牺牲后代人的利益为代价，特别是不能因为人类的行为而使自然资源与环境遭到破坏；三是农业可持续发展是一项系统工程，包括了农业生态、农业经济和农村社会三方面的可持续发展。也就是说，农业循环经济在本质上是一种生态农业经济，在发展过程中，既要遵循生态学规律，同时又要遵循经济学规律。违背生态规律的经济增长，必将失去环境资源的支撑；而偏离经济规律的经济活动，也同样难以持久。

现代观光旅游农业反映了循环经济的基本特征，因为现代观光旅游农业所具有的特点是，能合理地安排物质在系统内部的循环利用和多次重复利用，以尽可能少的输入求得尽可能多的输出，从而获得生产发展、生态环境保护、能源再生利用、经济效益四者统一的综合性效果，最终实现农业的可持续发展。

二、景观生态学原理

1969 年，克罗（D. S. Crowe）率先提出景观规划设计应注重"创造性保护"工作，即既要最佳组织调配地域内的有限资源，又要保护该地域内的美景和自然生态，这标志着"景观生态学"理论的诞生。它强调景观空间格局对区域生态环境的影响与控制，并试图通过格局的改变来维持景观功能流的健全与安全，从而把景观客体和"人"看作一个生态系统来设计。它的基本模式就是"斑块—廊道—基质"模式：斑块是指在外观或性质上与周围环境存在差异，同时又具有一定内部均质性的空间区域，如植物群落、湖泊、草原、农田、居民区等；廊道是指景观中与相邻环境不同的空间区域，如林带、河流、道路交通线、空中索道等，对线性或带状结构廊道的研究主要关注的是廊道的宽度、内容、形状、连续性以及与周边斑块、基质的相互作用关系等；基质是指斑块和廊带所在的背景区域，也是景观中分布最广、连续性最大的背景结构，常见的有森林基底、草原基底、农田基底等，数目多而面积小的斑块使景区的景观多样性增大，具有较高的美学价值。

景观生态学是研究在一个相当大的区域内，由许多不同生态系统所组成的整体（即景观）的空间结构、相互作用、协调功能以及动态变化的生态学新分支。如今，景观生态学的研究焦点是在较大的空间和时间尺度上生态系统的空间格局和生态过程。景观系统的功能与其组成结构特征的密切关系是景观规划与设计的基础，也是指导原则，通过景观要素的有序组合，提高景观的容量、效率、稳定性，使景观功能最大化、最优化，是人类对管理景观的主要要求。

现代景观生态学的发展，已经总结了多达55条关于斑块、廊道等景观模型的基本原理，可以在很大程度上为"斑块—廊道—基质"模式的建立提供依据。以下为部分原理列举：

（1）关于斑块的大小　例如生境多样性原理：斑块越大，其生态多样性越大，因此大斑块可能比小斑块含有更丰富的物种；大斑块效益原理：大面积自然植被斑块可保护水体和溪流网络，维持大多数内部物种的存活，为大多数脊椎动物提供核心生境和避难所；小斑块效益原理：小斑块可以作为物种迁移的踏脚石，并可能拥有大斑块中缺乏或不易生长的物种。

（2）关于斑块的位置　例如斑块位置－物种灭绝率原理：在其他条件相同的情况下，孤立斑块中的物种灭绝率比连接度高的板块中的要大，生境斑块的隔离度取决于与其他斑块的距离以及基质的特征。

（3）关于边界形状　例如最佳斑块形状原理：最佳形状斑块具有多种生态学效益，通常与太空船形态相似，即具有一个近圆形的核心区、弯曲边界和有利于物种传播的边缘指状突出。

(4) 关于廊道 例如廊道功能控制原理：宽度和连接度是控制廊道功能的主导因素；脚踏石连接度原理：在廊道间或没有廊道的地方，加设踏脚石，可增加景观连接度，并可增加内部物种在斑块间的运动。

(5) 关于河流廊道 例如河流廊道和溶解物原理：具有宽而浓密植被的河流廊道能更好地减少来自周围景观的各种溶解物污染，保证水质；河流主干道廊道宽度原理：河流主干道两旁应保持足够宽度的植被带，以控制来自景观基底的溶解物质，为两岸内部物种提供足够的生境和通道；河流廊道连接度原理：河流两旁植被带的宽度和长度共同决定河流的生态学过程，不间断的河岸植被廊道能维持诸如水温低、含氧高的水生条件，有利于某些鱼类生存。

(6) 关于网络 例如环路和多选择路线原理：在廊道网络中，多选择路线或环路可减少廊道内空隙，消除干扰捕食者和捕猎者的不利影响，从而促进动物在景观中的运动；生物传播和相连小斑块原理：网络上的小斑块或结点可为某些生物提供暂栖地或临时繁殖地，从而有利于生物在景观中的传播。

景观生态规划是运用景观生态学原理，以区域景观生态整体优化为基本目标，在景观生态分析、综合和评价的基础上，建立区域景观生态系统优化利用的空间结构和模式，其目的是使景观内部的社会活动与景观生态特征在时间和空间上协调化，达到优化利用景观。景观生态规划的内容主要包括景观生态学基础研究、景观生态评价、景观生态规划与设计以及景观管理。景观生态规划必须遵循整体优化原则、异质性原则、多样性原则、景观个性化原则、环境保护原则以及协调发展原则等。景观生态规划属于生态规划的范畴，其研究虽然包含生态组分的合理利用问题，但主要是对生态系统合理利用的研究，它更注重景观内生态系统的空间动态稳定性。因此，在现代观光旅游农业中，应用景观生态学原理通过生态合理的"廊道"(交通线或绿化带)与景观的其他"斑块"以及"基质"协调组成一个有机整体。

三、旅游学

旅游学是一门综合学科,具有跨学科、多学科、多元结构的特点,强调不同学科之间的互补协作作用。它的研究对象是涉及社会生活许多不同方面相互交叉、重叠的现象。旅游学研究的范围包括旅游者、旅游活动、为旅游活动服务的经营产业、旅游活动和旅游业对旅游目的地的影响(经济影响、社会影响、文化影响、政治影响等)。本文从旅游者、旅游资源、农业旅游资源的利用以及旅游项目的开发等四个方面对现代观光旅游农业进行探讨。

(一)旅游者

根据旅游学的原理,旅游是一种由人产生的行为,旅游必须有人参与,没有人的因素是无法形成旅游活动的。可见,人是旅游的主体,也就是旅游者。从字面意思而言,旅游者是指旅行和游览的主体,在英文里旅游者写为 Tourist、Traveler、Visitor 等。随着社会生产力的发展及人类的进步,旅游者的内涵也在发展变化。从古代旅游者人数的局限性到现代旅游者的大众化,从旅游目的的单一化到多样化和综合化,从旅游交通工具的简陋单一化到方便舒适豪华化,从旅游区域的本地性到全球性甚至宇宙性,从旅游者只拥有享受旅游的权利到还拥有保护生态环境的特殊义务等变化中,都深刻反映出旅游者内涵的发展。目前,我国官方旅游法规对"旅游者"定义为:任何一个为休闲、娱乐、观光、度假、探亲访友、就医疗养、购物、参加会议或从事经济、文化体育、宗教活动,离开常住国(或常住地)到其他国家(或其他地方),主要不包括因工作或学习在两地有规律往返的人。

旅游者可以从旅游目的、地理范围、费用来源、组织形式、经济程度、旅游方式、旅游活动内容、旅行距离、客源地等方面进行划分。不过，对旅游者的类型无论做何种划分，都只是手段而已，都是为一定的研究目的服务的。

其中按旅游活动内容可将旅游者分为：山水风光旅游者、历史文化旅游者、工业旅游者、农业旅游者以及形形色色的专项旅游者。

现代观光农业旅游者崇尚和追求新、奇、特，不再满足于对旅游客体的观光、休闲、游览，而是产生了强烈的主体参与意识。现代观光农业旅游者具有以下基本特点：

① 在旅游的过程中，旅游者的参与愿望可以得到满足，旅游者是观赏者，同时也是被观赏者。

② 现代观光农业旅游是一种高层次的、赋予文化内涵的旅游，因而对参加者的要求相应较高，需有一定的知识修养和良好的素质。

③ 由于多是自费旅游，旅游者对价格相对敏感，要求物有所值。如果认为某旅游目的地的旅游产品过于昂贵，则会拒绝前往而选择别处。

④ 对旅游目的地和旅行方式以及出发时间的选择方面，拥有较大程度的自由。

⑤ 旅游者必须具有较强的环境保护意识和法规意识，要有可持续发展的观念，既要防止在旅行过程中发生破坏生态环境和旅游资源的行为与事件，又要使自己旅游尽兴。

（二）旅游资源

旅游资源是旅游活动的客体。一个国家或地区旅游资源的特色、丰度、分布状况以及开发和保护水平，直接影响着该国或地区旅游客流的流量和流向、旅游业经营规模和效益及其发展前景。旅游资源就是客观存在于一定地域空间并对旅游者具有吸引力的一切自然存在、历史文化或社会现象。

农业旅游资源是农业旅游的客体，是农业旅游活动开展的基础。现代观光旅游农业资源是指在现代农业生产过程中能够对旅游者产生吸引力、有旅游开发价值，并能产生经济、社会、生态等综合效益的资源客体。其资源有着十分丰富的内容和各种各样的形式，包括农业生产的生产资料、生产过程、生产方式和生产成果等。

现代观光旅游农业旅游资源具有农业资源和旅游资源的双重属性，除了具有常规旅游资源的地域性、季节性、多样性外，还具有生产性、时代性、科技性、可创新性等特点。

(1) 生产性　农业旅游资源本身就是农业资源的一部分，因此它具备农业资源最根本的特性——生产性。与风景名胜等旅游资源不同，农业旅游资源在给人以美的感受的同时，还可以向游客提供其产品，有些农产品本身就是旅游资源，因此农业旅游资源的生产性和可游览性是并存的。

(2) 时代性　农业旅游资源与人类生产和科技水平直接相关。随着农业生产力的发展，农业旅游资源也随之变化，具有明显的时代特征。表现最明显的是农业生产方式和生产工具的演变，从刀耕火种到农业生产自动控制系统，既是一部农业发展的历史，也展示了人类文明发展的历程。

(3) 科技性　农业科技的发展提升了农业旅游资源的科技含量，新、奇、特动植物品种和农业生产的新工艺、新设施、新技术也成为一种旅游资源，向游客展示着现代农业的无穷魅力。

(4) 可创新性　旅游资源的可创新性在农业旅游资源身上表现得尤其突出，一个新的品种、一种新的种植方式、一项新的技术的诞生都可以成为一种新的旅游资源。

(三) 农业旅游资源的利用

农业旅游资源的开发都是以农业生产为基础，但并非所有的农业资源都能够被开发成旅游资源，例如畜牧规模化养殖由于环境、卫生、防疫等方面的要求，很少将其作为旅游资源开发利用。用于旅游开发的农业种植品种主要有花卉、蔬菜（叶菜和果菜为主）、水果等种类，尤以各种花卉和观赏果蔬菜为最多：花卉主要是国外引进的名优品种，如蝴蝶兰、玫瑰、凤梨、红掌等；蔬菜主要是以名优特菜、反季节蔬菜以及观赏类瓜果为主，如生菜、荷兰黄瓜、樱桃番茄、彩椒、观赏南瓜、观赏葫芦等；水果主要是以引进品种或名优品种为主，北方园区多选用南方水果品种，以满足游客的新奇感。

用于农业旅游开发的养殖品种主要是以野生动物和珍稀动物养殖为主，如孔雀、非洲鸵鸟、梅花鹿、鹦鹉、八哥等，利用常规家禽家畜也可以开发一些旅游活动，如蟹岛自捡生态蛋、动物表演及畜力交通工具等。

用于旅游开发的农业生产技术主要是以设施农业生产技术为主，包括无土栽培技术、温室控制技术、节水灌溉技术、生物防治技术等，农业生产技术一般不会单独作为旅游资源开发和使用，而是与其他多种农业资源综合开发利用。用于农业旅游开发的生产设施主要包括联栋温室及其配套设施、日光温室及其配套设施、组织培养室以及其他各类实验室、检测室等。

（四）旅游项目的开发

现代农业观光旅游项目主要分为以下几种：

（1）田园观光型旅游项目　主要利用现代科技改造传统农业生产时产生的大面积田园风光或特色景观而开展的观光活动，能够使游客放松心情、开阔视野。如稻田、麦田、茶园、果园、竹林、草原、梯田等。

（2）园艺观赏型旅游项目　利用园区在种植品种、生产设施和栽培技术上的优势，从形状、大小、色彩搭配等方面通过园艺设计和修整，赋予农产品以观赏性和艺术性，使之成为观赏价值极高的旅游产品。这类项目具有美化环境、烘托气氛、可观赏性强等优点。如百花园、百果园、奇花异果园、盆景园、四季瓜园、四季菜园、沙漠植物园、热带雨林、瓜果长廊、蔬菜树、蔬菜森林、花卉蔬菜展览展销会等。

（3）动物观赏型旅游项目　主要利用珍奇动物品种或动物趣味性活动作为游客兴趣点，根据对北京观光园的调查，动物观赏型项目为最受欢迎，是最吸引人的农园景观之一。如小鸟乐园、昆虫园、奇珍异兽观赏、动物饲养、鸽子放飞和笨猪赛跑、斗鸡等动物趣味表演。

（4）设施参观型旅游项目　组织游客参观、学习工厂化农业生产过程、生产工艺、劳动场面等现代农业生产景观，加深对现代农业的认识，获得知识，增长见闻。如工厂化水培生菜生产、工厂化育苗、蝴蝶兰花卉繁育、设施无土瓜菜生产、组培育苗室、规模化奶牛养殖、果蔬加工车间等。

（5）农事体验型旅游项目　让游客参与到农业生产过程和劳动过程中，享受劳动的快乐和丰收的喜悦。这类项目是目前园区开展最多也是广受欢迎的项目之一，参与性、体验性、趣味性较强，可利用旅游资源较多，活动内容丰富。如蔬菜瓜果采摘、采茶、捕鱼、挤奶、踩水车、推石磨、骑马、耕田、插秧、收割、品尝及陶艺、剪纸、绣花等手工艺品制作和酿酒、加工豆腐等传统农产品加工等。

（6）科普教育型旅游项目　向游客介绍现代农业科技成果、农业的发展历史等，以提高公众对现代农业和绿色产品的认识，对青少年进行农业科普教育。如科普长廊、农业科技馆、农史馆、农业博物馆、农机具展览、农田生产体验等。

（7）休闲度假型旅游项目　利用现代娱乐设施和服务设施向游客提供各种有益身心健康、趣味性较强的旅游活动。如绿色餐饮、野味品尝、野炊烧烤、农家小院、垂钓、民俗表演、划船、温泉健身、水上乐园、儿童乐园等。

第四节　现代观光旅游农业开发的基本原则与发展对策

现代观光旅游农业以高科技农业生产为本，以"三效益"（经济效益、社会效益和生态效益）的协调统一为根本目的。因此，在项目规划时，在保证绝大部分项目具有高技术、高效益的农业生产性的同时，还要充分挖掘或者适当增设辅助功能，尤其要注重增加科教性、观赏性和娱乐性；纯粹的休闲娱乐项目也有必要，但不能破坏农业园区的整体形象和环境。

（一）现代观光旅游农业开发的基本原则

1. 主题突出，协调配套原则

从国情出发，从城市发展的需要出发，将现代观光旅游农业园区建设成以高科技现代化农业生产为基础，以休闲观光为主题，科技示范、技术辐射、科学教育等其他辅佐功能为重要补充的"城市后花园"。现代观光旅游农业既要考虑旅游活动对农业生产的影响，又要满足游客的旅游需求，因此在规划中要权衡农业科研生产示范和旅游发展的比重，找好二者的平衡点，在不影响农业基本功能的前提下最大限度地发挥其旅游功能，使之能适应旅游业务的开展。科研生产示范功能和旅游功能相互协调、相互结合、相互促进是现代观光旅游农业规划的首要原则和最终目的。

2. 效益优先，以点带面原则

现代观光旅游农业是一种农游结合，一产向二、三产延伸的高效型市场农业。必须遵循经济效益原则，通过投资－收益分析，对那些资源规模大、旅游价值高、原有基础好、交通便捷、投资省、建设周期短、投资回收快的项目优先开发，并开发旅游观光、休闲度假、种养体验、农科教结合、农业科普等多种服务，以提高非农收入和农业综合效益。要讲求社会效益，既要最大限度地为广大城市居民提供接触自然、体验农业以及观光、休闲与度假的场所与机会，健康其身心，提高其社会与文化涵养，也要尽可能地吸引广大农民群众参与，以增加农民的就业机会与收入，锻炼农民的市场素质。要特别重视生态效益，即通过发展休闲农业，在城郊和农村营造优美宜人的绿色景观，改善自然环境、维护生态平衡，更要防止城市污染扩散，以保持原有的清新、宁静的生态环境。同时，以园区为中心，建成广泛、高效的农业信息网络系统，形成"公司加农户"、"一园多点"的辐射和龙头效应。

3. 因地制宜，综合开发原则

在现代观光旅游农业的规划与设计中，既要遵循生态学与经济学的一般原理，同时也要根据当地的实际情况，因地制宜进行规划与设计。因地制宜可以分为生态适宜性、环境适宜性、技术适宜性和经济适宜性。生态系统由生物与环境组成，现代观光旅游农业的基础是生态系统的合理运行，而生物种群是生态系统的核心。技术适宜性是现代观光旅游农业所采用的技术是比较成熟的，同时该技术对该地区的农民来讲，通过短期的培训或指导，是农民能够掌握的。由于农业生产是一种社会经济活动，现代观光旅游农业在经济上也必须适宜于某一特定区域的经济条件及现代观光旅游农业的经济效益。因此，在选择物种时，必须以市场为导向，选择市场潜力较好的生物物种。在现代观光旅游农业的成本投入上必须是该地区农民可以承受的水平，整个旅游农业的投入产出在经济上必须是可行的。

4. 有利生产，持续发展原则

功能分区的划分应与现有和规划的生产单体的空间分布和谐统一，既要为每个单体选择最合适的区位，有利生产，又要使功能类似的单体分布有致，相对集中，方便管理。此外，应尽可能不影响现有生产单体的正常生产。农业生态系统具有四大特性：一是生产性；二是稳定性；三是持续性；四是公平性。其中，持续性是农业生态系统最重要的特性之一，它是指农业生态系统在受重大干扰时所具有的维持生产力的能力。

因此，现代观光旅游农业的规划与设计，必须保护土地资源、水资源和动植物基因资源，必须在环境方面是不退化的，在技术方面是适宜的，在经济上是可行的，在社会方面是可以接受的。持续发展必须作为一种思想意识和策略，贯穿于整个现代观光旅游农业的规划与设计过程之中,使生态系统的社会、经济、生态三大效益都得到提高,系统得到持续发展。

(二) 我国现代观光旅游农业的发展对策

1. 转变观念,更新认识

现代观光旅游农业是对于传统农业功能的再认识,是未来农业发展的优势选择,是对都市旅游业的扩展,应该采取与旅游部门联营、联合开发等形式,合理设置旅游农业区。旅游部门也要将旅游农业作为一个旅游经济重要增长点进行规划、扶持和建设,将农业旅游开发纳入城市旅游大系统中,统一规划建设,科学开发和合理布局区域农业旅游项目,提高旅游资源的开发与利用效果,使城乡之间资源和产品优势互补,市场共享,推进农业旅游健康发展。为此,地方领导必须解放思想,破除封闭意识,树立面向市场和勇于创新的开放观念、竞争观念,促进农业旅游早日成为地区新的经济增长点。

2. 要围绕"农"字,不断深化内涵

农业旅游是把旅游者的旅游活动和农业生产、农民生活体验紧紧结合在一起,而不是另起炉灶去着力组织一些和农民生活不相干的活动,更不是把一些城里的游艺活动及设施原封不动地搬到农村来。所以,开展农业旅游,要有宜人的自然景观,但又不能停留在"春天看花、秋天收果"的低层次的传统产品上。旅游是一种体验经济,农业旅游尤其是体验经济。旅游者参加农业旅游,不仅是"看",而且是"体验"、是"干",要由过去欣赏结果,变为参与过程。要能够综合农、林、牧、副、渔、粮、果、蔬、草、花等各种农业资源要素,提供具有观赏性和参与性的农村民俗活动和农事活动,把一些在农村中再普通不过的日常耕作、采摘、放牧、养殖等生活,作为农业旅游的"核心产品",开发成为富有情趣的特色活动。要提高农业旅游的科技含量,不断深化内涵,不断丰富内容,使其成为名副其实的"农业旅游"。

3. 加强政府领导，优化政策环境

农业旅游是旅游业发展的客观需求，也是城乡统筹发展和解决"三农"问题的必然途径，各级政府应高度重视，进行统一领导、统一规划，才能顺利实施。各级政府应解放思想，转变观念，提高认识，将农业旅游纳入到农业发展总体规划中，从政策、规划、环境建设及土地流转等方面给予支持协调。同时，政府还应完善农业旅游投资的优惠政策，扩大开放和招商引资力度，加强农业旅游法制建设，强化社会环境整治，为投资者创造一个良好的政策环境。

4. 加大资金支持力度，改善投资环境

发展现代观光旅游农业仅仅依靠农民自身的积累是不够的，需要金融、财政及社会各界的大力支持。政府应集中部分农业项目和生态建设资金，投入重点区域的现代观光旅游农业园区基础设施的建设，培植现代农业旅游精品。同时还应鼓励引导集体、个人多元化投资农业旅游建设，建立一个规范而宽松的农业旅游发展环境。

5. 注重体现文化内涵，保护生态环境

农业旅游是高层次的文化消费，是对于人类与自然相融无间的农业文明的体验，也是对于深厚的文化积淀的感受。因此，农业旅游项目必须特别突出文化内涵，保护好生态环境。

① 要尽量保持农业的本来面貌，突出农村生活特色，不可人为地刻意雕琢，破坏自然景观的协调。

② 要尽量设计可由游客直接参与的项目，为游客与农民交流、接触农业生活提供场所和机会。

③ 要注重农业生态环境的保护，减少或不使用化肥和农药，杜绝各类污染，提供给游客一个清新的绿色环境。

6. 加强资源整合，科学规划，合理布局

发展现代观光旅游农业要因地制宜，突显特色，搞好整体规划。

①认真调查分析当地资源条件,充分发挥区位优势和资源优势,合理开发农业资源、农业产品和农耕文化,准确地把握市场需求的变化规律,突出自己的特色,增强吸引力。

②科学地确定旅游农业的功能定位,选择具有较强竞争力的主导产品。划分旅游功能分区,搞好旅游项目和景观布局,搞好基础设施规划布局,提供良好的发展环境。

③认真调查分析游客的来源、构成、消费取向,根据城市游客的消费需求,开发适销对路的项目和产品。突出特色,树立品牌,防止项目雷同、重复建设、恶性竞争的现象。

7. 立足本地资源,突出农业产品特色

旅游开发不能搞"人有我有"、"千人一面",而应扬长避短,充分表现和突出自我特色,这是旅游活动能否吸引人的关键,也是旅游经济的生命所在。充分利用本地独特的农业旅游资源优势,以旅游市场需求为导向,做到"人无我有,人有我新,人新我特",使游客每到一处都有新的意境、新的感受、新的享受。其中,尤其要加强艺术性、知识性、参与性的开发,要把见之平常、浅显有趣的主题,经过设计者认真挖掘和雕琢,开发成系列活动,使旅游者在活动中吸取各种有益的知识。

8. 以市场为导向,建立农业旅游目标市场

发展农业旅游离不开资源和产品优势,但资源优势不等于市场优势,资源优势必须同时面向市场,才能转化为竞争优势。要以市场为出发点和归宿点,不断分析市场、研究市场、满足市场。一要正确定位市场;二要找准目标市场;三要生产满足市场需要的产品;四要不断开拓市场。

9. 加强农业旅游产品的艺术设计与开发

在旅游农业的每个场点和项目中,要力求展示最具特色的农业技术和农业成果,设计应富有创意,以满足不同游客的多种需求,形成观光、休闲、度假、品尝、购物、加工等旅游农业独有的特色。当前,在农业旅游设计中,一要加强开发趣味性旅游产

品，如利用区域文化特色，尽可能多地向游客展示当地的民俗节目、工艺美术等以增强农业旅游的吸引力；二要提高产品开发中的艺术性，努力优化生态环境，构思优美的、动态的、立体式的农业模式，使各类产业、各种设施浑然一体，形成具有较高欣赏价值的艺术精品；三要创新技术，不断提高农业旅游产品的知识内涵，向游客展示一些现代农业的最新技术和最新成果，如超大型羊和猪、迷你型鸡等，推广普及花卉、蔬菜、瓜果等庭院作物的栽培知识与技术；四要提高体验性，提供游客对农业生产程序亲身体验的多种机会，让游客体验男耕女织的田园生活。

10. 塑造农业旅游产品品牌

旅游品牌是旅游地旅游特色及旅游业发展水平的集中体现，是进一步巩固和拓展旅游市场、增强市场竞争力、提升旅游整体形象、促进旅游业健康快速发展的重要因素。现代旅游市场的竞争越来越表现为旅游品牌的竞争，实施品牌战略已成为当今旅游开发的必然选择和新的趋势。农业旅游产品开发过程中应立足于丰富的农业旅游资源优势，依托城市和开放性市场，强化区位特色，选择推广主题，建立高品位、高质量的旅游农业精品，极力塑造农业旅游产品的品牌形象，强化品牌个性，建立品牌标志和口号。

11. 减少对生态环境和景观的破坏

现代观光旅游农业的生产性特征使其对生态环境具有很强的依赖性，因此开发过程中切忌对生态环境与景观的破坏，影响生态旅游农业的可持续发展。这就要求在旅游项目从开发到经营管理的全过程中，在提高环境质量上下工夫，建立生态环境监测系统，定期进行环境监测与预报。生态环境监测系统主要包括旅游区大气指标、水污染指标、噪声指标、废弃物指标以及农、林、草、病虫害指标等，这要与相关技术部门、环保部门、科研部门通力合作，通过定期监测与预报，及时发现问题，随时解决问题，确保生态环境优良。

12. 加强农业旅游资源的综合性开发，缩小旅游淡旺季差别

加强农业旅游资源的综合性开发是解决农业旅游淡季问题的主要方式。如在开发高科技农业观光园中，游客一年四季都能欣赏到花的海洋、菜的世界、瓜果的天地；在高科技农业演示厅、中心实验室、组织培养室、植物"克隆"工厂中，游客可以感受意外的惊喜和收获。又如，在旅游淡季可以组织具有地方特色的农事活动与民俗文化表演等。

13. 扩大投资渠道，加强基础设施建设

（1）多渠道融资，改善基础设施条件，建立多元的投资和经营机制 要拓宽投资、融资渠道，在继续发挥财政的主导作用、加大政府扶持力度的同时，鼓励国内外企业和个人投资休闲农业与乡村旅游产业，形成多元化的投资机制和多元化的经营体制，以及"公司+农户"、"农户+基地"等运作机制。

（2）加强农业旅游与乡村旅游公共设施与食宿设施的建设 要解决好交通、通讯问题，与交通部门合作，开辟旅游专线，为城市市民游客出游提供方便。乡村休闲旅游发展要与乡村改造、建设规划相结合，搞好农村居民点道路规划，为游客休闲游览提供快捷方便的旅游通道。

（3）加强对景区内部及外围的管理工作，做到规范化的运营与管理 同时要加强对游客的环保教育，可在景区宣传册、景区导游图、垃圾箱上，以环保标语加强对游客的环保教育，尽量让游客自觉地热爱自然、保护环境。

14. 理顺管理体制，实现组织创新

农业旅游涉及多个部门和领域，必须理顺管理体制，打破多头领导和部门分割的局面，建立跨部门的综合协调管理机构，吸收交通、农业、金融、科技、旅游等相关部门加入，并明确有关权限、责任，站在全局的高度，共同为农业旅游的发展出力献策。

引导大型旅游企业参与农业旅游的开发和经营，并发挥其骨

干作用。通过注入资金、引入先进的管理模式和共享经营网络，体现专业优势，带动农业旅游向集约型、规模化方向发展。扶持成立专业的农业旅游公司，提高农业旅游的组织化程度。在充分尊重农民意愿的前提下，专业农业旅游公司可采用搭建统一的经营平台、实施"公司＋农户"、"公司＋旅游点"、"基地＋公式＋农户"等方式，逐步整合分散的农业旅游点，增加农业旅游的抗风险能力。同时通过实行所有权与经营权的相对分离，增强市场运营能力，做大做强农业旅游品牌。

15. 加强人才培养，优化人文环境

依托农业科研机构、旅游院校和行业协会建立农业旅游培训基地，加快培养既懂农业、又懂旅游的复合型人才，吸纳旅游高级人才加盟，定期培训经营户和服务人员，树立市场意识，提高管理水平。一方面要培养高素质的管理人员和专业技术人员，以提高旅游农业产品的科技含量与文化含量，促进资源、产品与市场的结合，提升竞争优势。另一方面应积极调动农业旅游区农民的积极性，因为他们是旅游农业建设的主体，同时他们的衣食住行、精神风貌、文化习俗、生产方式又是农业旅游开发的客体。充分依靠农民，是为农业旅游营造一个整洁卫生、安全有序的外部环境和淳朴热情的人文环境的重要措施。

16. 地方政府要加强对农业旅游的促销力度和管理

一方面，地方政府要加强对客源市场的促销力度，通过媒体和各种促销活动，扩大农业景区的知名度，吸引更多的旅游者。另一方面，政府也要广开渠道，加强景区的基础设施建设，增强可进入性。除此之外，旅游行政管理部门要尽快制定出农业旅游服务质量标准，从食、住、行、游、购、娱等各个方面进行规范。

17. 要有市场竞争意识

旅游景点的成功与否或能否可持续发展，不但要看农业旅游景点的特色和内容，即参观价值，还要看价格和服务质量。若景点规模大、成本高、门票贵，必然导致一些人"望而却步"，造成资源的浪费，形成开业之初兴旺、继而难以维持的局面。同时，服务和管理水平也应不断提高，尤其是在农业知识的内涵和景点的管理上应精益求精，项目安排上也应不断创新，让游客有一种"常新"的感觉。

18. 加强区域协作与联合，发展区域旅游经济

旅游本身就是跨地区性活动，需要不断优化旅游资源配置和旅游线路组织。因此，发展旅游业必须打破地域界限，形成区域协作与联合，共同把旅游业这块蛋糕做大。

总的来说，现代观光旅游农业具有农业生产基地和观光旅游景点的双重属性。企业、政府、科研机构、旅游组织机构、游客等是现代观光旅游农业园区成功运行必不可少的要素。现代观光旅游农业园区作为农业生产基地，企业是农业园区运作的主体，政府为园区发展提供发展环境，科研机构为园区发展提供技术支持。从旅游业发展的角度来说，观光旅游园区是休闲观光的旅游地，为游客提供旅游资源和旅游服务；游客是旅游的主体，旅游者的需求对观光旅游农业园区的规划、产品的开发以及经营管理方式具有一定的导向作用；旅游组织机构是旅游者和旅游地之间联系的纽带，是观光旅游农业园区发展观光旅游的协调力量。

在园区运行时，要做到发挥企业运作的主体功能，建立高效运营机制；发挥政府指导监督作用，创造良好发展环境；与科研机构联姻，获得技术支持和创新能力；发挥旅游组织媒介作用，拓展旅游客源市场；重视游客主体地位，打造精品旅游景点。只有这样，现代观光旅游农业这一新生事物才能焕发勃勃生机，获得长足发展。

第三章 现代观光旅游农业园区规划

现代观光旅游农业园区按照生态学原理和生态经济规律进行农业生产，就是遵循生态经济原理，运用现代科学技术手段对农业生态系统进行再构造，从而实现农业系统有序的结构、强大的功能、持续的效益和良好的环境目标，向游客展示一个农村生产和生活的时空整体，所依托的是现代农业资源系统的良性循环模式和传统的民族风俗文化。

第一节 当前观光旅游农业园区存在的主要问题

当前，几乎所有大中城市的周边都建设有各种类型的农业园区，然而不少观光旅游农业园区经营状况并不理想，其中一个很重要的原因就是很多园区在建设前的立项和规划阶段就存在问题。这些问题在日后的建设和经营管理过程中逐渐显露，最终导致开发项目的失败。目前，观光旅游农业园区发展中的主要问题有以下几点：

一、缺乏科学的规划

我国传统农业高投入和低产出的现状，促进了观光旅游农业的快速发展。目前观光旅游农业在多数地区还只是处于起步阶段，无论是在消费、服务、产品设计等方面还存在很多不足，市场尚需进一步培育。一般的观光旅游农业基本上是以企业、农民自主开发为主。近年来，一些地方的领导、经营者和农户急于发展经济、增加收入，凭着一股热情和美好愿望，没有做充分的市场调查和投资分析，农业观光项目利用现有农田、果园、牧场、养殖场一哄而上。而规划单位和规划成果内容五花八门，规划缺乏科学、务实的技术规范和理论指导，加上管理不规范，使得项目设计趋同，布局不合理，功能不配套，市场定位不明确，缺乏个性化和文化内涵的问题屡屡发生，在开发建设上随意性较大，简单仿效，粗放经营，存在着一定的无序性和盲目性。结果不少项目因低层次开发，产品品位不高，配套设施和环境较差，很快导致衰落甚至停业。有的地方由于开发不当，甚至造成了生态环境和景观的破坏性开发，"盆景效应"、"形象工程"等重政绩轻实效的不良现象频繁出现，造成国家资源和财力的大量浪费和重复建设。如北京市郊区各方面条件比较优越，但是由于刚开始没有从全市整体上进行总体规划，造成各个郊区盲目竞争，争上观光农业项目，导致整体效益下滑，一些具体项目难以为继。

二、项目投资差异大

观光农业建设投资规模参差不齐，园区建设水平和管理水平差异显著，两极分化明显。由政府投入的一些园区规模较大，有些园区甚至投资数亿元，但巨大的投入也成为其今后经营中的负担。而大多数观光农业项目由于投资规模偏小，园区缺乏系统的规划设计，难以有完善的设施体系，园区景观建设杂乱无章，其"晴天一身土，雨天一脚泥"的环境常常让游人乘兴而来，败兴而归，使其丧失吸引力而导致项目失败。

三、可持续发展性较差

长期以来，观光旅游农业规划缺乏可持续发展和生态规划理论的指导，加上经营过程过度背离农业产业基础、农业产业化水平不高、可持续发展理念不突出，导致农业园区不能可持续发展。规划多侧重于景观及旅游观光方面的规划，而对农产品的综合开发和农业产业的可持续发展涉及甚少，有的甚至没有涉及，这种规划自然背离了观光旅游农业园区建设的初衷。

农业园区是通过科技创新和农业产业化来实现区域性优势产品、典型示范效应和较好经济效益。但目前农业园区普遍存在政府干预太多、运作效率低的现象，未能形成现代化企业组织模式，农业产业化发展缓慢。而且个别园区只求短期掠夺式经济效益，造成生态资源浪费，无法推动农村产业结构的调整和现代农业的可持续发展。

四、定位模糊，缺乏特色

目前，国内很多园区在规划过程中未充分调查、分析地方的产业优势和挖掘地方传统文化与自然资源特色，以致对园区的发展不能进行准确的定位，只会简单照搬国外建成的农业园区项目或模仿一般旅游景点的做法，最终导致项目设置雷同，杂乱不合理的设施营造和休闲项目设置使观光旅游农业园区丧失特色，过度注重依靠旅游设施和手段使农业观光失去了吸引潜在客源的特色，从而丧失对游客的吸引力和自身竞争力，特色不鲜明，没有长久的吸引力。

五、破坏自然生态，丧失观光旅游本色

许多观光旅游农业园区在规划建设的过程中，园区规划和景观营造大多是模仿风景区的规划或旅游规划的相关程序与要求，造成很多本属于公园或风景区的设施和人工景点却出现在观光旅游农业园区内。同时对于景观的营造规划，未充分分析和尊重当地的自然资源现状，不能体现乡村田园风光的特色和观光农业的本质，而是想当然地对功能区和景区进行划分，造成很多本来很

有特点的地形、地貌被忽略，甚至人为破坏，增加了很多不合理的景观设施，不仅耗费大量的投资资金，而且破坏项目区上的自然生态特征，造成农业观光园区本质特色的丧失。

六、管理不善，经营不佳

个别农业观光园区经营管理机制和管理体制不完善，存在产权不明确、机制不规范、债务不明、资产约束力不强、经营动力不足等问题，出现"只进不出"、"重建设、轻管理"的现象。没有经济效益，不但没有示范带头作用，而且成为当地政府的负担。观光旅游业内容初级，形式单一。据有关专家调查，目前观光旅游产业大多只是简单地给旅游者提供吃、住两个方面的服务，而娱、购的情况很少，各项配套设施不完善，于是，绝大多数经营者只是获得了吃、住方面的利润，利润空间大大缩小，而且观光旅游产业发展过程中不可避免的存在小农意识及乡土文化淡薄等情况，从而导致目前"农家乐"乡村文化含量低，产品特色不突出，不能满足城市居民回归自然的心理需求，从而降低了对游客的吸引力。

七、政府支持与服务没有形成合力

现代观光旅游农业虽然对农民致富的作用明显，但由于涉及旅游、农业、林业、水利、工商、环保、税务、卫生、交通、建设、电力、电讯等多个部门，各部门的支持政策和扶持项目侧重点有所不同，还没有统筹安排，无法形成支持现代观光农业旅游发展的强大合力。多部门的协调难度巨大，政策与资金捆绑使用的难度更大，需要中央或省级政府出台相关政策才能得以实现。调查中发现，还没有哪个地方政府能够将上述各部门的力量进行有效的整合。但作为地方政府，应该有条件、有能力将相关部门现有的项目和资金进行整合和捆绑，共同支持现代观光旅游农业的发展。目前农业园区以企业和科研单位自筹建设居多，投融资渠道不畅，园区建设进展缓慢，基础设施投入不够，投资效益偏低，示范带动作用有限，后续发展受影响，难于形成规范化管理和有序发展的区域格局。

第二节 现代观光旅游农业园区规划的依据与原则

一、现代观光旅游农业园区规划的依据

（一）政策依据

1. 国家政策

（1）2009年中央一号文件 2004年以来，中央连续多年颁布的一号文件都是指导"三农"工作的。2009年中央一号文件《中共中央国务院关于2009年促进农业稳定发展农民持续增收的若干意见》指出："落实科学发展观，把保持农业农村经济平稳较快发展作为首要任务，围绕稳粮、增收、强基础、重民生，进一步强化惠农政策，增强科技支撑，加大投入力度，优化产业结构，推进改革创新，千方百计保证国家粮食安全和主要农产品有效供给，千方百计促进农民收入持续增长，为经济社会又好又快发展继续提供有力保障。"2009年中央一号文件是在国际金融危机对农业、农村发展、农民持续增收产生负面影响的背景下，提出的有针对性、指导性、操作性强的政策举措，是党中央针对当前宏观经济形势新变化和农村发展新情况提出的重要应对方略。文件特别强调，力保农产品合理价格水平、加大力度解决农民工就业问题、重点建设五大民生领域（如调整农村饮水安全工程建设规划；扩大电网供电人口覆盖率，加快推进城乡同网同价；加快农村公路建设；增加农村沼气工程建设投资；实施游牧民定居工程,扩大农村危房改造试点等)、继续推进"三农"改革。这是我们进行农业方面规划时,首先应熟读的政策。

　　长期以来,我国城乡二元结构严重制约了农业、农村的发展,导致农村环境落后、农业效益低下、劳动力就业矛盾突出。要解决上述问题,必须加快农村发展的步伐,探索农业发展的新途径。我国的观光旅游农业正处在农村产业结构调整、农业寻求多元化经营的过程中。依托农业资源发展的农村服务业成功地促进了农村就业、农业增效、农民增收,因此得到政府部门的重视和扶持,相继出台了一系列方针、政策,引导和扶持观光旅游农业的发展。政府从上而下的思想重视,以及在政策、资金、监督管理等方面的支持,为观光旅游农业的发展提供了强大的推动力。2006年,中央出台社会主义新农村建设和构建和谐社会的政策,为发展观光旅游农业提供了良好的外部条件。新农村建设是根据中国的基本国情和农村社会经济发展的需要而提出来的一个发展农村、建设农村、振兴农村的重大战略任务,就是要充分开发利用农村的资源条件,特别是农业资源,调整和优化农业结构,拓宽农业功能,延长农业产业链条,在发展农村经济的基础上促进农村的全面发展。新农村建设方针的提出,为观光旅游农业的发展提供了良好契机。

　　在"两个反哺"方针的指引下,我国正把更多的资源向农村倾斜。加快调整国民收入分配格局,在稳定各项农业投入的基础上,做到新增财政支出和固定资产投资重点向"三农"倾斜:取消"农业四税",即农业特产税、牧业税、农业税和屠宰税;实行"四种补贴",即发放种粮直接补贴、良种补贴、农机补贴、农资综合直补;实行粮食最低收购价、对产粮大县实行奖励、对财政困难县实行补助、严格保护耕地、严控农资价格等加大农业投入系列政策措施。这些政策措施力度之大、农民得到的实惠之多,是前所未有的,极大地调动了农民的积极性。农业在宏观调控中得到加强,为经济平稳较快发展和社会稳定奠定了基础。

(2) 中国共产党第十七次全国代表大会方针　2007年11月召开的党的十七大报告中提出，中国特色农业现代化道路的基本内涵，以保障农产品供给、增加农民收入、促进可持续发展为目标，以提高农业劳动生产率、资源产出率和商品率为途径，以现代科技和装备为支撑，在家庭承包经营的基础上，在市场机制和政府调控的综合作用下，建成农工贸紧密衔接、产供销融为一体、多元化的产业形态和多功能的产业体系。同时，提出了实现我国农业现代化的总体思路和措施（见前段所述）。在具体工作中，要按照依法、自愿、有偿原则，健全土地承包经营权流转市场，使耕地向农村种田能手和专业大户集中，逐步实现多种形式的土地适度规模经营。

(3)《中华人民共和国农村土地承包法》　该法规定"通过家庭承包取得的土地承包经营权可以依法采取转包、出租、互换、转让或者其他方式流转"；"土地承包经营权流转的主体是承包方。承包方有权依法自主决定土地承包经营权是否流转和流转的方式"；"承包方之间为方便耕种或者各自需要，可以对属于同一集体经济组织的土地承包经营权进行互换"；"承包方之间为发展农业经济，可以自愿联合将土地承包经营权入股，从事农业合作生产"。

(4)《农村土地承包经营权流转管理办法》　该法规定："农村土地承包经营权流转应当在坚持农户家庭承包经营制度和稳定农村土地承包关系的基础上，遵循平等协商、依法、自愿、有偿的原则"；"承包方有权依法自主决定承包土地是否流转、流转的对象和方式。任何单位和个人不得强迫或者阻碍承包方依法流转其承包土地"；"农村土地承包经营权流转的受让方可以是承包农户，也可以是其他按有关法律及有关规定允许从事农业生产经营的组织和个人。在同等条件下，本集体经济组织成员享有优先权，受让方应当具有农业经营能力"；"农村土地承包经营权流转方式、期限和具体条件，由流转双方平等协商确定"；

"承包方依法取得的农村土地承包经营权可以采取转包、出租、互换、转让或者其他符合有关法律和国家政策规定的方式流转";"通过转让、互换方式取得的土地承包经营权经依法登记获得土地承包经营权证后,可以依法采取转包、出租、互换、转让或者其他符合法律和国家政策规定的方式流转"。

(5)《中共中央国务院关于促进农民增加收入若干政策意见》 意见中:"继续推进农业结构调整,扩大无公害食品、绿色食品、有机食品等优质农产品的生产和供应"等政策,考虑当地状况、生态环境保护以及当地高档果蔬消费市场潜力等因素,因地制宜,科学制定总体规划内容。

(6)党的十七届三中全会方针 会议提出发展现代农业,必须按照高产、优质、高效、生态、安全的要求,加快转变农业发展方式,推进农业科技进步和创新,加强农业物质技术装备,健全农业产业体系,提高土地产出率、资源利用率、劳动生产率,增强农业抗风险能力、国际竞争能力、可持续发展能力。要明确目标、制定规划、加大投入,集中力量办好关系全局、影响长远的大事。

此外,国务院、各部委,特别是农业部,以及省、市、县各级政府,对农村建设也有许多具体的政策。

2. 地方政策

项目发生地所属省、市、县常常还会根据本地区的实际情况制定一些政策,以促进本地区的经济和社会发展。这些政策会鼓励某些产业的发展,并附带一些优惠政策;限制另一些产业发展,并附有某些惩治措施。如当地经济和社会发展规划、当地土地利用总体规划、当地新农村发展规划、有关农业的规划及其相关政策等,举例如下。

(1)《关于扶持北京市农业产业化重点龙头企业发展的意见》 2006年2月北京市农村工作委员会等12个领导单位发布的《关于扶持北京市农业产业化重点龙头企业发展的意见》,是支持农业建设项目的一例。该文件在财政上对从事种植业、养殖业和农林产品初加工行业重点龙头企业给予一系列支持。例如：对从事农产品加工、再加工的市级重点龙头企业研究开发新产品、新技术、新工艺实际发生的技术开发费，可按规定在缴纳企业所得税前扣除；市级重点龙头企业投资于符合国家产业政策的技术改造项目，其项目所需国产设备投资，经税务机关审核后，可按照有关规定享受抵免企业所得税的政策；对从事农产品种植业和养殖业的市级重点龙头企业，其自产自销的农产品，按规定免征增值税；对从事饲料加工的市级重点龙头企业，向税务机关提出申请，按照饲料企业免征增值税的有关规定办理；市级重点龙头企业引进设备符合国家重点鼓励发展的产业、产品和技术目录的，经国家或市有关部门批准后，免征关税和进口环节增值税；在北京郊区投资的市级重点龙头企业，在原来的基础上扩大规模和提升产品质量进行的技术改造项目，市农委、市财政部门按当年实际固定资产投资额的一定比例给予扶持；市级重点龙头企业农业生产配套设施列入市级财政资金支持范围；各区县担保公司、担保机构，把市级龙头企业作为信用担保体系的重点扶持对象，对农业产业化重点龙头企业开展贷款担保业务；对龙头企业参加境外展览会，质量管理体系、环境管理体系和各类产品的认证，国际市场宣传推介，开拓新兴出口市场，组织培训与研讨会，境外投（议）标等方面的活动，由市商务局运用中小企业国际市场开拓资金立项扶持等。

（2）《中共山西省委、山西省人民政府关于加快建设社会主义新农村的意见》 2006年发布了《中共山西省委、山西省人民政府关于加快建设社会主义新农村的意见》。意见中提出山西省"十一五"期间组织实施"千村试点、万村治理工程"，大力发展现代农业，增强社会主义新农村建设的经济基础；努力促进农民增收，提高农民生活水平；加强农村基础设施建设，改善农村生产生活条件；搞好村庄规划和村容村貌治理；大力发展农村社会事业，切实加强农村薄弱环节；加强农村民主政治建设；倡导健康文明新风。

(二) 理论依据

观光旅游农业属于边缘学科，它牵涉到的学术领域较广，如农业基础理论、景观生态学原理、旅游学等方面，详细内容请参见本书第二章。

(三) 各级政府规划

现在，国家、部、省、市、县等对本地区在农业方面如何发展都做了大量规划及阐述。在做农业园区规划时，必须学习和理解国家及所在省、市、县的有关规划。

(1)《国民经济和社会发展第十一个五年规划》 《国民经济和社会发展第十一个五年规划》是我国当前各项工作的总纲领。该规划在建设社会主义新农村一节中所述的推进城乡统筹发展、推进现代农业进展、全面深化农村改革、大力发展农村公共事业和千方百计增加农民收入等五项，是做好农业领域规划必须遵循的方针。在农业规划工作中要体现以工促农、以城带乡的长效机制；节约和集约使用土地；培养有文化、懂技术、会经营的新型农民，提高农民整体素质；加快农业科技进步，加强农业设施建设，调整农业生产结构，提高农业综合生产能力；深化农村物流体制改革，积极开拓农村市场；大力普及农村沼气，积极发展适合农村特点的清洁能源；充分挖掘农业内部增收潜力，扩大养殖、园艺等劳动密集型产品和绿色食品的生产等要求。上述五项方针也规定了坚持"多予少取放活"思想。加大各级政府对农业和农村增加投入的力度，扩大公共财政覆盖农村范围，继续完善现有农业补贴政策等，大大有利于各种规划的制定和实施。

(2)《全国农业和农村经济发展第十一个五年规划》 2006年农业部发布了《全国农业和农村经济发展第十一个五年规划》，规划中指出了加快农村经济社会发展的有利条件：中央提出了坚持科学发展观、统筹城乡经济社会发展、建设社会主义新农村、构建社会主义和谐社会等重大战略思想,为发展农村经济指明了方向;我国总体上已进入了以工促农、以城带乡的发展阶段,国家初步具备了进一步加强扶持"三农"的能力和条件,支农投入不断加大;亿万农民迫切要求改变生产生活现状的强烈愿望和全社会正在形成的关心农业、关爱农民、关注农村的良好氛围,为发展农村经济、建设社会主义新农村营造了广泛的群众基础和良好的社会条件。

(3)《"十一五"科学技术发展规划(2006—2010年)》国家《"十一五"科学技术发展规划(2006—2010年)》(以下简称《规划纲要》)在科学技术支持农业方面的方针更具体。它的主要任务目标和指导方针是:自主创新,重点跨越,支撑发展,引领未来。围绕《规划纲要》确定的农业领域重点:种质资源发掘、保存和创新与新品种定向培育;畜禽水产健康养殖与疫病防控;农产品精深加工与现代储运;农林生物质综合开发利用;农林生态安全与现代林业;环保型肥料、农药创制和生态农业;多功能农业装备与设施;农业精准作业与信息化;现代奶业和新农村建设等。"十一五"期间,科技部将涉及"三农"的工作都整合在"星火计划"的大旗帜下,包括科技扶贫、科技特派员试点工作、科技富民强县专项行动、科技兴县(市)工作、国家农业科技园区建设、农业科技成果转化资金和新农村建设科技促进行动。

(4)《天津市城市总体规划(2005—2020年)》 《天津市城市总体规划(2005—2020年)》贯彻"工业反哺农业,城市支持农村"的方针,按照"生产发展、生活宽裕、乡风文明、村容整洁、管理民主"的要求,以统筹城乡规划和产业布局、统筹城乡基础设施和生态环境建设、统筹城乡社会事业发展为原则,以示范小城镇建设为突破口,提出要整理村庄居民点,整合土地资源,提高土地使用效益,提高农业综合生产能力,稳步推进城镇化,加快建设社会主义新农村。《天津市城市总体规划

（2005—2020年）》提出的产业发展战略目标是：第一产业发展要因地制宜，规模经营，逐步提高农业的综合生产能力和经济效益。继续调整农业结构，重点发展符合生态要求、技术含量高、水资源消耗低的设施农业、精品农业、加工农业等现代都市型农业。

(5)《山西省国民经济和社会发展第十一个五年规划纲要》2006年1月山西省发布了《山西省国民经济和社会发展第十一个五年规划纲要》，纲要中指出建设社会主义新农村要以促进农民增收、农业增效为中心，突出抓好发展农业产业化龙头企业和农产品加工业，延伸农产品产业链，提高农产品附加值，抓紧建立完善农产品销售组织和服务网络，加快推进农业科技创新、科教兴农以及科技入户、科普惠农工程，提高农民的科学文化素质，拓展农民增收、农业增效的空间。提出五年基本建立起通过多种方式有效实现全省工业支持农业、城市带动农村的体制机制，逐步形成城乡互动、协调发展的新格局。提出举全省之力，支持晋西北、太行山革命老区和连片贫困地区加快发展。从2006年着手，分期分批搞好全省农村建设规划，引导组织农民自觉按规划建房子、修道路、搞绿化、推广使用沼气、兴建卫生、文化、体育和休闲娱乐场所，搞好村容村貌，从根本上改善居住环境，提高生活质量。

（四）相关规范和标准

从开始做项目规划起，就要收集一系列的国内外各种规范与标准。只有严格按规范和标准去做，才能使项目顺利、快速进行，才能使农业规划这一最终产品达到高水平和高质量。例如：

①《国务院关于加强城乡规划监督管理的通知》（国发［2002］13号）。

② 国务院九部门《关于贯彻落实〈国务院关于加强城乡规划监督管理的通知〉的通知》（建规［2002］204号）。

③ 2003年中华人民共和国建设部公布的《关于加强省域城镇体系规划实施的通知》等。

④ 国家计委、建设部《关于印发建设项目经济评价方法与参数的通知》(计投资 [1993] 530 号文)。

⑤ 科技部颁发的《农业科技园区建设指南》和《农业科技园区管理办法》。

⑥ 农业部发展计划司、农业部规划设计研究院、建设部标准定额研究所联合编制的《农业项目经济评价使用手册》(第二版)。

⑦农业种植方面规范,我国有无公害、绿色、有机作物种植、管理规范。农产品加工方面规范有 GMP、ISO、HACCP 等生产管理规范。

⑧ 产品标准方面,农产品和食品有国际标准(如联合国下属的食品法典委员会的标准、ISO 标准等)、国家标准、行业标准(农业部等各个部颁布的标准)等。

二、现代观光旅游农业园区规划的原则

现代观光旅游农业园区有种植农业区、养殖农业区、花卉区、观光娱乐区和公共服务区等功能分区,是具备多种功能的复合体。它以高科技农业生产为本,以"三效益"(经济效益、社会效益和生态效益)的协调统一为根本目的。因此,在项目规划时,在保证绝大部分项目具有高技术、高效益的农业生产性的同时,要充分挖掘或者适当增设辅助功能,尤其要注重增加科教性、观赏性和娱乐性。纯粹的休闲娱乐项目也有必要,但不能破坏农业园区的整体形象和环境。

(一)效益、经济性原则

现代观光旅游农业虽然具有第三产业的服务性质,但仍是利用农业经营活动、农村生活、田园景观及农村文化资源规划而成的民众体验农业与观光游憩产业。农业资源的妥善应用,是现代观光旅游农业经营的基本生存条件,所以现代观光旅游农业仍以

农业生产为主体。规划设计中以市场为导向，以提高农业可持续发展和提高经济效益、生态效益与社会效益为目标，以经济效益为突破口带动社会和生态效益全面提高。对园区内各个不同土地类型地块的各种利用作出适宜性评价，以达到土地的最合理化利用，取得最大的经济效益。

大力发展具有观光旅游功能的现代高效农业生产区，农业生产要以专业化、集约化、商品化、产业化为特色，避免"小而全"，以获得优质、高产、高效的稳定生产体系；同时，以园区为中心，建成广泛、高效的农业信息网络系统，形成"公司加农户"、"一园多点"的辐射和龙头效应。

围绕观光旅游农业发展农村第三产业，特别是观光旅游服务业，无非是为了带来更大的经济效益。规划设计当中要把经济生产融合到园区建设中来，尤其对于各类采摘园来说，采摘的经济效益很高，规划设计要能够使采摘进行得更好，同时注重在非采摘季节吸引游人，更好地提高经济效益。城市游客只有广泛参与到园区生产、生活的方方面面，参与与农业生产相关、情趣味浓的活动，如采摘梨、桃、樱桃、草莓等果实、渔塘钓鱼等比赛、喂养畜禽类等，才能更多层面地体验到农产品采摘及农村生活的情趣，增添自然休闲的情调，才能使游客感受到原汁原味的乡村文化氛围。

大力发展绿色农产品加工与流通企业，为现代观光农业和乡村旅游提供具有地方特色的旅游食品等旅游商品。一方面研究本地市场需要，生产时令、特色和反季节农特产品；另一方面放眼周边地区市场，特别是发达地区市场，以无公害、绿色食品和有机产品为目标，不断地将园区农特产品向外拓展，争取更大经济效益。

（二）突出特色原则

总体规划与资源利用相结合，注重特色项目的开发，与当地的实际相结合，明确资源特色，选准突破口，使整个园区的特色更加鲜明，使农业科技示范和观光旅游紧密结合，互为补充，创造综合效益。利用多种手法，开展趣味性科普活动和劳作活动，增加体验，寓教于乐。

1. 地域特色

观光旅游农业资源开发具有强烈的地域性和季节性，为此发展观光旅游农业必须根据各地区的农业资源、农业生产条件、当地季节特点和农业文化，充分考虑其区位和交通条件，因地、因时制宜，突出区域特色。综合分析地区的区位、自然景观、资源特色、交通条件、市场条件、收入水平等，科学决策适合开发观光旅游农业的定位问题、目标市场问题。

2. 乡土特色

明确资源优势，保持其"人无我有，人有我新、我精、我特"的"垄断性"地位，保持本色，突出特色，突出"农"味、"野"味和"乡土"味。观光旅游农业的快速兴起在于绿色的乡村生态环境和原汁原味的乡土原生文化。从美学和文化的层面看，"真、美、善"是现代观光旅游农业开发的总目标和最高境界，也就是以"真、善、美"作为精神内核，让游客返璞归真，体验自然真谛，感受人与自然、人与人之间的和谐相处，享受"天人合一"的美妙意境，实现"天地人和谐"的共生、共享、共美。因此，研究特色，挖掘特色，强调特色，真正显现出乡村天然、朴实、绿色、清新的环境氛围，突出天趣、闲趣、野趣以及"农"味、"野"味和"乡土"味，以增加现代观光旅游农业的吸引力。

3. 旅游特色

品尝、购物、加工等观光旅游农业独有的特色，着力突出一个"特"字，譬如，特禽（超大型羊、猪和微缩型的，如蜜蜂大小的"迷你鸡"等）；特菜（袖珍型的番茄、茄子、辣椒、南瓜等）；特果（冬桃、苹果梨、树莓等）；特趣、特餐（如鸵鸟宴、全羊餐等）；特饮和娱乐植物（如笑树、蹦跳草、炸弹树、挨刀树、光棍树、醉树、醉草、醉花等)。强调奇特,标新立异,与众不同,使游客大饱眼福,以满足现代社会人们的多样性需求,增强现代观光旅游农业的吸引力。现代观光旅游农业开发应立足于自身的生态农业特色和地域文化特点,设计出具有自身特色的独特性产品。例如,有些地方的土地和气候适合种果树,有些地方适合搞养殖业,有些地方适合发展渔业,可能有一些地方则应该退耕还林。另外,有些地方应保持以菜园、羊栏、水车、纺车、石磨等为特征的传统型村落形象。因此,没有必要相互模仿,要依据自身的地域环境,寻找独特的、专业化的发展方向,并且尽可能地形成规模、形成气候、形成景观效应。

4. 文化特色

通常我们谈及农业,首先想到的是其生产功能,而很容易忽视农业也是一种文化的体现,很少想到其中的文化内涵,以及由此而来的一些诗词歌赋,所以在规划中应深入挖掘当地传统文化,并加以开发利用,提升园区的文化品位,注重对传统民间风俗活动与有时代特色的项目,特别是与农业活动及地方特色相关的旅游服务活动项目的开发和乡村环境的展示,塑造鲜明的乡村意象和浓郁的乡土气息。乡村意象是乡村在长期历史发展过程中在人们头脑里所形成的"共同的心理图像",乡村意象具有极为丰富的内涵,它主要表现为乡村景观意象和乡村文化意象,它应该具有"可印象性"和"可识别性"特点,并能够得到大多数人的普遍认可。乡村意象本身就是一副极为优美的图画,它渗透出乡村秀丽的田园风光、纯朴的浓浓乡情,它能够激发城市游客前往乡村并寻找回归原始的梦,满足其"归属感"。由此可见,乡村意象对于城市游客具有极大的吸引力,是吸引他们去乡村进行旅游的强大动力。乡土文化的神秘性和入境旅游者对乡土文化的好奇心必将吸引更多的国内外客源流向乡村。农村民俗文化展示也应是本土已有悠久传统的民俗文化的再现和提炼,而不应刻意模仿，这才是城市居民所渴望的纯朴乡村。以别具特色的民俗文化活动吸引游客，注意将特色性、休闲性和实用性相结合，互为补充，相得益彰。

5. 景观特色

充分发掘农村风情、民俗、传统农事等农耕文明，利用各地历史文化名城的优势，在园区的景观设计中深入挖掘其内在的文化资源，并加以开发利用，提升园区的文化品位，以实现自然资源的可持续发展。做深、做透山水田园风光的文章，根据各地的农业特色结合地理特点及人文景观，精心规划，突出新、奇、特，不断改变园中景观。各种设施应尽可能地吻合地方风格和体现时代精神，映衬自然景色。农村的旅游建筑可以利用当地自然材料，如江南丘陵之地红壤、杉木、茅草、毛竹等建材，体现出地方性和新颖性。食品可以采用地方特色的烹饪方法，酒店、饭馆用本地的农产品，如红辣椒、玉米、红薯、茶菇、木芋、豆制品等。

（三）可持续发展原则

坚持科学发展观，走可持续发展之路。现代观光旅游农业可持续发展的内涵，是一种生态合理、经济可行、社会适宜、高效、无公害的农业。它在推动农业向前发展的同时，可以维护城乡旅游资源的合理、永续利用，保护和改善乡村生态平衡，并能带动农村经济的发展，增加农民收入，改变城郊农村相对贫穷落后的面貌，为农村经济的持续增长增加新活力。为此，一定要坚持科学发展观，统筹好各方面的关系，将开发与保障当地居民利益结合起来，创造一个环境优美、天人合一、城乡统筹、市场规范、品位高雅、生态文明的现代观光农业旅游区，实现社会、经济、生态、环境等各方面的协调共生与永续发展。为此，现代观光旅游农业的可持续发展应该做好以下工作。

1. 与社会主义新农村建设和全面建设小康社会相结合

"大农业"与"大旅游"相结合，城市与乡村结合，着力塑造魅力乡村、活力城市，推动城市与农村旅游资源共享、客源互动、优势互补、共同繁荣，促进城乡交流和协调发展。

2. 以农业经营为主题，以实现农业可持续发展为出发点

观光旅游农业的可持续性发展，关键还是要发展好农业。观光旅游农业经济的发展，主要在于农业生产的科学化发展、绿色化发展、合理化发展，无论是蔬菜瓜果、鸡鸭禽畜，还是渔业、养殖业等都可以为城市社会各种阶层提高休闲、娱乐、参与、体验的形式，让观光者身心愉快、情感放松，获得精神上的慰藉、知识的开阔、生活的丰富。开发农业观光旅游产品所依托的资源既有自然环境、农业景观、农事活动，又有历史文化景观、民俗风情等，园区把农业生产、科技应用、艺术加工和旅游融为一体，要充分发挥其观光休闲价值，使之成为为各大中城市提供优质、特色、鲜活农副产品的重要基地和城市居民体验田园生活、农耕文化、乡村习俗的活动场所，因此，在开发过程中，要做到保护与开发并重，充分利用当地景观和生态资源，不与环境保护相冲突，不以破坏自然资源为代价。特别是在各大中城市环境问题比较突出的情况下，其郊区的休闲农业应大力加强绿化和美化工作，切实发挥好城市绿肺的作用。

3. 适应城区发展，服务城乡

要将现代观光旅游农业园区作为一个体现大生态的独立园区体系来加以规划。从环境整体上规划管理，规划与设计必须保护土地资源、水资源和动植物基因资源，在环境方面是不退化的，在技术方面是适宜的，在经济上是可行的，在社会方面是可以接受的。规划布局应在充分体现当地现代农业园区基础上结合观光旅游区和未来城乡理想社区的基本要求，以保护和改善生态环境为己任，将生产区和观光旅游林带、露地和设施、不同农作物种类科学合理布局，并发挥各自特色。观光旅游项目保持原汁原味的山野特色，切忌过多地兴建人工设施，避免观光旅游项目和观光旅游设施建设城市化，创造园区恬静、适宜、自然的生产生活

环境，避免污染和不良影响。

4. 保护农村自然生态环境与充分挖掘和弘扬先进的民族文化有机地结合起来

要走观光旅游农业与生态旅游、文化旅游相结合的道路，从文化观念、服务等诸多方面来进行综合治理，突出易于生产服务和多元经营的体系性、合理性、科学性和规范性，实现园区开发的产业化、生态化和高效化。必须将持续发展作为一种思想意识和策略，贯穿于整个现代观光旅游农业规划设计过程中，使生态系统的社会、经济、生态三大效益都得到提高，生态系统得到持续发展。在整体视觉形象、环境的田园性、绿色农业及地方的特色上把握方向，整体和谐，坚持可持续发展的原则，才能确保观光旅游农业的可持续发展，最终实现整个旅游业的可持续发展。

（四）绿色景区设计原则

1. "整体、协调、循环、再生"的原则

观光旅游农业的规划设计属于生态工程范畴，应按照"整体、协调、循环、再生"的原理，按照生态学和经济学的原理，有利于资源的合理利用与保护。无论是进行景点的布置和建设均应首先考虑以不破坏生态环境为前提，园区自身的生产生活需要注意生态方面的要求，重视环境的治理，更不要对自身和周边产生不良的影响。重视自然本身的价值，顺应并突出原有资源特色和功能。充分利用现有条件进行适当改造，并增加艺术化部分，形成优美景观。能源、交通、技术、商品、服务设施要符合绿色标准，如利用清洁能源（沼气、太阳能等），让食品远离污染，使用低残毒农药，禁止使用食物添加剂，生产绿色食品来吸引旅游者。

2. 物质的循环利用原则

物质的循环利用能增加生态系统中物质及能量利用系统的产出，解决废弃物的污染问题。因此，在规划设计时，可以采取增加食物链中间环节的方法，对物质进行循环利用，对生产中的废弃物进行再生利用，避免对不可再生资源的利用。如种植业的副产品能作为动物的饲料，转入到动物生产，而动物的粪便等又能作为农田的有机肥，或作为沼气的原料，转入到分解链，如养分和水的循环利用等。另外，使固定建筑对环境改变最小化，废弃物对环境影响最小化，使之空气清新、环境优美，在绿化、道路、卫生等方面要创造出宜人环境，营造天然氧吧。

3. 充分利用当地景观与生态资源原则

观光旅游农业应充分利用当地景观与生态资源，但不应与环境生态保护相冲突，也不应破坏自然资源。对农村山水、田园、绿化、住宅环境等应具有强烈的环境意识，增强生态农业意识，保护环境、利用好农家肥，生产绿色食品，同时要减少或处理好观光农业旅游景点、酒馆的生活废弃物的排放量、白色垃圾的数量，增强生活中绿色产品的使用量、利用量，保护好环境，营造绿色的环境，这样才有利于巩固绿色农业旅游环境。经济的发展常常会带来环境的破坏，在此需要特别重视，环境资源一旦破坏，经济的发展也将得不偿失，观光旅游农业产业要避免只是昙花一现。特别是批量化大量占用耕地、建房、修很多的水泥路，搞成一种农村式的混凝土城市，最终结局也将是废都一座。园区内人类活动的有效控制可使对环境的冲击与破坏减少到最低，使得人类活动与环境保护维持动态平衡，也使自然资源与生态体系均衡发展。

这就要求我们在现代观光旅游农业园的设计建造上要崇尚自然、依托自然、融入自然，显露真山、真水、真景，还山河本来面目，切忌矫揉造作，以免弄巧成拙。要加强景观美学表征的开发和利用，从自然风景美、生态和谐美、文化景观美、旅游生活美等方面来丰富园区，突出园林艺术效果，增强观赏性、趣味性，创造具有较强吸收力的景观。从农林生态入手，做农林生态文章，如"二月梨花满地香"、"六月西瓜绿油亮"、"八月金秋梨子满枝头"等方面，体现绿意盎然、生机勃勃。农家别院的布局不该密不透风，没有树木，可增加弯曲小径、石板路、土路，营造一种处处自在、安静、抒情的氛围，以丰富多变、景色秀丽的农林生态景观吸引久居城市的人们，为来此观光旅游的人消除、缓解工作压力，为城市人寻梦开辟一个新的天地。

（五）整体性与开放性原则

在农业旅游资源开发的同时，既要突出特色又要注重整体的协调。现代观光旅游农业的农业系统由种植业、畜牧业、林业、水产业等不同的子系统组成，各子系统相互依存。在进行规划与设计时，要遵循整体原则，不能仅仅考虑某一个子系统或系统内某一组分，要从生态系统的整体来考虑，合理规划与设计，使各个子系统协调发展，生态系统也得到协调发展。从园区内部讲，各个功能区尽管有各自的特点，但并不能看作是一个无机的、分散的结构，在进行园林和旅游的规划后，应该使其与周边的结合以及自身的整体性更趋于完整、合理。从观光旅游方面来说，是一种开放式的，园区需要与周边环境有良好的衔接，与整个大的社会环境相融合。从果园自身来说，又需要游客的进入，以及一定量的开放空间。总之，现代观光旅游农业不是一个独立的游赏空间，而是城市与大地综合体的有机部分，应作为人类生活空间和自然过程的连续体来设计和管理。

（六）多样性原则

根据生态学原理，生态优先，以植物造景为主，充分利用绿色植物对环境的调节功能，模拟园区所在区域自然植被的群落单一性，运用多种植物造景，体现生物多样性，结合美学中艺术构图原则，来创造一个与自然双重美的环境。

现代观光旅游农业的经营应以满足消费者的需求为导向，并注重突出多样化的发展思路。认真分析市场动态,并根据目标市场顾客的需求来设计、开发产品,是产品开发取得成功的前提。参加农业旅游观光的人主要是大中城市的居民,因此必须充分了解城市居民来到农村的动机与行为特征,分析其需求及其变化趋势,在旅游产品、旅游线路、游览方式、时间选取、消费水平的确定上,有多种方案以供选择。园区品种选择、景观资源配置要突出丰富性、多样性的特点,有针对性地开发出适合城市居民需要、内容丰富、形式多样、风格各异的各种类型的农业旅游观光产品。

(七) 近期和远期发展相协调原则

现代观光旅游农业规划并不是一蹴而就的,需要统筹规划,分期建设。为做到布局合理,就必须有计划地分期实施,逐步建设。为保证其健康发展,一是要搞好规划,按规划组织实施;二是要根据投入的资金合理分配,进行分期建设。

第三节 现代观光旅游农业园区规划准备工作

一个观光旅游农业园区立项后,投资者和规划者只有充分做好准备工作,才能顺利、高效地完成以后的规划工作。

一、投资者的准备工作

(一) 成立领导小组

农业园区投资者在确定规划项目后,首先要指定负责人,成立规划领导小组,明确任务和职责,协调项目地各方面的工作。

(二) 准备规划资料

进行规划之前,投资者应将欲规划的园区有关资料准备好,主要有以下几方面。

① 园区的区位、面积、地面条件、土壤条件、基础条件、

现有设施，特别是高精度、高质量地图是规划的首要条件之一。

② 当地自然、气候、交通条件和历史人文资料。

③ 所属乡、县、市、省的有关规划。

④ 当地农业、水利、土地、环保、规划等相关部门的有关政策和规划要求。

（三）确定园区发展定位、发展方向，对规划的要求

这是规划的灵魂，要很明确。只有方向正确、定位准确，园区才能健康蓬勃发展。

（四）园区建设投资额，规划费用

（五）编写招标标书

一般情况下，若投资者是委托大专院校、科研单位或规划单位进行规划，可从这些单位中进行招标、选择。此时，编写标书是一项非常重要的工作，关系到项目的质量、进度和成效。

（六）选择规划单位

由于观光旅游农业规划是一项方针政策性强、牵涉产业多的智力性工作，因此选择好规划单位是一项关键工作。可根据以下几方面选择规划单位。

1. 规划单位的知名度

可在网上查询国家级、省级知名大学、科研单位、规划单位中是否有规划部门。一般而言，农业单位中的规划部门更贴近农业、了解农业。由于农业规划是一个相对新的领域，发展迅猛，大多数规划部门缺乏相应的经验积累和人员配置。目前多以农业科研院所规划为主。

2. 规划单位的水平

① 规划单位的水平体现在规划团队情况、规划人员的文化背景、规划经验及其业绩等。目前国内做规划的单位逐步增多，但有些单位拿到项目后，是交给个人单枪匹马地去做。有些单位是组成规划小组，由团队去做。由于规划团队中人员在各方面的优势互补，规划工作在深度、广度和速度上明显具有

优势。

② 规划人员的文化背景包括专业、学历等。规划团队中除了相关领域专家外，最好配有种植、养殖、农产品加工、旅游、园林景观等各专业毕业的研究生或以研究生为主。不过，多数规划部门不完全具备这种软件条件，但是，这可作为考查规划单位的一条标准。

③ 丰富的规划经验对做好规划是很重要的。规划单位的历史较长，一般经验也较多。规划设计单位的人员流动可能较大，只要单位的经验丰富，管理到位，其中有几名骨干规划人员，一般规划工作就有保证。但大型规划必须要有相应的专家团队参与才能有保证。

3. 规划单位的技术支持力量

从规划成本上来说，规划团队不可能太大，一般规划为3~5人。而农业规划属于交叉学科，牵涉到各类专业知识。解决的办法就是建立包含各领域专家的专家委员会，请他们指导或参与规划。

二、规划者的准备工作

（一）成立规划小组

现代观光旅游农业园区规划的负责人最好是城乡规划管理专业或城市规划专业毕业的研究生，并在规划方面有至少3年以上的经验。然后，根据项目配备两名所学专业与项目主导产业有关的研究生或本科生，作为规划的具体执行者，再根据项目要求，选2~3名相关专业的知名专家直接参与规划。如果是一般规划单位，必须有农业方面专家参与。

（二）领会投资者对规划的要求

签订合同后，首先要弄清投资者对园区规划的指导思想、建设园区的目的、园区发展定位等概念规划中的一些问题。要与投资者反复沟通，帮助其理清思路，否则规划中会出现大量反复工作，增加规划成本。

（三）收集资料

投资方虽然提出了他们规划的指导思想、建设园区的目的及园区发展定位等一些概念问题，但不一定符合国家或地方发展方向或适应地方条件。作为规划者应站得高、看得远，使做出的规划有特点、有个性、有差异、有生命力。这种效果是建立在资料的收集和认真分析的基础上的。收集的资料除了上述投资者应准备的内容外，还应包括以下几方面：

1. 获取规划地点详细资料

投资者常常不能提供规划地点的详细资料，如地形和标高，湖泊、河流、农田、养殖水面、绿地绿林等分布状况，农户状况，区内现有建筑和各种设施及其技术参数等。这些内容往往需要规划者去实际调查，甚至亲自测量。

2. 了解项目所在地省、市、县的规划

现在各省、市、县甚至乡都做了规划，规划时不能违背所在地上级部门各级规划，否则难以得到政府的支持和批准。另外要征求相关管理部门的意见。

（四）确定发展战略

在充分理解投资方对园区的发展定位、发展方向、规划要求，以及调查研究的基础上，进行 SWOT 分析。要发挥当地优势，利用好现有的机会，提出克服不利因素的措施，从而提出拟建园区的发展方向、定位等战略问题。

规划者形成的园区定位和发展战略若与投资者的思路一致，就可以接着做总体规划。如果不一致，就要与客户进行讨论、沟通。

（五）与投资者（客户）沟通

规划是否能又好又快地顺利完成，很关键的一点是与客户进行良好的沟通，这种沟通一般要反复几次。在沟通过程中需要注意以下几点：

1. 抓住主要方面

在项目定位、规划的指导思想、发展战略等概念规划范畴，不要纠缠在具体的枝节问题上。

2. 弄清客户的主要决策者

有时项目投资单位由多方组成，或多层领导，他们的意见可能不一致，这时要和他们各方密切交流，抓住主要决策者。否则，受各方左右，反复修改，方案难以形成，耗费很多时间。

3. 找出分歧点

规划者与客户的分歧有时是在原则问题上，要细心聆听客户在哪些原则问题上与自己有不同的意见，很好地分析问题出在规划方还是客户方。如果是客户提出的思路不合理，要以事实向他们解释；如果由于某种原因客户坚持其想法，就需按他们的办法做，但不能违背国家规划政策。有时分歧是由于在文字或语言的表达上，如文字冗长、重点不突出，没有明显地体现出发展战略，使客户抓不到要点，规划不被客户认可，这时要在文字语言上下工夫。

4. 和客户达成一致

双方反复讨论、交流、沟通，并在规划的大问题上达到一致后，签署共同认可书。

第四节　现代观光旅游农业园区规划前期的调研

一、当地资料调研

（一）自然资源

基础资源是指和项目主题有关的当地资源状况，如土地资源、文化资源、人力资源、农牧业资源（粮食、水果、蔬菜、草地、畜牧养殖、水产等)、矿产、水、电、交通、自然状况（雨水、光照、气温、风雪等状况）等。它们是确定建设项目主题、项目如何运作以及项目规模的重要依据。

1. 土地和地形图

土地资源包括园区土地利用现状及其构成，如可耕地、山林地、草地、河川水域、村庄用地、道路及其他用地所占面积和比例，耕地中粮食作物等所占的面积和比例等，以及土壤性能，如土壤肥力、微量元素含量、蓄水性能、安全性等。

规划编制必须要有适当比例的地形图。根据园区所在区域的地形地貌条件，绘制适当比例的地形图。它为分析地形、地貌和建设用地区域条件提供依据，通过踏勘和调查研究，在地形图上绘制现状分析图，作为编制现代观光旅游农业园区规划方案的重要依据和基础。一般来说，总体规划阶段需要1:10 000或1:5 000的地形图，详细规划阶段需要1:2 000或1:1 000的地形图。

2. 气象资料

（1）气温　需要收集平均温度和湿度、最高温度和湿度、最低温度和湿度、昼夜平均温度和湿度、无霜期、开始结冻和解冻的日期及最大冻土深度。气温的日、年变化较大以及冰冻期长，都会给工程的设计与施工带来影响。

（2）风向与风速　掌握历年、全年各季的主导风向、风向频率和平均风速等资料。根据风向资料绘制的"风向玫瑰图"是进行功能分区的重要依据之一。风起着输送和扩散有害气体和粉尘的作用，在环境方面关系甚大，对规划编制有着重要的影响，如防风、通风、工程的抗风等。只有掌握风向资料，才能正确处理园区用地，避免形成将对环境有污染的产业布置在园区的上风位的不合理布局。

（3）日照　是指太阳光直接照射地面的现象。在规划编制过程中，确定道路的方位、宽度和建筑物的朝向、间距以及建筑群的布局，都要考虑日照条件。日照时数对研究日照标准、太阳能利用等影响极大。

3. 水文资源

水文是指一个地区的水文现象，如降水量、河流水位、流量、潮汐现象以及地下水情况等。

（1）降水量　包括单位时间内的降水量、平均降水量以及最大降水量、最低降水量、降雨强度、暴雨概况等。掌握降水资料对防洪、江河治理等十分重要，也是组织地面排水规划的主要依据。

（2）地表水　包括河湖的最高、最低和平均水位，河流的最大、最小和平均流量，最大洪水位，历年的洪水频率，淹没范围及面积，淹没概况。在山区还应该注意山洪暴发时间、流量以及流向。河流流量是选择园区生活和生产用水水源的重要因素，也是防洪工程规划的主要依据之一。洪水淹没线应该在用地评定图上标出。

（3）地下水　对地下水则应该掌握其分布、流向及蕴藏量、泉眼位置、流量及其水质情况。在地面水不足或水质差的地区，地下水是园区生活、生产用水的另一水源。地下水分为上层滞水、潜水和承压水三类。承压水因有隔水层，受地面影响小，不易受地面污染，具有压力，因此常作为城镇水源。

水源对现代观光旅游农业规划和建设有决定性的影响，如水量不足，水质不符合饮用标准，就限制了园区的建设和发展。以地下水为园区水源，不能盲目、无计划地采用，过量地使用地下水会使水位下降、水源枯竭，甚至地面下沉。此外地下水水位也是选择和评定用地的基础资料之一。

4. 土地资源

包括园区土地利用现状及其构成，可耕地、山林地、草地、河用地、村庄用地、道路水域及其他用地所占面积和比例，重点了解耕地中粮食作物、经济作物等所占的面积和比例。

（二）社会经济、文化状况

这部分主要叙述项目所在地的人口资源、经济和产业发展状况、社会文化、财政收入、居民年均收入等情况。掌握当地社会和经济状况后，要分析哪些是可利用的资源，哪些是不利的、需要进行投入改造的对象。

1. 人口

丰富的人力资源是项目的保证，自主创新，必须依靠人才。特别是在经济全球化的今天更是如此。一方面，充足、廉价的劳动力可提高经济效益；另一方面，谁拥有高智慧、一流的技术人才资源、注重人才资源的开发与管理，并将他们放在整个发展战略中理性地加以对待，谁就一定能取得更快发展。一个国家是这样，一个地区、一个企业也是这样，这是不争的事实。重视人才资源、构筑人才高地、抢占人才制高点，是保持不走下坡路、将事情做大做强的保证。区域性核心力的竞争将转化为核心人才的竞争。

人力资源主要指现有人口规模、人口构成及比例关系、人口的年龄构成及文化程度、人口流动情况、农村剩余劳动力的就业现状及发展趋势。调查表格如表3-1所示。

表3-1　　　　　　乡村劳动力就业情况　　　　　　单位：人

行业分类	农业	工业	建筑业	交通运输业	仓储业	批零贸易餐饮	其他劳动力	雇外省劳动力
就业人数								

2. 经济和产业发展状况

包括当地近三年的国内生产总值、农民人均收入、地方财政收入等的总值、构成和发展变化情况。

（1）第一产业　包括当地农业的产值、构成及历年发展变化，农、林、牧、副、渔的生产发展情况，农作物的加工和储运情况，农业为工业生产提供的原料和调运情况，蔬菜和经济作物的种植面积及其产量，农业发展计划，专业户、重点户的概况，农村剩余劳动力的现状及其发展趋势。

（2）第二产业　了解当地第二产业的产值总量、构成及历年发展变化情况；了解手工业和农副产品加工业的现状及布局情况、近期兴建计划和远期发展的设想，包括种类、产品、产量、职工人数、场地面积、原料来源、产品销售情况和运输方式等。

（3）第三产业　掌握当地第三产业产值的行业构成及历年发展变化情况，包括批发零售及餐饮业、交通运输邮电通信业、金融保险业、社会服务业、房地产业、教育文化卫生业、体育及社会福利事业等的发展情况。特别是对集市贸易的场地分布、占地面积、服务设施状况，主要商品的种类、成交额，平日和高峰日的摊位数、人数等现状和发展前景方面进行了解和分析。调查表格如表3-2、表3-3所示。

表3-2　　　　　　　　经济状况

项　目	2006年	2007年	2007年为2006年%
生产总值（万元）			
第一产业增加值（万元）			
第二产业增加值（万元）			
第三产业增加值（万元）			
国家税收（万元）			
地方税收（万元）			
农民人均纯收入（元）			

表 3-3　　　　　　　　GDP 产值情况　　　　　　单位：亿元

年　份	GDP	农 业 产 值	所 占 比 例
2006			
2007			
2008			

3. 社会文化

包括当地农村科技、教育、文化、卫生、民俗等情况，当地的兴衰变化、行政隶属的变迁、建设主要成就和经验教训，以及具有历史文化特征的名胜古迹的地点、级别、现状和保护要求。

(三) 基础设施

1. 交通

交通（公路、铁路、民航、河运等）常常是限制项目开发的另一个因素。交通不便，产品难以向外运送，和外界交流不便，引进技术、人才、外资也较困难，难以形成有效的物流及客流。

（1）对外交通　包括铁路站场、线路的技术等级及运输能力、控制要求、现有运输量、铁路布局与园区的关系、存在的问题及其规划设想；公路的技术等级、控制要求、客货运量及其特点；公路走向、长途汽车站的布局及其与园区的关系；园区周围河流的通航条件、运输能力、码头设置的现状及其与园区的关系、存在的问题和有关部门的计划或设想。

（2）交通运输　包括当地交通运输的方式和种类，当地主要道路的日交通量，高峰时期的交通量、交通堵塞等情况。

（3）道路、桥梁　了解主要街道的长度、密度、典型断面、路面等级、通行能力及利用情况；桥梁位置、密度、结构类型、载重等级；近期发展计划。

2. 水电气情况

（1）给水　掌握水源地、水厂、水塔位置、容量、管网走向、长度、水质、水压、供水量等情况；了解现有水厂和管网的潜力、扩建的可能性以及区域输水管网及其控制要求等。

（2）排水　包括排水体制、管网走向、长度、出口位置；污水处理情况；雨水排除情况。

（3）供电　了解电厂、变电所的容量和位置；区域调节、输配电网络概况、当地用电负荷的特点；高压线走向、供电发展计划。

（4）电信　了解邮局、邮政所分布与现状，电信局、基站情况，电话、互联网、广播、有线电视、移动通信等基本情况和发展计划。

（5）热力　包括供热方式现状，热力站布局、规模、服务区域、热力管网等基本情况，以及热力发展计划。

（6）燃气　了解供气方式现状，储配气站、液化气站等的数量、位置、规模和服务区域，规划园区内的区域供气管网、设施情况和控制要求，燃气发展计划。

（四）环保资料

1. 污染状况

主要包括环境污染的危害程度，包括污染源、有害物质成分、污染范围与发展趋势；作为污染源的有害工业、污水处理场、屠宰场、养殖场、火葬场的位置及其概况；当地及各污染源采取的防治措施和综合利用的途径。

2. 环境卫生

当地垃圾收集、处理情况和存在问题，垃圾中转站、垃圾处理厂位置、服务区域范围、处理技术等，以及环卫车队情况、公共厕所情况、环卫发展计划。

二、市场调研

市场调研就是对国内外市场现状与前景进行调研、分析。市场状况常常是决定项目能否建设的另一个重要因素，是企业生存和发展第一需要，也是选择项目方向的重要前提。市场调研融合了统计学、社会学、心理学、运筹学等多学科的理论与方法。发达国家已经经历了几十年发展过程，现在美国所有大公司的市场调研费约占销售总额的 3.5% 左右。但目前我国仍有不少企业家对市场调研缺乏科学理念，在企业预算中有数十万、甚至上百万的交际费，却没有或很少将市场调研项目经费列入预算。

（一）市场调研的意义

1. 了解消费者对商品或服务评价的最直接、最有效途径

只有通过直接的市场调研，才能获得全面、可靠、真实的消费信息，了解消费者对现有商品、服务的满意程度，从中分析市场可能趋势及消费者潜在购买动机和需求，为产品的改进和研发指明方向，为企业发展提供新的契机。

2. 项目或企业进行决策的基础

使企业能够了解目标市场行情，把握市场动向，避免犯下诸如市场定位错误或销售渠道选择错误、定价不符合实际、广告诉求错误等营销策略错误，为企业的正常运营节省资源，提高资源配置效率。

3. 增强企业知名度和竞争力

通过公开的、大规模的市场调研可以在某种程度上加深消费者对企业的印象，提高企业声誉。还可以在缩短企业与消费者心理距离的同时，了解消费者对竞争对手产品的态度，进而确定本企业在同行业竞争中的优劣势，有利于扬长避短，增强比较优势。

（二）市场调研的方式

1. 委托他人调研

可委托调查公司调查或组织专业学生进行业余调研。

市场调查作为一种产业在20世纪80年代中期引进中国，但近几年伴随市场经济的发展，市场调查业才真正走向市场并向产业方向发展，加之中国入世，企业面临日益激烈的竞争，需要及时掌握信息资源和商业情报，而市场调查业得到进一步发展。如麦氏公司在进入中国之前，是委托广州市场研究公司对中国市场咖啡产品的需求进行调查。调查报告指出，中国人喜爱现冲即饮的热咖啡，并拌有糖和奶，于是麦氏公司开发了一种适合中国人口味的三合一速溶咖啡，从而打开了中国市场。

委托他人进行市场调研比较省事，调研公司经验丰富，容易达到自己的要求，但花费较高，不能通过市场调研培养自己的人才。

2. 购买调研报告成品

现在国内外有些咨询公司或调研公司，不时地专门对某些专题进行市场调研并写出调研报告，进行出售。如果蔬市场调研报告、华北华中地区食用植物油消费市场研究、大豆磷脂保健（功能）食品消费市场调研、中国酒类行业发展研究年度报告、中国啤酒行业研究咨询报告等。

购买现成市场调研报告比较快捷，比请调研公司进行调研的花费少。规模不大的企业可选用这种方式。但要对这些报告的可靠性进行分析，有时还需要自己补充调查。

3. 自行调研

较大的企业应该成立自己的市场调研部门，并规划调研项目和调研费，使之成为企业的日常工作。如美国73%的企业设有市场调研部门，这样可不断积累资料和经验，能更好、更及时地为企业服务。

如果企业没有能力独立或全部完成市场调研工作，可聘请专家、教授协助进行。

(三) 市场调研的方法

1. 调研前的准备

(1) 确定调研目标　把需要调研的核心问题搞清楚。

(2) 制定调研方案　目的是能在最短的时间内，投入最少的人力，达到全部调研目标。现代观光旅游农业资源的调查包括农村自然景观的特异性、农业生产景观的特异性、独特的民俗文化、与众不同的农作习俗等。这些内容正是现代观光旅游农业特色之所在。另外对整个区域的基础条件进行一定分析，如国家、当地农业发展的政策、市政配套能力（含道路设施）、区域经济发展水平、社会开放程度、劳动力资源、其他旅游项目的竞争力与互补性以及承办单位对规划的要求和意愿等。对市场全面分析后，总结出发展规律、市场发展方向，制定出本项目的开发战略。发展观光旅游农业应当选择市政配套设施基本完备、农业产业发展水平较高、劳动力素质较高且数量有保证、区域内旅游竞争项目较少、旅游资源互补性强的区域。

(3) 组织调查小组　项目调研组组长要由有经验和组织能力的人员担任。

(4) 确定工作进度　初步拟定工作进度，明确工作任务和要求，按时、有序地开展工作。

(5) 经费预算　经费包括：参与人员工资、差旅费、调查费、咨询费、问卷、报告制作费、交际费和杂费等。

2. 调研步骤

(1) 基础资料收集

① 国家相关政策、规范的收集：国家和当地有关方针、政策是制定规划的指导性文件，是项目建设必须遵循的方向，在项目规划和建设中必须符合国家和当地方针政策的要求，利用国家和当地对农业的倾斜和扶持政策，促进规划和项目的实施。

② 进行文献检索：文献检索是市场调研的基础，从文献中可全面了解现代观光旅游农业的国内外市场状况和发展趋势。如

专著、期刊、论文集、杂志、报刊、网络资料、年鉴、会议报告和文集等。

（2）实况调研　若查到的资料是他人所写，由于地区、时间、观点的不同，这些资料往往有不准确或不适合本地区的内容，有些甚至完全错误以致不能采用，或者资料不能完全满足规划项目调研的需求，因此还必须亲自进行实况调研。要深入规划现场详细察看以熟悉园区地形、地面设施。实况调查是第一手资料，新鲜、生动，通过实地调查，可获得切身体验及大量图片和文字资料。市场实况调查的内容要针对项目核心问题，对基础资料中的可疑问题、缺少的内容，要进行核实、修改和补充；对地形、地物发生变化的地方，应该进行修改、完善。实况调查方式包括：专家咨询、问卷调查（邮寄、网络、现场）、开座谈会、销售地现场调查和电话访问等。

（3）调研报告　市场调查后，会得到许多原始资料和数据，对这些资料和数据要进行分析，去伪存真，找出规律性事件、发展方向，得出自己的结论。报告观点要明确，有文字阐述，也要有图表说明。

（四）市场调研的内容

1. 国家相关政策、规范

包括党和国家以及各级地方政府有关观光旅游农业方面的方针、政策。

2. 旅游资源

了解当地旅游资源的种类、开发前景等，如自然旅游资源，包括风景区、森林、湿地、草原、独特的动植物、地质景观等自然旅游资源情况及其保护要求；还有人文资源，如具有当地历史文化特征的名胜古迹的地点、级别、现状和保护要求，以及当地的民俗情况、历史沿革资料等。

3. 旅游客源

客源分析是项目开发具体实施的基础。国外观光农业的主要客源是一些教育水平和收入水平较高的城市人群，观光的目的主要是舒缓快节奏的城市生活，体验田野乡村的自然风貌，追求精神的愉悦。而在国内，据李学东等对成都的农业观光园游客组成调查发现，高收入阶层光顾农业观光园的次数占他们出游总次数的47%，中等收入阶层占55%，而低收入阶层占81%，由此可见，国内许多游客选择观光旅游农业园区的首要原因并非为寻求精神愉悦，而是看中其低廉的收费。

（1）旅游者构成情况　从调查统计中可以看出，在农业旅游者中，从性别看，男女所占的比例基本一样，没有显著差异。

① 家庭：家庭是现代观光农业旅游的一个最主要的消费单元，特别是单身家庭和三口之家的比例较大，以月收入在6 250元以上的中等收入家庭为主。

② 学生团体：15~24岁年龄段的学生喜欢与朋友一同出游，可以以优惠价格吸引学生团体。还可作为学校科普教育基地。

③ 成人消费者：成人消费人群也占相当的比例，在旅游者中，从行业看，学生和企业员工占了最大的比例，而私营个体业主为缓解工作压力，会选择能体验回归自然生活方式的农业旅游，在旅游中也占了相当的比例。

④ 中小型会议：如各类以休闲为主的中小型会议，也可作为农业产业基地。

（2）旅游者客源分布　绝大部分旅游者来自省内，甚至是本地，这说明农业旅游的客源辐射半径较小，周边市场是最主要的目标市场，吸引农业旅游者的主要因素是乡村与城市的景观和文化差异，观光和休闲仍是市民外出旅游的主要意向。

（3）旅游者青睐的旅游组织形式　旅游者在参加现代农业观光旅游时，是倾向于选择家庭旅游和亲友结伴出游的方式，还是乐于散体参加团队旅游，要掌握各群体的比例。

（4）市场开发宣传方向　我国的现代观光农业旅游有逐渐变热的趋势。从现代观光农业旅游的客源构成看，大多是来自周边的城市或城区，且以当地的城市居民为主。潜在的旅游者仍在徘徊，一方面由于对现代观光农业旅游了解不多，或虽然了解，但担心卫生条件太差或特色不突出，对他们缺乏足够的吸引力；另一方面，由于现代观光农业旅游还没有形成规模，或由于交通不便而使旅游者望而却步。因此，要针对潜在旅游者的心理确定宣传内容，努力扩大客源市场。

4. 潜在可开发旅游产品

所谓农业旅游产品（也叫观光农业产品、休闲农业产品、农家乐旅游产品），一方面是指一种以农业资源（即田园、果园、草场、森林、农舍、农具、生产劳动、农产品等）构成的各种活动或服务为主要吸引物的旅游产品。它是一种以农业生产（或农业活动）为依托、旅游活动与农业活动紧密结合起来的新兴旅游产品，这些产品可在观光旅游地享受，也可带走；另一方面，指当地农业和农村文化所提供的有纪念意义的特色产品，如手工艺品、特色服装等。

到农业休闲园中的游客在归家时希望购买一些产品作为礼物馈赠亲友。礼物型农产品包括园中的奇珍异果（如观赏南瓜）、微型盆景、鲜花、美食等。奇特蔬菜、异型瓜果培育中心以国内外高新农业技术力量为支持，为园区不断培育新的优良品种，研发品种新奇、大小各异、形态独特的奇特蔬菜、异型瓜果以及刻有"福、禄、寿、喜"等吉祥字的字画瓜果，吸引游客慕名而来。

另外，还可用树脂等材料制成色彩鲜艳、形态各异，具有卡通、夸张、变形、拟人等特征的果蔬、花卉纪念品、字画果蔬，以及印制果蔬、花卉标识的旅行包、旅行袋、遮阳帽、雨伞、旅游鞋、毛巾、水壶等。

游人还可观看由专业人员演示西瓜、哈密瓜等瓜果的雕刻方法以及用不同瓜果的品种、形状、颜色镶嵌组合而成的立体瓜果拼盘。游客也可以自由发挥做出独一无二的瓜果艺术作品，还可以在专业人员帮助下自己制作盆景或根雕等。

第五节 现代观光旅游农业园区的规划程序与内容

一、现代观光旅游农业的规划程序

（一）成立规划编制组织

根据规划对象组建不同层次的规划编制领导小组和负责总体方案编制的规划人员，由负责专项研究的专业人员组成规划编制技术小组。编制领导小组的主要任务是明确提出园区建设发展的总体思路，研究解决规划编制过程中的有关问题，协助提供规划编制所需要的基础资料，加强与业主进行交流沟通，对提交的规划方案提出修改完善的初步建议，供业主参考。编制技术小组主要负责拟定规划工作阶段和进度要求，明确各阶段任务、内容和成果，并组织有经验的专家座谈，以提高规划的总体质量，按时完成规划。

（二）基础资料收集和分析

对现代观光旅游农业园区基础资源条件进行充分的调查分析。调查对象主要包括规划范围与基地的区位条件（主要包括园区位置、离周边主要城市距离）、交通条件（园区周边环境状况及旅游资源）、自然条件（包括气候、日照、水文、降雨量、土壤条件、地形地貌特征、环境污染程度、不同地块的肥沃程度、动植物资源等）、农业发展状况（农业产业基础等）、社会经济条件（社会人口现状、客源市场、经济基础、文化资源）、用地情况、已有的相关规划成果、现场踏勘工作所获得的现状资料和业主的具体要求、愿望等。

（三）资料分析研究

在全面系统地调查、分析的基础上，建立现代观光旅游农业发展的评价体系，同时确定评价体系中各成分的权重，运用层次分析法（AHP）对各类基础资源条件进行定性、定量的研究，明确园区建设的优势条件和制约因素，找到发展中的关键问题和突出潜力，分析讨论后定下规划纲要，与业主方签订正式合同，明确规划内容、工作程序、完成时间、成果。然后，再次考察所要规划的项目区，并初步勾画出整个园区的用地规划布置，保证功能合理。

（四）方案编制阶段

完成方案图件和文字初稿，形成初步方案，双方及受邀的专家进行讨论、论证，以业主和规划方为主，并邀请行政主管部门或专家结合园区原有现状分析，对规划设计的初步方案做出评价。主要包括：规划设计方案的适用性评价、客源市场分析与预测、投资与风险评价、环境影响分析与评价、经济效益分析与评价、社会效益分析与评价，从技术上的科学性、经济上的合理性、实施上的可行性等方面进行综合分析比较，规划方根据论证意见进行修改，完善初稿后形成正式稿。广泛征集各方面意见，向有关部门和业主汇报规划方案的特点及规划意图，广泛征求他们的意见，再次讨论、论证，对规划方案中的重大问题进行讨论，取得一致意见后确定最终方案。

（五）形成成果文本和图件

包括规划框架、规划风格、分区布局、交通规划、水利规划、绿化规划、水电规划、通信规划和技术经济指标等文本内容及相应图纸。规划文本应该主要表述调查、分析、研究规划的成果，特别是图纸无法表述的内容。文本编写要求对现状叙述清楚，资料分析透彻，目标预测、战略设想、总体布局以及各类用地的功能分区合理，规划实施措施落实；文字简练、层次分明、图文并茂。

二、现代观光旅游农业规划内容

(一) 目标定位和发展战略

总体规划中,首先要把概念规划做好。无论纯粹的概念规划或一般的规划,都含有概念规划的内容。概念规划重点是要把发展战略思想阐述清楚、明确;文字往往比较概要、简练,使读者阅读后能立即抓住规划的主导思想、目标和创新点。

1. 目标定位

加强集生态示范、科普教育、赏花品果、采摘游乐、休闲度假、生产创收于一体的现代观光旅游农业园区建设,确定规划目标,以目标为导向进行规划;确定园区的性质与规模、主要功能与发展方向、园区的发展阶段与每阶段的发展目标等,并在规划过程中对目标进行讨论并进一步提炼。

(1) 展现现代高科技农业 这是观光旅游农业园区的重要功能。包括采用现代化温室设备,发展育种、育苗、名特优蔬菜、高档花卉,利用现代化手段发展特种养殖农业,以及开展先进技术培训等多项功能。如在高科技温室中以计算机控制实现智能化管理,使蔬菜作物从育苗、生长、收获一系列过程均实现工厂化、标准化生产。同时引进国内外先进的无土栽培、组织培养等栽培技术,将现代高新技术应用于生产中。

(2) 新品种种植及示范 园区运用高新技术,采用现代农业设施设备,选择优良新奇特优品种,采取不同的栽培方式(基质培、深液流栽培、立体培等),生产优质高档的无公害蔬菜和瓜果,以满足市场的需求,同时创出品牌产品。

(3) 现代农业与休闲观光相结合 园区在开展高新技术农业示范的同时,以设施生产农产品产生效益为最终目的,将高科技农业与休闲观光相结合,倡导休闲观光农业新概念。

(4) 示范带动作用 园区按高起点、高技术、高效益的

"三高"标准，从规划到具体项目的实施都立足于整个园区示范带动效应。蔬菜园区以核心区做技术辐射，以"园区+农户"的模式发展，通过对农户提供技术、种子种苗等服务项目，吸纳周边农民参与项目的建设实施，以提高农民收入，带动周边地区农业经济发展。

2. 发展战略

在调查—分析—综合的基础上，对各级市场（客源市场、旅游产品市场）的前景进行分析与预测、对园区自身的特点做出正确的评估后，提出园区发展战略、特色产业的选择、关键技术的应用、项目实施方案、收入规划及效益风险评估，确定实现园区发展目标的途径，挖掘出现代观光旅游农业的市场潜力。

（二）功能定位和产业规划

1. 功能定位

确定农业产业在园区中的基础地位，以市场为导向，效益为中心，充分利用资源，以先进的科学技术为支撑，在围绕农作物良种繁育、生物高新技术、蔬菜与花卉、畜禽水产养殖、农产品加工等产业的同时，选择一些品种优良、观赏价值高的作物或畜禽，经过培育管理，进行产品加工展售和综合开发，满足资源与环境的可持续利用，使园区不仅作为带动区域经济的增长点，而且可以成为现代农业高新技术产业发育与成长的源头，向农业、农村辐射，达到农业增效、农民增收的效果。提高观光旅游、休闲度假等第三产业在园区规划中的决定作用，符合农业生产和旅游服务的要求。

（1）现代高科技农业展示　现代观光旅游农业园是以农业为主题，借鉴公园和旅游景点模式，以种植蔬果、花草、粮食和养殖各种畜禽、鱼、鸟为观景的"农业公园"。因此，凡是涉农的内容都可以在园中设置，内容越多越好，但布局要合理，要讲究科学性和艺术美感，而不是简单的拼凑和组合。必须从生态平衡、食物链、生态循环角度考虑，把种植业、养殖业及资源的综合利用科学地展现出来。科技是第一生产力，现代农业科技是农业发展最重要的支撑。现代观光旅游农业园区建设规划应该以科学发展观为指导，引进国内外最先进的农业科学技术，将现代高新技术应用于农业生产中，从当地的发展需要出发，搭建高层次应用技术平台，大力兴办科技型产业，建立高科技示范区，向游客展示温控工程、生物工程和电子工程等高科技工程项目，利用无公害标准技术、生物技术、无土栽培技术等高新技术，采用现代农业设施设备，在高科技温室中以计算机控制实现智能化管理，使各种作物从育苗、生长、收获一系列过程均实现工厂化、标准化生产。选择优良新奇特优蔬菜、花卉、瓜果品种，采取不同的栽培方式（基质培、深液流栽培、立体培等），生产优质高档的无公害蔬菜和瓜果，提高产品品质，以满足市场的需求，创出品牌产品，显著地提高园区农产品生产的科技贡献率。让人们在现代观光旅游农业园区中既能感受到公园般的清新、雅静，又能了解和学习农业，将科学知识融入其中，将园区建设成以高科技现代化农业生产为基础，以观光旅游为主题，科技示范、技术辐射、科学教育等其他辅佐功能为重要补充的"城市后花园"。

农业科技的发展带动了现代农业科技园区的建设，是我国现代观光旅游农业发展的一个重要类型。高科技农业具有科学性、知识性、趣味性、可观赏性和可参与性的特点，将高科技农业与观光旅游农业发展结合起来，为现代观光旅游农业发展提供新的方向。现代观光旅游农业示范区以市场需求为导向，充分利用农业科技、人才、地缘、生态等优势，紧扣农业生产和市场需要，逐渐发展起一批集科研、生产、商贸、教育、培训、观光、旅游于一体的农业园区，园区兼具科普教育、旅游娱乐、农业观光的功能，成为观光旅游农业发展的新亮点。

（2）现代农业与观光旅游相结合　现代观光旅游农业的特

点是农业与旅游相结合，在开展高新技术农业示范的同时，以设施生产农产品产生效益为最终目的，将高科技农业与观光旅游相结合，倡导观光旅游农业新概念，坚持"农游"相结合的理念，充分利用原有的旅游景区和景点，扩大和增加休闲观光果业项目，通过两者之间的相互带动，发展"农游合一"的新型产业，从而在城郊营造优美宜人的绿色游憩空间。现代观光旅游农业在为城乡居民拓展休闲度假的第二空间的同时，将潜在的农业和旅游资源优势转化为现实的经济优势，是提高农业经济效益、增加农民收入、使农业向多元化发展的有效途径，也是传播农业科技知识，实现农业经济效益、社会效益协调发展的重要措施。

现代观光旅游农业的规划以"城市—农田"作为一个城市整体出发点，强调了与城市生活的对话，形成了"可览、可游、可居"的环境景观，构筑出了"城市—郊区—乡间—田野"的空间观光旅游系统。园区规划设计充分以原有绿化树种、农作物为植物材料进行园林景观的营造，园林小品风格自然淳朴，田园气息浓厚，各景观功能区突出以人为本，同时又要和生产相结合；根据不同地块、不同树种及品种的观赏价值进行安排，使园区规划建设和园区内的农业生产经营、休闲体验等活动以与自然和谐共存为最高准则，遵循自然生态规律，在保护、开发、培育资源与环境的过程中实现农业的开发和利用，同时确保园区景观的完整性、原始性和生态性。

此外，加大乡土文化资源和农业旅游资源整合力度。各地具有不同文化特色，应该把这些内容蕴含在现代观光旅游农业中，利用特有的地理、生物等资源，尽可能多地向游客展示当地的民俗节目、工艺美术、民间建筑、音乐舞蹈、婚俗禁忌、趣事传说等，使人们在观光旅游体验中领略到农耕文化及乡土民风的神奇魅力，突出观光旅游农业的地方特色。观光旅游农业形式是乡村文化的一种载体，而乡村文化则是观光旅游农业的灵魂，两者一脉相承，不可分割。在保护农耕文化和民俗传统文化的同时，力求达到自然景观、人文景观与园区景观的和谐统一，实现农业与观光旅游业的结合，使现代观光旅游农业园区成为现代科技农业基地、农业科研基地、示范基地、培训基地、观光旅游示范园区。

（3）实行产业化经营　统一规划，打造品牌，增强竞争实力。现代观光旅游农业要走产业化的道路，如广东珠江三角洲"田园公园"通过规划和品牌的营造，乡村旅游各具特色、各成规模，走向了观光旅游农业产业化的健康道路。要按高起点、高技术、高效益的"三高"标准，从规划到具体项目的实施，都立足于整个园区的产业化经营，从而改变过去观光旅游农业的发展仅限于点的开发或少数将点串联成线的经营方式。园区以核心区做技术辐射，整合所有景点，使其由点连成线，再扩大成面，改变单打独斗的经营方式，同时进行园区各景点共同营销，并适时开展以策略联盟方式结合的"社区"理念来推动园区各项工作，以促进园区的整体发展。

建议充分借鉴台湾关于"园区大力推行社区经营"的理念，改变以往经营思维，结合休闲农业园区在空间布局上呈现"遍地开花"的发展现状，彻底杜绝挂个牌子就采摘、各自为政、缺乏系统管理、发展特点不突出、缺乏宏观系统的规划等弊端，以策略联盟方式结合为共同经营体。在整体规划的基础上，可通过股份制、农业合作社和行业协会等进行整合扩大规模，改变现有休闲农业园区规模小、项目单一、季节性强等缺陷，走规模化、产业化经营之路。

另外，以"园区+农户"的模式发展，通过为农户提供技术、种子种苗等服务项目，吸纳周边农民参与项目的建设实施，建立合理的农业生产经营体制。把发展现代观光旅游农业与深化农业体制改革、培育和发展各种形式的农民合作经济组织和农业流通中介组织结合起来，架起一家一户农民小生产与大市场之间的桥梁，逐步实行专业化生产、企业化管理、社会化服务的农业生产经营体制，组织、带动和发挥周边农户，以市场为导向，推广新品种，发展深加工，提升产品质量，实现农业生产、观光旅游一体化，使农民真正获得实惠，为农村经济发展增添新的活力。

通过推行社区经营理念，把现代观光旅游农业的规模做大，使其对外能与大企业、大市场相连，对内能辐射周围农户，带动千家万户，实现农业生产与国内外大市场的无缝对接，不断提高农业市场化程度和农业产业化水平，使现代观光旅游农业园区成为管理科学化、服务社会化、经营规模化、环境生态化、经济效益显著化的唯一性产品旅游观光园。如番禺的"绿野乡风化龙农业大观园"、深圳的"田园海上风光"、高要的"广新农业生态园"、三水的"荷花世界"等都属于高品位、有创意的旅游类型，体现了我国城乡经济一体化的发展方向。品牌的打造还须强化景区资源特色和文化的挖掘与包装。成都龙泉驿在其规划中突出"花海果乡"主题，体现出"桃花故乡、明蜀文化、度假胜地"三大特色，并且还以龙泉山脉生态环境为"绿色屏障"，举办一年一度的国际桃花节，同时带动了水果的销售，取得了极大的成功，吸引了大量外资。目前，全国各地城市近郊都在花大力气发展观光旅游农业，争夺客源的竞争空前激烈。仅靠观光农业旅游一家一户的小打小闹，靠口碑宣传和散发传单是难以持续发展的，唯有依靠政府的主导、群体的力量方能形成规模效应，创立品牌。

（4）科学规划与统一布局　现代观光旅游农业是一个涉及多行业、多部门的系统工程，受到自然生态、社会文化、经济和社会管理等多因素的制约。为综合兼顾和统筹安排各个方面的关系和利益，提高其组合效益，必须合理规划、科学设计。发展现代观光旅游农业必须根据国情，不能盲目上马。首先，规划要根据当地的自然、经济、社会条件，结合本地的特色，考虑到市场需求状况，因地制宜，开展观光旅游农业开发规划，把内部发展经济的需求与外部对产品的需要结合起来，选准目标市场，再进行开发；其次，要进行科学规划，统一布局。在布局时要以保护资源、发展生产为主要目的，不能破坏田园风光、污染环境。规划工作一定要采取生态设计手段，将自然环境的生态功能、审美功能和精神功能有机结合，建立良好的农业景观格局。为了满足不同游客的心理需求，在规划形式上应将观光观赏、参与体验、休闲度假、乡村节庆综合考虑，以形成系列观光旅游农业产品。现代观光旅游农业还应考虑产业的配套，使观光旅游农业的基本要素充分展示在观光旅游农业中，为游客提供方便、安全、舒适、洁净的产品。合理布局也是现代观光旅游农业规划的一个重要内容。在宏观布局上，观光旅游农业发展的重点应该是城市化水平较高、区域经济背景较好、自然生态环境良好的公路沿线地带。项目布局应选择在离城市的最佳区位上，现代观光旅游农业项目布局最密集的地带为距城市 30 公里左右的地区。在微观上一定要选择自然生态环境优美、人文环境具有特色，且水源条件好、交通便利的乡村地区。

（5）软、硬件兼顾并互相配合　现代观光旅游农业园区规划不但应兼顾软、硬件建设，还应注重两者的互相配合，以发挥建设成果。硬件方面包括闲置空间的改造再利用、环境美化、游憩服务设施设置、标示导览系统设立、交通系统改良、旧有设施改善等，旨在改善旅游环境，提升旅游服务品质；软件方面强调园区的经营管理、行销策略、导览解说、组织运作、教育训练以及游憩资源的开发与应用，以满足游客需求，增进旅客的满意度。

2. 产业规划

产业背景就是项目主导产业的国内外发展状况和发展趋势。只有搞清楚了产业背景，才能把所规划项目的主导产业定位准确（规模、水平、方向等），才能了解建设项目需要的关键技术以及从何处获得关键技术，了解项目建设中的难点以及解决方案等。对于观光旅游农业，要调查清楚国内外有哪些观光旅游农业形式及其运作模式、农业旅游的模式、规模、效益、发展情况、旅游产品市场，我国现代观光旅游农业与国外的差距，以及观光旅游农业发展趋势等。

一个项目中可能有几个子项目（产业），应首先将其中的主导产业规划做好。主导产业是核心，主导产业的有关问题确定之后，其他产业才能确定。以天津杨柳青果蔬博览园为例来说明，其主导产业资源是果蔬产业，首先应了解果蔬产业的国内外发展状况和发展趋势，才能把所规划项目的主导产业定位准确（规模、水平、方向等）。

（1）果蔬产业发展现状 "十五"以来，我国果蔬产业得到迅猛发展，蔬菜的面积和产量分别占到世界总量的41.7%和47.7%；果树面积占世界的20.2%，产量占14.5%。随着农业产业结构调整和市场需求的增加，新农村建设战略实施，国家出台了一系列促进农业发展的优惠政策，我国果蔬产业异军突起。其中，我国水果年产量已达1.5亿吨（含果用瓜），蔬菜产量5.5亿吨。随着生产、市场、运输技术的改进，中国果蔬的贸易额，尤其是出口额，在国际市场上的份额一直在上升，2006年我国蔬果及其制品出口创汇近100亿美元。果蔬产业已经成为我国农业经济的支柱产业和农民收入的重要来源，进入集经济、生态、文化功能于一身的新的发展阶段。我国果蔬产业发展空间广阔，商机无限。

目前我国蔬菜产业已基本完成量的扩张，全国蔬菜播种面积将稳定在1 300万公顷左右。蔬菜发展将迈入提高产品质量、增加单位产量、调整品种结构、优化区域布局、扩大国际贸易的新阶段。今后蔬菜产业将大力发展设施栽培，积极推广滴灌设备，大力开展绿色蔬菜生产的研究，积极稳妥地发展高档珍稀蔬菜，加强优质、抗病虫、抗逆、适合设施栽培的新品种的选育，扩大设施栽培和反季节蔬菜面积。同时，增强国内市场均衡供应能力，依据中国的实际情况与生产优势，主攻"高产、优质、高效"三个主要目标，在扩大国内外市场的同时，提高农民的实际收入水平和扩大再生产的能力，逐步向有中国特色的现代化蔬菜生产转变。

我国果树资源优势突出，果业是农民增收、生态优化、促进外贸、第一、第二、第三产业共荣的产业。由于自然环境优越，栽培树种多，我国果树发展的趋势是进行树体密植矮化、推广无毒栽培，进行部分设施果树栽培，品种类型多样化、突出特色产品，管理技术规范、标准化，达到易学适用，生产无公害、绿色果品，与国际标准接轨。

（2）市场调研与分析　随着我国农村城镇化进程的加快和居民收入水平的提高，人们饮食结构发生了很大变化，果蔬消费量呈现上升的趋势，果蔬消费结构将发生如下变化：

① 人们开始追求产品的营养、保健功能，以及优良的口感风味等更高层次的消费目标，一大批优质新品种果蔬逐步走俏市场，精细果蔬所占的比例逐步提高，高档次果蔬包装成的礼品菜，也逐步成为人们馈赠亲友的时尚选择。

② 随着人们生活质量的提高、生活节奏的加快和蔬菜加工业的发展，促使方便快捷果蔬需求上升，北京、上海等大城市率先实行果蔬产品分级整理、净化包装。

③ 家庭消费占蔬菜总消费的比例呈下降趋势，果蔬在外消费比例呈上升趋势，这有利于稀特果蔬的消费引导。同时餐饮专营蔬菜逐步成为蔬菜产业的一个发展重点。

④ 人们对果蔬无污染、食用安全提出更高的要求，对"无公害、绿色、有机"的果蔬需求越来越大。为提高果蔬产品的食用安全性，进入20世纪90年代后，农业部成立了"中国绿色食品发展中心"，明确了无公害果蔬的标准。目前，全国累计有5大类630余种产品获得"绿色食品"标志使用权。2006年11月《中华人民共和国农产品质量安全法》颁布实施后，果蔬产品严格实行市场准入制度。

(三) 空间布局和用地规模

1. 空间布局

项目总平面图是在项目区域内将各功能小区的位置，如主要建筑物、构筑物、道路、主要管线、绿化及美化设施等作全面、合理的配置，并综合利用环境条件，创造符合产业要求的统一建筑群体。在地形平坦地区，总平面布置易于设计、布置。要解决好园区与公共道路、城市管道与园区管道衔接问题。平坦地区厂区由于地形落差小，竖向布置比较单一；而若项目在山区建设，总平面布置受地形等自然条件的影响和制约因素很大。要布置好总平面，需要掌握和利用山区的地形、地貌、地质、气象、水文的特点和规律，结合各功能小区的特点，做好竖向布置。特别要注意防洪、滑坡问题。图上要把标高表示出来。山区若布置得好，景观比平坦地区更美。

科学规划园区路网、水利和绿化系统，整体上用规范式网状道路或水利形成基本分区骨架，以充分体现农业科学的本质性和现代农业文化的理念性；而局部采用规则式、符号式或自然式园景设计的布局手段，以体现观光农业的艺术灵动性和现代休闲文化的时尚性。

2. 用地规模

合理确定园林绿地、建筑、道路、广场、农业生产用地等各项用地的布局，确定各项用地的大小与范围，并绘制用地平衡表。对不同土地类型的各个地块做出适宜性评价，以期达到农业土地的最合理化利用，取得最大的经济效益。

(四) 分区规划

园区功能布局要与产业布局结合，充分考虑游客观光休闲的要求，确定功能区。本着因地制宜、节省投资的原则，以现有的区内道路和基本水系为规划基准点，根据现代观光旅游农业园区体系构架、现代农业生产经营和观光旅游服务的客观需求以及生态化建设要求和项目设置情况，按照服从科学性、弘扬生态性、讲求艺术性以及具有可能性的可行性分区原则，将现代观光旅游农业园区分为生产示范区、观光旅游区、休闲娱乐区和管理服务区。功能分区的划分应与现有和规划的生产单体的空间分布和谐统一，既要为每个单体选择最合适的区位，有利生产，又要使功能类似的单体分布有致，相对集中，方便管理。此外，应尽可能不影响现有生产单体的正常生产，进行合理的项目与功能分区。

1. 生产示范区

(1) 示范区 该区主要用以展示高科技农业生产技术为主，如当代蔬菜瓜果栽培科学技术，推广新品种、新技术（包括温室、园艺机械、杀虫灯、无土有机栽培、滴灌、环境监控等）和先进设施。融机械耕作，温、湿、气电脑自动控制，肥、水自动灌溉，基质培、水培、岩棉培、病害虫生物防治和瓜菜高产早熟栽培等国内外先进技术于一体，实现工厂化、自动化的生产控制和全年长周期、无公害农产品的栽培生产，达到"绿色工厂"的目标。此外，可选择一些高质量、科技含量相对较高的新、特、优蔬菜、瓜果品种长年周期性循环生产并进行包装、销售。种植国内外畅销的优质品种的区域，可体现和展示园中蔬菜、瓜果生产水平，起到示范作用。通过开发和推广现代化、工厂化、标准化高新农业栽培、繁育技术和生产加工技术，开展科普求知活动，增长游人的见识，领略现代农业高新技术、设施农业高新技术、产品研发信息技术、现代化温室技术等。

(2) 科普区 现代农业园区是进行果蔬业科学技术理论研究与实践的主要区域，也是开展果蔬业科技示范与普及的主要区域，是发展与推进果蔬业生产的科技动力源泉。利用现代农业示范区的资源优势，以寓教于乐的形式开展农业科普教育与科技推广活动，以青少年为主要对象，采用多种形式宣传天然植物、经济作物、经济林木等的分类、栽培、保护知识，为学生提供很好的实习场所，也是进行学生素质教育的基地，体现科学性、知识性、趣味性。

此外，把传统农业和现代农业有机结合，展现农业的发展历程和农业文化。观光旅游农业园区作为科技展示、科普教育的基地必须全方位展示农业历史、农业发展成就。现在，随着人们崇尚自然、回归自然的意识不断增强，传统农业的某些生产方式又回到人们的身边，如现在提倡搞有机农业和生产 AA 级绿色食品，就得借鉴传统农业和自然农业的某些做法；有些地方已出现"放养鸡"、"放养猪"的养殖方式，不喂复合饲料；种植农作物提倡间作和轮作，绿肥、秸秆还田、增施有机肥、用沼液作追肥和预防病虫害等。这些传统农业的做法应在观光旅游农业园区中得以充分展现，使观光旅游农业园区成为自然科学和农业的"大学堂"及"博物馆"。

（3）生产区　园区依托生态环境优势和国内外的农业高科技支撑，以市场需求为导向，根据"整体、协调、循环、再生"的原则，建立养殖（鸡、鸭、猪、鱼）—沼气—温室蔬菜—果园"四位一体"的生态农业生产模式。果蔬生产区是蔬菜、水果栽培和果蔬加工的主要区域，是园区果蔬业生产的核心区域，生产区占地面积较大，土壤等自然条件优越。通过企业化管理手段，实现工厂化、自动化的规模生产，生产基地可实行统一作物布局、统一提供种苗、统一田间管理操作规程、统一采收加工，开展标准化生产技术示范，以提高蔬菜、瓜果生产的品质，创高档蔬菜、瓜果品牌。可依托现有的蔬菜、瓜果生产状况，开发周边区域，形成大面积的蔬菜、瓜果生产区。同时，结合产品的储藏、加工和农产品贸易平台的建设，实现产、供、销一体化，形成现代生态农业产业特色。通过技术培训和提供优良苗木、花卉品种，推广农业高新技术，提高当地农民收入。虽然生产区不向普通游客开放，但果林独特的风光也是园区内重要的景观资源，被大众所喜爱、科技含量比较高、经济效益比较好、景观效果明显的生产模式、设施类型和品种布局在地理位置、环境条件比较好的显要区域，面积也可以适当大一些。把其他一些比较原始、普通、经济效益比较低、观赏效果和科普意义不大的生产模式和作物品种，布置在条件相对差一些、位置稍微偏一些的地块上，面积不宜太大。无论是南方还是北方，为了使生产和景观效果能持续稳定，除了做好园内总体给水、排水和道路的基础设施建设以外，必须设计相当面积的生产保护设施。由于大部分作物均为一年生的草本植物，生长速度快，对环境和栽培技术要求高，要想获得稳定景观并延长景观周期，没有良好的保护设施和优越的环境条件是难以实现的。因此，必须建设各种档次的保护设施，把一些相对比较名贵的品种、先进的生产模式放在高档的设施环境中。同时，作为观光休闲农业主题公园，游客对观光的环境提出了更高的要求，更多的现代人并不希望走在泥泞的道路和烈日暴晒的环境下观光游览，追求整洁、舒适、幽雅的观光环境是人们的普遍需求。

2. 观光旅游区

观光旅游区是旅游资源丰富、景区景点集中的区域，也是园区实现观光旅游、民俗风情体验等功能的主要区域。在该区中有采摘区、体验区、观赏区等区域，构成线状联系的景观节点。

(1) 采摘区　依据观光农业集锦性的特点，以果蔬业资源为基础开展果蔬业观光游览。景区内种植不同特色品种的蔬菜、果树，使游客不用行走多远，就可看到多种观赏性强的蔬菜、果树。游客可自摘、自食、自取，了解蔬菜、水果生产过程，体验菜农、果农生活乐趣，享受乡土情趣。

设置观光游览项目，使游客参与其中，有计划地组织游客参与乡村生产活动，融入当地田园生活，把生产与参观、采摘、野营等活动相结合，为游客提供了解果蔬业生产知识、学习果蔬业生产技能、感受优美自然风光、体验农家生活气息的环境空间，塑造出具有鲜明特色的果园旅游文化形象，为人们提供一处乡土气息浓郁、集农业生产与观光娱乐于一身的"农家乐"特色活动区，满足城市人返璞归真、安享田园生活的心理新需求。

（2）体验区　开展农家民风民俗旅游，为游客提供餐饮、休息等各项旅游服务。农家饭庄的菜肴以农家特色菜谱为主，游客也可以把自己采摘的果品蔬菜拿来自行加工制作成自己喜爱的菜肴，游客以此能够体会做农家人、吃农家饭的乐趣。另外，发挥游人在观光休闲活动中的参与性，开设诸如浪漫樱花广场、湖区娱乐、花卉观赏、苗圃培育、农地（庄稼、蔬菜瓜果、果树）租赁和经营体验等项目。

农事参与项目主要是让学生、游客参与部分农事作业，如犁地、除草、播种、施肥、整枝、修剪、授粉、疏花、疏果、采收等。传统农耕文化与农耕体验可设置各种农耕设施、机具的操作，如摇辘轳、摇风车、踩水车、养蚕、抽丝、纺纱、织布、刺绣等；传统手工艺馆可让游客亲自动手制作工艺品，如草编、竹编、柳编等工艺容器制作；科学实验室设置各项科学实验仪器、设备，学生可以参与植物营养配比、测试、病虫调查、切片显微观察、植物组培操作等科学活动，进行农作物各项生理指标测试，生理现象的观察、记录等，并在专业技术人员的指导下参与各种现代农耕机具的操作和设施环境的调控演习。

（3）观赏、活动区　在现有人工针阔混交林的基础上，扩大森林面积，结合地形的变化，以水杉、杨树、银杏为骨架树种，形成密林，林下配置当地特有植物琼花及其他花灌木，形成良好的风景密林带，形成自然宁静、气候宜人的森林环境。种植观赏性强、经济效益高的经济林木、花卉、农作物和乔木树种，开辟森林体验营地，设置运动游戏设施，以供游客模拟在山野自然环境中进行跑、跳、攀、爬、推、拉、滑、涉等体能训练活动，使游客在营地训练活动中达到健身和挑战自我的目的，吸引城市居民前来观光、休闲、求知、体验乡村生活，以自然风景资源为基础开展自然观光游览。

3. 休闲娱乐区

（1）休闲区　对原有的天然沟壑加以改造，改善景观环境，增设景观设施，设置疏林草坪，设置游步路与游憩设施，如沁心涧、情侣园、小木屋、野外生存体验、森林浴等景观项目。游客可以在此游涉、休憩、乘凉，形成运动观赏相结合的区域——特色农庄：临水设置，与周边环境浑然一体，同时每个农庄内部都设置有休息内庭，还有临水平台，可垂钓或乘游船。山谷上设有眺台，游客可以登台远眺，观赏山谷中风光。游客可以将采摘来的蔬菜、水果带到休闲区，在净果池中洗净后，在木阁中、树阴下品果、休憩、赏景、交流。同时挖掘和利用历史文化典故设计游览项目，营造观光旅游农业园区的文化旅游氛围，创造休闲活动空间。

（2）娱乐区　该区整体环境是将自然景观与人工游乐设施有机结合起来，以动为主，动中有静，寓观光游览于其中。野营、烧烤、射箭等露天娱乐场所及相应的俱乐部活动区都掩映于郁郁葱葱的梅林桂树之间，在规划建设上旨在创造宜人环境的同时，为日后用地的顺利返农和功能转换留有余地。通过"游园化"处理使园区负载起游憩、观赏的新职能，向人们提供一系列天然幽雅、内容丰富而又各具特色的休闲娱乐佳处。

（3）垂钓区　充分利用现有水面，塑造静态景观，营造宁静的垂钓乐趣；并在园区内设立单体、组合钓台供游人垂钓之用。本区主要设置有垂钓区入口广场、垂钓区林荫广场及垂钓区。

4. 管理服务区

服务区位置适宜居中，与各功能区均衡相联，不但为周边的几大功能区提供了建筑布局、环境景观和交通流线上的对位联系，还成为了园区整体空间组织的核心和自然化、生态化景观特征的缩影，是整个园区建筑布局、空间组织和交通流线的中枢。

（1）综合区　管理服务区是园区管理与服务机构开展各种

管理、为游客提供服务的区域，其职能主要是管理园区事务，为游客提供各种旅游服务，保障后勤供给，包括宾馆、商业、市场、餐饮、交通、服务等多元功能，于繁密林间穿插点缀着包括会议中心及餐饮、服务、商业等功能在内的有限设施。游客服务中心需要设售票处、咨询处、医疗室、导游部、保安处等，应设在中心广场旁或园区入口附近。在园内各主要游乐区、主要观光通道旁要设置生态卫生间和垃圾桶，用餐区和人流集中滞留的地方，要设置大型卫生间和大型垃圾桶。依林傍水地加以统筹布置，彼此之间讲求空间的对位呼应和布局的疏密有致，提供不可或缺的服务，以方便游客和保证园内优美整洁的环境。

（2）停车场　现代观光旅游农业园区的机动车停放，主要结合各活动区域的出入口采取集中停放的方式，管理服务区则结合各主要建筑群分设集中式停车场。园内停车场应分设多点，其中位于园区主入口附近的停车场是主停车场，大部分游客来园后均在此汇聚。其次是农产品加工、销售、配送区的停车场，再就是都市农园和学生农庄附近需设小型停车场。停车场建设要尽显生态、自然的特色。在停车场适当位置要设立进出口标志、道路行驶方向及景点标志。

（五）景观系统规划

景观系统规划设计强调对园区土地利用的叠加和综合，通过对物质环境的布局，设想出园区景观空间结构的变化和重要节点的景观意象，与功能区的主题相协调。观光旅游农业的主题是绿色休闲，实质上是生态旅游的一种表现形式，生态旅游还未形成一个国际公认的定义，但普遍的观点有两种，一种观点认为只要是以自然生态系统作为旅游目的地，回归自然、观赏自然就是生态旅游；另一种观点认为生态旅游具有环境保护与经济发展的双重特性，能体现人与自然的和谐。但无论各种定义的差别有多大，它们都有一个共同点，即都是以旅游目的地的生物多样性和文化多样性作为旅游资源，并对其有着强烈的依赖。因此，对观光旅游农业园的景观进行评价和规划，对于一个观光旅游农业项目具有极其重要的作用，将决定其是否具有开发的价值，并影响到开发投资力度、旅游设施建设、旅游线路设计、基础设施建设等各个方面。

　　景观是景区重要的组成部分，是游客获得审美和愉悦的源泉，是观光旅游活动赖以进行的客观基础。景观设计为旅游项目设计提供最恰当的景观改造和最适宜该地点的特色亮点方案。现代观光旅游农业园区着重突出现代农业、观光旅游农业的景观主题，通过运用仿生化、抽象化、夸张化、本土化和人性化等设计方法对建筑、道路、植物配置和园林小品进行景观设计，形成富有特色的景观链。在观光农园区规划中需要运用景观生态设计理念、园林设计理念和文脉分析理念，并将三者有机结合起来。具体讲就是：运用景观生态设计理论进行园区总体空间布局，实现斑块（功能区）、廊道（园区通道）、基质（园区地被）、边缘（功能区边界）的良性和谐；将中国园林的"欲扬先抑"、"隐、漏、露"及主景与配景、借景、层次、前景、点景等思想渗透到园区景观规划中，让游客在其中体验"生境、画境、意境"的精神升华；提炼和挖掘历史文化，在主要观光通道的两边不仅要进行植物的绿化美化设计，同时要进行与主题吻合的文化、艺术的景观设计，通过作物组合配置与指示牌、雕塑、假山、水系、小桥、休闲亭台等景观设施的设置及功能区的建设与布局、道路设计，营造一种文化情调和意境，增强艺术内涵，提高观光休闲的品位。园内的绿化以不影响园内农业运作和园内区域功能需求出发来考虑，结合植物造景、游人活动、全园景观布局等要求进行合理规划。全园内建筑周围平地及山坡（农业种植区域除外）绿化均采用多年生花卉和草坪，主要干道和生态公园等辅助性场所（餐厅、科普馆等）周围绿化则采用观花、观叶树。全园内常绿树占总绿化树木的 70%～80%，落叶树占 20%～

30%，保证园内四季常青。

1. 景观分区规划与营造规划

景观生态学研究方法的应用，通过各项指标描述了农村或农业景观的多样性和丰富程度，在从另一侧面对一定区域是否适宜进行观光旅游农业开发做出判断的同时，更被应用于园区的具体建设中。根据园区建设的功能需要，对园区分区应用景观生态学方法进行判别，寻求在充分保障自然（农业）生态系统安全的前提下提高景观多样性，给游客更佳的视觉享受，并使空间利用尽可能合理。虽然在很多经验性数据上，国内很多专家依然在研究考证，但其中的不少理念在观光旅游农业园区的规划设计中已被应用。

景观设计包括建筑设施、道路水系、农业工程设施、作物（畜禽）生产、绿化环境等景观规划。建筑设施景观规划应既考虑单体造型，又考虑群体的空间组合，包括产业设施和旅游设施景观规划；道路水系景观规划不仅为园区内的各种动植物提供良好的自下而上的环境和迁徙廊道，而且保留了丰富的历史文化痕迹；农业工程设施景观规划在满足农业生产功能的同时，注重艺术处理，使其富有创造性、科技感和观赏性；作物（畜禽）生产景观规划是现代观光旅游农业园区不可缺少的景观规划内容；绿化环境景观规划是总体景观的一个有力的补充和完善，可选择一些乡土树木。

2. 建筑形态的仿生设计

仿生并不是单纯地模仿照抄，它是参考动物、植物的生长以及一切自然生态的规律，结合自身特点的一种创作方法。建筑的仿生设计是从自然界中吸取灵感进行创新，从而与自然生态环境相协调。如特产观赏农园的建筑根据其服务功能，包括游客服务中心、科技展览中心、智能联栋温室、餐厅、生态厕所等，建筑形态以蔬菜、瓜果造型为设计原形，运用现代科技和建筑材料进行仿生设计，创造新颖、时尚、卡通的蔬菜、瓜果建筑风格。比如餐厅的仿生设计可充分体现"极品瓜果"的内涵，放大哈密瓜的外形，模仿其纹理、颜色和质感，对从外观到内部的桌椅、餐具、菜单等进行装饰，将其掩映在乡村景观的大环境中，与周围环境融为一体。园区建筑物要通过限制高度和绿雕等形式融入自然，必须体现出"天人合一"的意境。

3. 植被栽培规划

植物景观是全园景观规划的中心，通过在不同功能区内渲染不同的植物景观特色，丰富游人的游览观赏感觉。竖向地形规划对园区景观也有很大影响，在规划中以现状地形为基础，局部作地形调整，予人以山林重叠之感。人工建筑、设施及园林小品会影响到园区的观赏效果，必须与总体环境协调一致，注意体量小、色调淡、造型简单。

栽培植被规划是农业观光园区内的特色规划。根据中国植被的分类，栽培植被包括草本类型、木本类型和草本木本间作这三大类型。草本类型包括：大田作物和蔬菜作物两大类型；木本类型包括经济林型、果园型的其他人工林型；草本木本间作型包括农、林间作型与农、果间作型。

在典型的观光旅游农业园区植被栽培规划中常见的有：

（1）生态林区　包括珍稀物种生境及其保护区、水土保持和水源涵养林区。

（2）观赏采摘林区　此区域往往是木本栽培植被，一般于主游线、主景点附近，处于游览视域范围内的植物群落，要求植物形态、色彩或质感有特殊视觉效果，其抚育要求主要以满足观赏或采摘为目的。如果范围内有生态敏感区域，还应加强生态成分，避免游客采摘活动，这时则作为观赏生态林。

（3）生产林区　此区域为农业观光园区的内核部分，可分为三大栽培类型中的任一类，是以生产为主，限制或禁止游客入内。一般在规划中，生产林区处在游览视觉阴影区，是地形缓、没有潜在生态问题的区域。

园区的植被栽培规划还需要考虑园区的特色。农业旅游资源地域差异性明显，如同一种农作物对于长期居住于此的人们来说,并不把它作为一种旅游吸引物,但对于外地的、环境差异较大的人们来说,这是一种极好的旅游资源,如果能够突出某一栽培种类并将其深化、扩展,也许能产生一定效果。

4. 园林小品的人性化设计

农业园区的园林小品包括：花架、亭廊、指示牌、垃圾桶、路灯等,它们是景区的重要组成部分,除了发挥自身的功能外,还要体现其装饰性和意象性,力求达到风格与形式的统一。如垃圾箱开口的设计,太高和太低都不便于人们抛掷废物,太大则又会使污物外露,既不雅观又孳生蚊蝇,同时还要考虑其防雨以及便于清理等问题,此外还要使其造型富有情趣化和美观性,可设计成各种蔬菜、瓜果造型,与周围环境相协调,起到画龙点睛的作用,并真实地反映一个景区的人文关怀和人性化服务。

5. 水景系统规划

园区的水景是整个园区灵性的展现,水景的设置要利用原有地形、大沟,再辅以人工挖掘的方法。大小水面结合,大可体现动感、开阔的效果,小可营造出宁静、幽深的氛围。水面的分割与联系主要通过亭、堤、桥等建筑小品来烘托营造。水边植物主要有水杉、水松、垂柳、乌桕等,同时配置荷花、睡莲、黄菖蒲、燕子花、蝴蝶花、野茭白、慈姑等水生植物。在水上设置木栈道,形成水生植物的观赏区。

6. 规划与设计的实施

规划与设计的实施是景观系统规划设计的进一步细化,是对总体方案做的进一步修改和补充,并对重要景观节点进行详细设计,完成园路、广场、水池、树林、灌木丛、花卉、山石、园林小品等景观要素的平面布局图。在完成重要景观节点详细设计的基础上,着手进行施工设计。

(六) 道路系统规划

观光旅游农业园区的园路布局要根据园区地形、地貌、功能区域和风景点的分布，并结合园务管理活动需要，综合考虑，统一规划，使园内景观美好而自然，突出农业与自然相结合的特点。观光旅游农业园园区内的道路设计一般均以满足观光游览的方便而设，道路的布局和路线设计是以观光为主要目标，因此，可以蜿蜒曲折，高低错落，实现功能区和景点的连贯。道路及路边设施应是物化的景观，包括对外交通、入内交通、内部交通等方面。

1. 对外交通

指由其他地区向园区主要入口处集中的外部交通，游客主要通过这条公路来到园区，园区的产品也由这条公路运出，通常包括公路、桥梁的建造和汽车站点的设置。

2. 入内交通

指园区主要入口处向园区的接待中心集中的交通。

3. 内部交通

主要包括车行道、步行道等。道路作为贯穿全园各景点的交通网络，是连接各景观节点的"景观链"，也是流动的风景线。

道路按其性质和功能可分为主干道、次干道、专用道、兼用道、游览车道和交通便道。道路的设计必须遵循游览便捷性、景观丰富性原则。现代观光旅游农业园区应因地制宜，结合原有的道路，以科学、有效、便捷、有序为准则，集合园区人流、车流、物流交通为主次干道，生产、示范区为专用道，观光旅游、休闲娱乐区为兼用道，以及服务、管理区的游览车道和交通便道。园内道路不同于市区道路及一般交通道路，其道路系统规划应从"形"和"质"两方面入手，并依据现状和地形特征，遵循"遇沟架桥，遇坎设阶"的原则设计路网。"形"即总体布局要求合理、美观，具有一定的导游作用，构建"主环路—次级路—散步小路"等园路系统。"质"即道路与广场铺装的材质，应做到自然、简朴、美观，与周围环境和谐统一。园区道路不仅要主次分明，而且还要曲折迂回，疏密合理，让游人可以在沿途体验不同的生境和画境，并能够达到意境的精神升华。

（1）车行道路　道路应按照风景区道路标准建设。环行车道分为外环道路和内环道路，外环道路连接各大功能区域，但并不穿过各大功能区。游览路线采用主路成环、道路系统成网的布局模式，充分展示园区的每个景点，使游人在最少的时间内观赏、参与其最感兴趣的项目。主次干道、专用道采取水泥浇筑，两侧注重植物景观配置，由于人车出行交通频繁密集，道路网的规划密度较高，通过车行为主（不设人行道）的一级道路来缓解园区的主交通量，主要通行对象为外来机动车辆、园区管理车辆、物资配给车辆等。一级主路应贯穿各大功能区，最好是能形成一个循环路线，路面宽一般在 5~6 米。对于面积比较大，预计客流比较多的园区，可以把一级路宽提高到 6~8 米，采用硬化路面，能适合观光车或小型机动车双向行驶。内环道路连接各个景区，但不贯穿各功能亚区，是主要的观光游览道路。兼用道、游览车道和交通便道以流畅的自然曲线为主，通过巧妙地利用地砖或碎石等不同材质的形态、纹样和色彩铺设成形态各异的瓜果图案，形成移步换景的道路景观和意象图案，呈现出曲折迂回的感觉。由于游客流量受季节影响较大且需突出田园特色，道路网的设置明显稀疏，主要通过二级道路来组织内部交通。二级路为每个功能区内部连接各个小主题区而设，路面宽一般为 3~4 米，可以临时单向行驶小型车辆，采用硬化或半硬化路面，主要通行对象为园区内游览电瓶车和游览马车。

（2）人行步道　联系景区内部观光旅游区、休闲娱乐区各景点之间的游览道路为人行步道，根据地貌地势条件、景点特点、游客类型，道路设计为平路、坡路和台阶等类型三级道路来满足区内的游览需求，一般宽度为 1~2 米，个别区域路宽 0.8~1.2 米即可，其功能是为游客提供观光步行的方便。地面可以采用半硬化或铺设园艺地布来实现，如面层形式为石板铺装路面、沙石路面和木栈道，体现自然野趣与乡土气息，为整片功能区的交通输配、静态交通组织和消防需求提供了基本的保障，还与规划设计的定位和功能组织的策划取得了整体上的一致。内部交通道路相对独立又相互联系，因地制宜且拥有不同的道路景观。在规划时不仅要考虑它对景观序列的组织作用，更要考虑其生态功能，比如廊道效应，特别是农田群落系统往往比较脆弱，稳定性不强，在规划时应注意其廊道的分隔、连接功能，考虑其高位与低位的不同。

建立完善的交通视觉传达指示系统，利于停车进入酒馆、酒店、垂钓、桃园、梨园、橘园、荷塘等景点；可利用柏油路、水泥路、泥土路等不同质地的路来导引看点；还可用不同宽窄的路来限制车辆通行，通过道路设计的语言暗示进行导向。

（七）水电及配套设施规划

1. 给排水设施

观光园区的给水和排水设施除了满足农业所需以外，还要满足生活、消防、景观及环境调控的需要。给水要根据各地的水源情况做好用水规划，对于水资源比较紧缺的北方大部分地区，应当考虑生产与生活用水的分离，还要考虑收集天然雨水和废水的净化处理，建立一个合理用水、节约水资源的良好模式。可以考虑在温室及建筑物附近设雨水收集池，把温室和建筑物顶上的雨水汇集起来，用于温室内蔬菜、花卉及景观植物的灌溉。在园区的较低位置规划建设地表水蓄水池（小水库），地表水可用作绿化、果园、大田生产的灌溉用水。生活（餐饮、办公、住宿）和消防用水一般对水质要求很高，必须达到国家饮用水标准，可以采自无污染的优质地下水或引进自来水。给水原则上，根据园区道路、景观、生产、生活设施及消防用水等需要进行布设。园区内的办公、接待、餐饮、住宿、娱乐等建筑设施，要按有关规定设置喷淋系统和消防设施，并保证消防用水。排水应实行雨水和污水分流排放，雨水采用边沟和管道收集后，经格栅过滤排入蓄水池或河道；生活污水则由管道收集汇入园区污水处理站处理，达到国家排放标准后排放，或由管道收集接入市政污水管网处理。园区内所有生产、养殖、生活产生的作物残体、粪便、有机垃圾等全部汇入有机废弃物处理区，作物残体经粉碎后与粪便、垃圾混合进入沼气池发酵或进行有氧发酵制成有机肥，建立资源高效利用的良性循环模式，消除园区的环境污染。

2. 用电设施

用电要根据生产、生活、游乐、景观、照明等综合需要进行规划设计。观光旅游农业园区的用电量比较大，如生活区餐饮、住宿、娱乐环境的用电，温室生产运行的降温、加温设施等的耗电。除此以外，应当留出一定的负荷空间，并按相关用电的规范要求进行用电设施的设计、建设和管理，供电设备上要设立危险警告标志。在北方地区，生活和生产观光温室要考虑冬季加温供暖设施的设置，按照国家有关规定和行业标准进行配置和建设。为了维护观光环境的整洁，可以考虑采用浅层地能（水源热泵技术）进行夏季降温和冬季加温。

3. 水暖电能源设施

农业高新技术的开发和应用对园区的供水、供暖和供电设施要求都较高。因此，园区的供水、供暖和供电设施的完善程度对园区生产加工、科技示范、旅游观光、生态保护都有较强的影响，完善的水暖电能源设施是园区顺利进行农业生产的能源保证。

4. 环境保护设施

观光旅游农业园区总体规划中一般将园区分为环境保护区和水体保护区，根据国家环境质量标准制定园区环境质量控制指标以及相应的环境保护措施。园区内生产运行过程中产生的大量废气、废水、废物，都需进行严格处理和回收。确定垃圾收集方法和消纳措施，布置公共厕所和废物箱。

5. 电讯系统

在园区内接入宽带网和闭路电视系统，各区定点设置磁卡电话亭。传输方式拟采用光缆线路，由各区汇集一处就近接入乡镇邮电所。

6. 工程管线

各类工程管线一般应沿道路敷设，符合各专业规划设计要求。各类地下管线建设应与道路建设同步进行，对不能同步建设的管线应预留位置，其他管线不得占用。

规划区内沿道路设消火栓的位置，间距不得大于120米。道路雨水口间距不得大于20米。

7. 解说系统

解说系统规划设计内容包括软件（导游员、解说员、咨询服务等具有能动性的解说）和硬件（导游图、导游画册、牌示、录像带、幻灯片、语音解说、资料展示栏柜等多种表现形式）两部分，其中牌示是最主要的表达方式。规划中要完善解说系统设计，向旅游者进行科普教育，增加游客对悠久的农耕文化和丰富的自然资源知识（如生态系统、农作物品种、文化景观以及与其相关的人类活动）的了解。

（八）运营策略规划

1. 投资与资金筹措

项目总投资就是各子项目投资之和，包括固定资产和流动资产。

筹措资金时要注意一些问题，如项目开发要注意生态保护，以获得政府的政策和资金支持；要尽可能营造良好的社会环境和宽松的投融资环境，以获得社会上更多资金支持；应综合权衡资金的效益性，资金借入、使用、偿还的期限应与企业的收入进行平衡，以保证既能还本付息，又能扩大再生产，提高企业的经济效益；为减少财务风险，不能盲目扩大借入资金量，而应使借入资金和自有资金保持适当的比例，固定资金和流动资金保持适当的比例，从而使企业始终保持有一定的偿付能力和良好的财务状况等。

2. 效益与风险分析

诸如经济效益、社会效益、生态效益、风险分析等。

经济效益分析包括财务盈利能力分析、贷款清偿能力分析、资产负债分析、不确定性分析等。做经济效益分析时，数据要真实，这是最根本的，虚假数字基础上开展的分析毫无意义；收集的数据要全面，企业的经济效益是多项因素的集合；方法要科学。

园区项目建设的风险一般包括加工原料风险、人员风险、协同风险、市场风险、疫病风险、资金风险、政策风险和关系风险等。要防止各种风险因素的产生，并采取措施应对各种风险。

生态效益是项目建成后是否会带来自然环境破坏、原态生物的减少或灭种、环境的污染等问题。在环境保护方面，《国家环境保护"十一五"科技发展规划》的目标有：以城市集中饮用水水源和农村饮用水安全保障为重点；以区域大气污染物总量控制为基础，研究并阐明重点地区和城市大气污染与成因，提出我国重点地区和城市大气污染控制技术与对策；在查明我国土壤污染现状的基础上，以土壤多介质污染防治为重点，建立控制及修复受污染土壤的技术体系。支持农村环境综合整治技术的开发；提高环境监测信息综合分析能力，建立以提高资源利用效率、降低能耗为中心。以绿色设计为引导的循环经济和清洁生产技术体系，确保主要污染物的排放总量得到有效控制，重点行业污染物排放强度明显降低；制定并完善水、大气、土壤有毒有害和难降解污染物优先控制名录，研究典型有毒有害和难降解污染物迁移转化规律、生物降解性能和处理处置技术；研究保护重要生态功能区生态功能、遏制区域生态恶化趋势的科学和技术问题，开展草原退化、水土流失、矿区生态环境状况评价方法和理论研究；履行生态系统与生物多样性国际公约的科技支撑，履行环境污染与越境转移国际公约的科技支撑，不断完善具有中国特色的环境履约支撑体系等。

（九）综合效益评价

现代观光旅游农业园区规划应以可持续发展理论、综合区划理论和生态学原理为指导，规划创意与时代形势紧密结合，注重引导和示范作用，立足于对本地区传统农业生产模式的改造和发展思路的调整，"跳出农业看农业"，采用生态规划设计方法，在保护自然资源的基础上，合理开发观光旅游资源和发挥农业生产、示范的功能。以发展生态农业为基础；以城郊优美的生态环境和田园风光为依托；以新、奇、特、优农产品展示、高新技术推广、农事活动参与、乡村观光旅游为特色，满足城市郊区农业产业结构的调整和城市居民回归自然、亲近乡村的需求。园区规划要始终贯穿生态的主题，使整个园区形成一个良性循环的农业生态系统。经过科学规划的现代观光旅游农业园区主要是以自然资源的保护和生态农业的设计实现其生态效益；以现代高科技生产技术在无公害、绿色食品生产中的应用实现其经济效益；以高新技术的示范与新产品的展示规划实现其社会效益，做到经济、生态、社会效益三者相统一。这种兼顾生态、经济和社会效益协调发展的现代观光旅游农业园区模式，具有多产业一体化的发展方向，尤其是将第一、第三产业有机结合，从直观上注重对农业科技的示范和推广，同时依托现代农业生产，优化自然资源，合理开发，形成农业与旅游、休闲等相结合的发展模式，为广大农村地区带来新的发展思路，使现有农业发挥多种功能。同时，合理的园区生产模式也为生态农业走上产业化，即实现生产、加工、销售的一体化、规模化、专业化和集约化提供了可能。在探求新形势下农业生产者的发展方向、引导和促进本地区农业产业结构调整进一步深入的形势下，现代观光旅游农业园区将具有广阔的前景。未来现代观光旅游农业的发展应该走特色产业之路、生态农业之路和可持续发展之路。

（十）绘制各类附图

规划文档中，一般要插入一些附图，如区位图、平面图、功能分区图和效果图。附图比较直观，易于读者理解，便于审视各功能设施布置得是否合理；另一方面便于领导部门审查。

1. 区位图

区位图所示为项目所在区域和位置，可以使读者对项目在省、市中的位置一目了然。如内蒙古乌海市海勃湾区高效农业园区区位图（图3-1）。

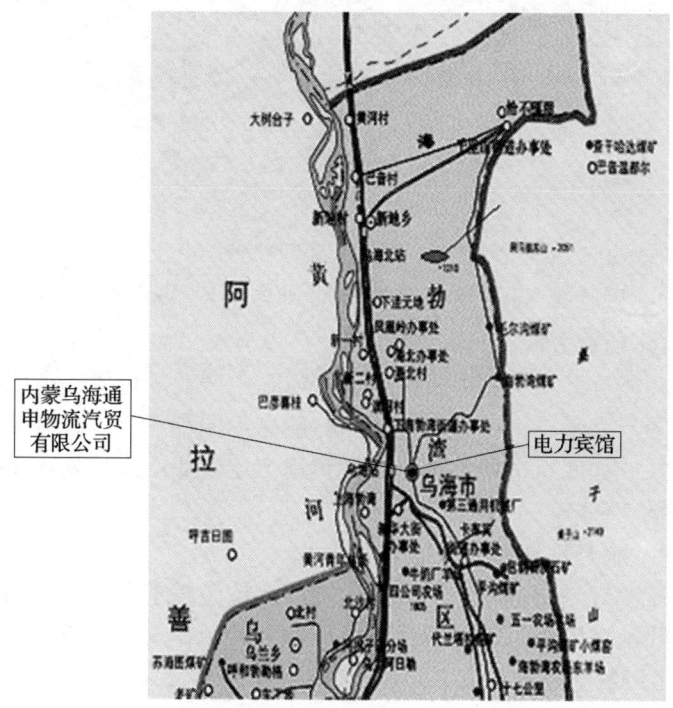

图3-1　内蒙古乌海市海勃湾区高效农业园区区位图

2. 总体平面图

总体平面图用来标明园区内各类用地（道路、河流水域、农田、果园、菜地、居住地、公共建筑用地、农业设施用地等）的范围、位置、形状。它是按比例绘制的，能大概看出各部分所占面积，并分别填充色块，使读者对项目总体布局有一个清楚的概念。如北京市顺义三高科技示范园区中心区总体平面图（图3-2）。

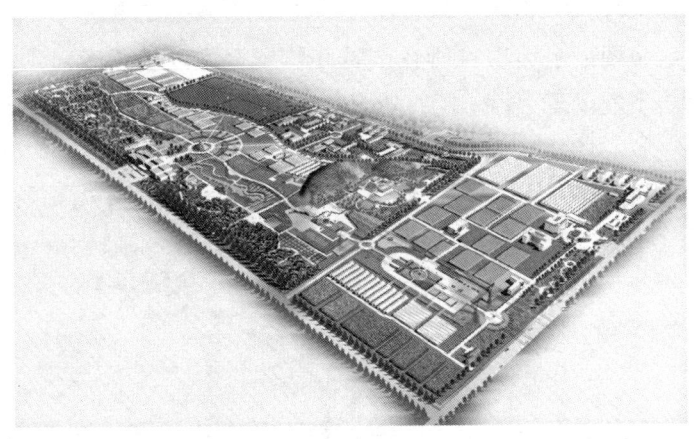

图3-2 北京市顺义三高科技示范园区中心区总体平面图

3. 功能分区图

功能分区图是在项目区域内，将各个产业的位置和占用的面积以图形表示出来。功能分区图一般用不同色彩表示，以提高分辨效果。如北京市通州区马驹桥镇都市型农业产业规划功能分区图（图3-3）。

4. 旅游规划图

旅游规划图包括旅游发展布局图和旅游需求分析图。如北京市通州区潞城镇都市型现代农业产业发展总体规划旅游发展布局图（图3-4）。

5. 绿化景观规划图

绿化景观规划图标明园区范围内的产业、道路、绿化和各类

图3-3 北京市通州区马驹桥镇都市型农业产业规划功能分区图

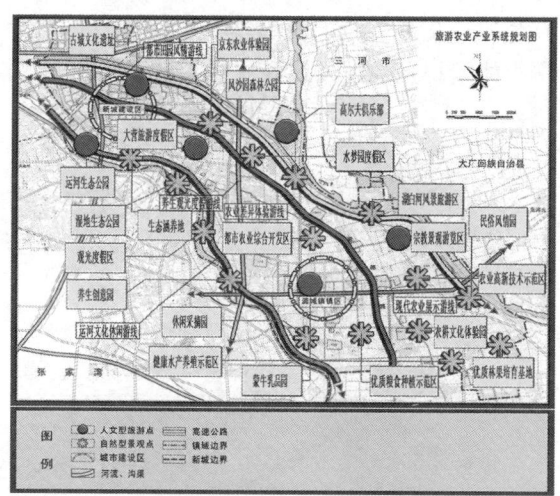

图3-4 北京市通州区潞城镇都市型现代农业产业
发展总体规划旅游发展布局图

设施的位置，并可根据需要完成功能结构、绿化景观等分析图。如北京顺义汇丽鲜花港绿化系统图（图3-5）。

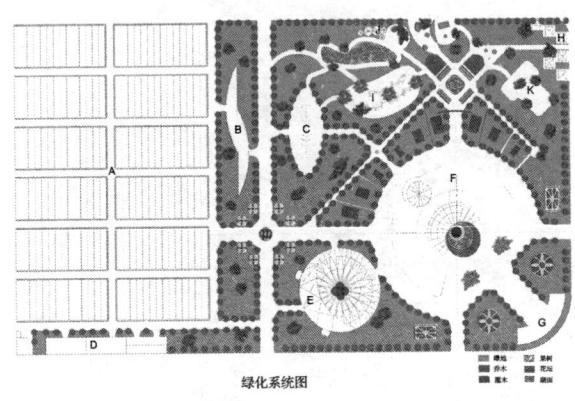

图3-5　北京顺义汇丽鲜花港绿化系统图

6. 道路交通规划图

道路交通规划图表示园区对外交通、入内交通和内部交通道路，使读者对项目交通规划情况有清楚的了解。如河北省廊坊市聚龙现代农业休闲观光园区详细规划道路系统规划图（图3-6）。

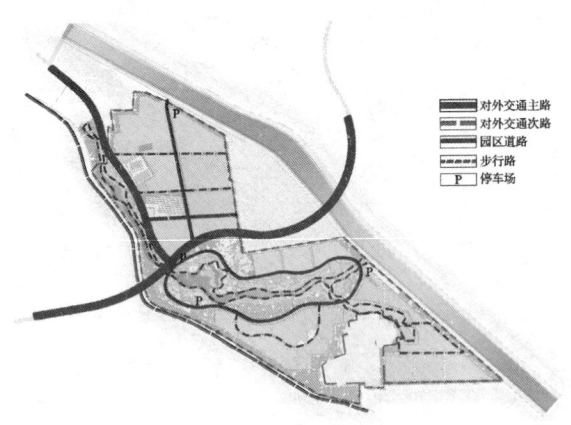

图3-6　河北省廊坊市聚龙现代农业休闲
观光园区详细规划道路系统规划图

7. 效果图

用电脑制作效果图是计算机界热门的行业，效果图作为当今高科技产品，普遍用于园区规划、建筑工程招标过程、校园和工厂展示以及室内外装饰、展台布展、广告等处。

效果图是三维建筑图通过建筑师用电脑加工和处理后，以其直观生动的形象和逼真的三维形态给人强烈的空间感和身临其境的感受。当建筑师将设计方案完成后，最重要的工作就是向业主、主管部门和大众展示他的想法。而以工程图纸和设计方案的形式来表达建筑的各种关系，如建筑的功能与形象、构成空间、整体与细部等内容，一般非专业人员是很难接受的。虽然此时平、立、剖面图能准确反映建筑的基本形式和尺寸，但图纸和方案过于抽象和理性，难以表达出人们对建筑的直觉感受。建筑设计师们使用3D max 和 Photoshop 这样的图形图像设计处理软件制作效果图，是在理解设计方案和图纸的基础上，直接在3D max 建立三维模型，电脑就可以自动生成任意透视角度的透视图，然后使用 Photoshop 等图像处理软件对其进行后期加工，处理完成效果图的制作。效果图强调的是立体、醒目、美观，能从图上一下看到项目未来的壮观景象，直观、明了。如辽宁省鞍山市宁远现代农业精品园效果图（图3-7）。

图3-7 辽宁省鞍山市宁远现代农业精品园效果图

第四章 现代观光旅游农业园区建设与经营管理

第一节 现代观光旅游农业园区的建设与施工

一、现代观光旅游农业园区的选址

作为观光旅游农业园区的投资者，在决定投建园区时，首先考虑的就是园区的选址问题。以下提出选址原则供参考。

（一）现代观光旅游农业园区选址原则

现代观光旅游农业园区的选址应遵循以下四项基本原则：

1. 政策原则

符合项目建设地经济社会发展规划要求，符合城镇总体规划布局，符合当地农业发展政策。

2. 消费原则

园区所在地及周边地区经济发达、居民可支配收入多、旅游消费需求旺盛。

3. 规模原则

园区占地有一定规模，土壤条件好，土地价格便宜。

4. 交通原则

距离城市中心区应在一小时以内车程，周围的交通条件应当良好。

（二）现代观光旅游农业园区选址要求

在初步确立选址意向后，还应详细考察园区建设地的区位条件、自然条件、科技与文化基础、农业政策及旅游产业发展情况等，在对各项详细考察的基础上分析项目建设的优势和劣势，分析项目的可行性，进而确定选址位置和规划设施方案。

1. 区位条件

园区的区位条件是影响农业观光旅游园区建设成功与否的首要因素。从旅游区位理论可以看出决定观光旅游农业园区的区位要求主要有客源市场和交通两方面。没有客源就没有效益，客源市场及潜在客源市场的规模、类型是观光旅游农业园区能否建设和发展的首要因素，也是确定旅游项目的依据。客源市场包括人口密度、人均收入、消费水平、闲暇时间、出游形式、旅游偏好等。游客的出游在很大程度上取决于目的地的交通条件，交通条件的好坏往往与游客的多寡存在一定正相关的关系。

此外，与市区距离的远近还直接关系到城市基础设施，如水、电、能源、交通、通讯等的配套，直接影响到园区开发建设的难度和初期基础设施投资额度，因此区位条件关系到园区建设的初期投资和后继发展问题，是园区选址考虑的首要条件。

2. 自然环境要求

自然环境是建设观光旅游农业园区必须考虑的重要因素。良好的自然环境是发展农业旅游的必备条件，也是增强旅游资源吸引力的基础条件。园区选址的自然条件主要考察植被状况、气候状况、水文水质状况、空气质量以及地形地貌类型5个方面。自然条件还关系到园区的功能布局、工程投资大小等，关系到规划用地开发利用的适用性和经济性。一般来说，具备丘陵和平原相间的地貌和温暖湿润的气候等条件、地下水充沛、地表水丰富、水质优良、土壤肥沃、植被丰富的地区对观光旅游农业园区的开发建设有利。

3. 农业基础条件

项目所在区域主要农副产品生产和供应的种类、数量和保障程度对观光旅游农业园区的开发有较大的影响。总的来说，农业的种类、产量和商品率越多,可开发的农业旅游产品越多,园区建设和发展的后劲就越足。只有对项目所依托地区的农业基础条件进行仔细地分析和研究,才能确定农业旅游开发的主要方向。

4. 科技和文化基础

观光旅游农业园区旅游产品只有不断推新出奇才能具有吸引力,才能留住更多的游客,农业旅游产品的开发离不开科技和文化两大因素。依靠现代农业科技手段才能不断推出新、奇、特的旅游产品,依靠文化基础才能不断挖掘旅游产品的文化内涵,提升产品的文化品位。因此,在对一个观光旅游农业园区进行选址时,还应考察当地的农业科技基础和民俗文化等,以规划、设计出更高层次文化底蕴的农业旅游产品。农村的生活习俗、农事节气、民居村寨、民族歌舞、神话传说、庙会集市以及茶艺、竹艺、绘画、雕刻、蚕桑史话等都是农村旅游活动的重要组成部分。

5. 旅游产业发展情况

观光旅游农业的开发与本地区内旅游发展的情况密切相关。有良好旅游发展条件的地区,其旅游业必将带来大量的游客,从而带动观光旅游农业向可持续方向发展,实现创收。

6. 地方政策和发展规划

现代观光旅游农业园区的发展壮大离不开地方政策和地方政府的支持,即使有再好的立地条件和区位优势,但若与地方发展规划相悖,项目的建设同样不具备可行性。因此在对观光旅游农业园区进行选址建设时,必须详细了解当地农业发展政策和规划,争取当地政府的资金和政策扶持。农业园区选址要有长远发展眼光,避免与工业园区及城镇建设用地发生矛盾。

二、现代观光旅游农业园区的建设施工

现代观光旅游农业园区要满足游客吃、住、玩、游、乐、购

等一系列旅游活动，而这一系列旅游活动的开展是以农业为基础的，所以现代观光旅游农业园区的开发建设既要满足游客的旅游需求，又要满足农业园区的生产、示范等功能要求。在旅游设施建设标准上要具备《旅游区（点）质量等级的划分评定》国家标准中2A级以上（含2A级）旅游接待设施标准要求，年接待能力达到1万人以上，具备鲜明的农业特色。观光旅游农业园区的特殊属性还要求在建设施工中重点考虑环境和季节对园林施工和农作物栽培的影响。在农业生产设施上要符合农业产业化、工厂化发展要求，使之能产生良好的经济效益、社会效益和生态效益。

现代观光旅游农业园区的建设施工队伍应选择具有农业工程和园林工程咨询与设计资质的施工单位，他们具有相关工程建设经验，有良好的信誉度。

（一）建设施工程序

现代观光旅游农业园区建设施工程序如图4-1所示。

（二）注意事项

现代观光旅游农业园区的建设施工中要注意以下几点：

1. 项目的审批和报建

项目的审批是指项目立项后持项目可行性报告、计划任务书等报主管局论证审核，送发展改革委员会或建设委员会审批，经批准后纳入正式的年度建设计划。工程建设项目报建表示项目前期工作结束，施工准备阶段开始，但是一般情况下要提前3~5个月申报。现代观光旅游农业园区的建设除了要得到旅游部门、农业部门、规划部门的审批外，土地占用、地下通讯管道、环境问题等还需要相应的部门批示，工程施工许可证、树木采伐许可证、供水用电申请、环境影响评价报告书及委托文件等均需逐项办理。

2. 农业观光旅游项目建设施工的招、投标

施工招标可采用公开招标、邀请招标和议标的方式，根据我国《工程建设施工招标投标管理办法》，工程项目招标要具备以下几个条件：

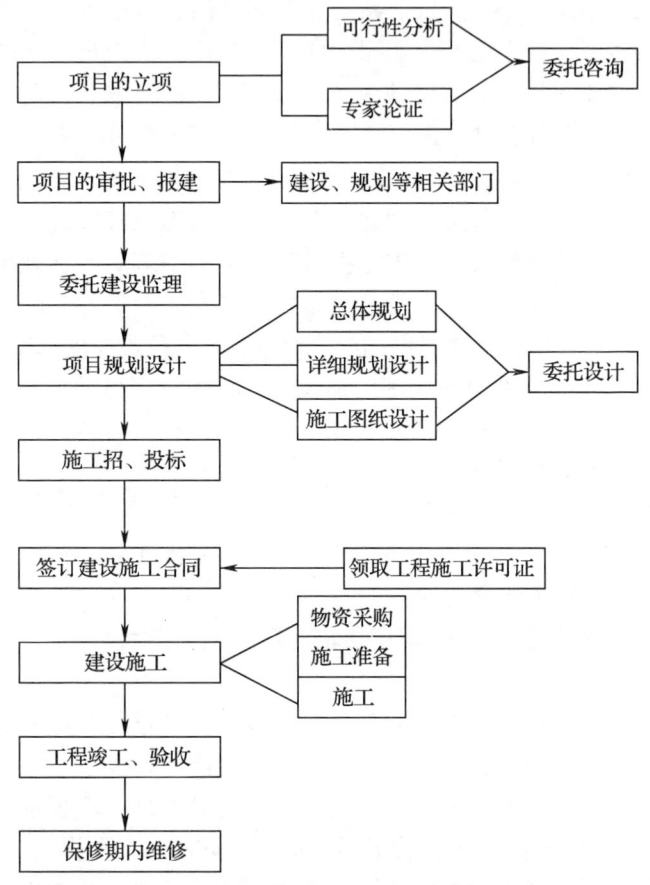

图 4-1 现代观光旅游农业园区建设施工程序图

① 建设项目已通过审批。

② 施工现场征地工作"四通一平"(水通、路通、电力通、电信通、平整场地)已经完成。

③ 所有设计资料已落实并经批准。

④ 建设资金等已经落实。

⑤ 有政府有关部门对工程项目招标的批文。

建设工程招投标过程如图4-2所示。

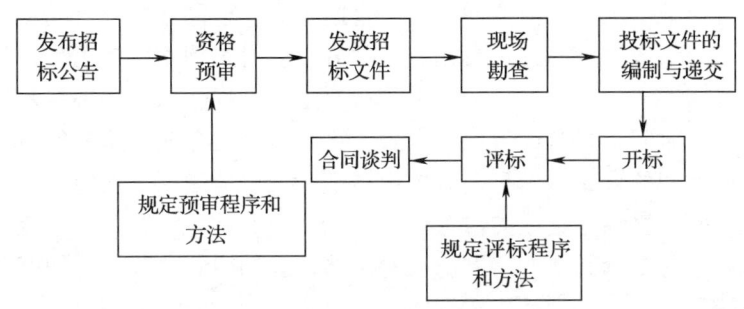

图4-2 建设工程招投标过程图

业主对参与投标的承包商的筛选主要有两条途径：一是资格预审；二是标书评价。资格预审主要考虑投标人的施工经验及过去实施类似工程的业绩，通过承包商的人员、设备及施工设施的能力以及承包商的财务状况等来确定承包商是否有资格承包工程。评标普遍采用积分评分法，主要考虑的因素和标准包括投标报价（总价）、质量保证措施、工期、企业资信状况等。

3. 施工合同的签订

工程施工承包合同是工程建设单位（发包方）和施工单位（承包方）根据国家基本建设的有关规定，为完成特定的工程项目而明确相互间权利和义务关系的协议。施工单位承诺按时、按质、按量为建设单位施工；建设单位则按规定提供技术文件，组织竣工验收并支付工程款。合同一经签订，即具有法律约束力。

由于现代观光旅游农业项目建设从施工设计到一般建筑施工、园林景观施工、现代农业设施施工等工程，程序复杂，必须有严密的施工合同作为保证，因此施工合同要合法、完善、详尽、准确。根据我国《招标投标法》，发包人和承包人必须在中标通知书发出之日起30日内签订施工合同。合同的签订必须本着公平、诚信、平等自愿、协商一致的原则，严格执行《建设施工合同（示范文本）》，同时合同中除了规定权利和义务外，还必须明确违约责任。

标准施工合同由合同标题、合同序文、合同正文、合同结尾四部分组成。合同的正文是重点部分，要对工程概况、工程承包的范围、建设工期、工程质量等级要求、工程造价、各种技术资料交付时间、材料设备供应方式、工程款支付方式、质量保修期及相互间的合作事项等内容做出详细、准确的说明。发包人与承包人都要对双方达成的协议进行仔细研究，认真审查每一个合同条款，寻找合同中的漏洞，改善某些条款的内容，确保合同顺利实施。

4. 建设施工

施工单位应严格按照施工图、工程合同及工程质量要求编制施工组织设计，制定质量、安全、技术、文明施工的各项保证措施，做好施工准备，搞好施工现场管理，确保工程质量、施工安全。

在施工过程中搞好质量控制、成本控制、进度控制、安全控制"四大控制"，对高质量、高标准、高效益地搞好工程建筑具有重要意义。

(1) 质量控制 施工过程中要严格按照图纸施工、按照合同施工、按照规范施工，严把质量关，减少返工浪费；严把建筑材料质量关，严格执行材料验收制度，抓好关键部位的施工质量。

(2) 成本控制 在项目成本的形成过程中，对所消耗的物力资源、人力资源和费用开支进行指导、监督、调节和限制，把各项生产费用控制在计划成本范围内，保证成本目标的实现。项目经理是项目成本控制的第一责任人，应及时掌握和分析盈亏状况，并迅速采取有效措施。为达到成本控制的目的，选择正确的施工方案是关键，在施工过程中要采取各种降低成本、提高工效的新工艺、新技术、新材料。

(3) 进度控制 为了确保工期目标，必须实行分段控制，根据总进度制定月计划、旬计划（周计划），用周计划保证月计划，用月计划保证年度总计划，实施动态控制。在项目实施过程中要根据情况的变化及时地对进度计划进行修正和调整。

（4）安全控制　建立工程安全责任制，确保安全设施投资到位，安全员落实到位，安全教育培训到位。施工现场工作区和生活区要分开，搞好工地现场材料的摆放，确保道路通畅，警示牌位置醒目。

5. 工程的验收与保修

施工阶段结束后，建设单位应尽快召集有关单位和质检部门，根据设计要求和施工技术验收规范进行竣工验收，同时办理竣工交工手续。

工程建设项目保修期是指从竣工验收交付之日起，对出现的质量缺陷承担保修和赔偿责任的年限。根据《建设工程质量管理办法》，在正常使用条件下，基础设施工程、房屋建筑的地基基础工程和主体结构工程为设计文件规定的该工程的合理使用年限；屋面防水工程、有防水要求的卫生间、房间和外墙面的防渗漏，保修期为5年；供热与供冷系统，保修期为2个采暖期、供冷期；电气管线、给排水管道、设备安装和装修工程，保修期为2年。

第二节　现代观光旅游农业园区的管理体制与组织机构建设

一、现代观光旅游农业园区的管理体制

观光旅游农业的管理是一项综合的系统工程，其根本保障在于建立起一套科学规范的管理体系，在政府部门、农业旅游园区经营者、游客和当地农民之间形成一个协调统一的整体，以处理好旅游资源开发、保护与经济发展之间的关系。园区管理体制没有统一的模式，也没有一成不变的模式，不同国家和地区因经济体制、社会文化传统和经济发展水平的不同而采用不同的管理体制。美国、欧洲等国家的观光旅游农业园区多是在政府或某种组织的管理体制下产生和运行的，主要有政府机构管理、民间组织（如基金、协会）管理、专门公司管理、大学管理以及政府、大学、企业的联合机构管理（即官、产、学共管）等形式。我国的观光旅游农业园区是在20世纪后期逐步发展起来的，其管理体制和管理模式多是参考国内外旅游景区的管理体制，不断加以改进，其体制建设还在不断的摸索和完善中。

我国观光旅游农业园区的管理体制受到现行行政管理体制、土地政策、金融政策、社会经济发展水平等多重因素的影响，但对园区管理体制影响最大的还是投资主体。投资主体决定着园区经营受益群体的范围和利益，决定着园区的经济目标和利益目标，因而不同的建园模式采用不同的管理体制。从各地情况看，目前我国各类观光旅游农业园区的管理体制可归纳为如下三种：政府管理、企业运作体制；公司管理、公司运作体制；政府管理、政府运作体制。

（一）政府管理、企业运作体制

园区由国家、地方政府提供政策，并投资建设基础设施，企业法人通过政府招商引资以合作、承包、租赁、拍卖等形式参与园区的生产和经营管理活动，生产经营活动实行自主经营，自负盈亏。政府成立专门的机构负责园区统一规划、项目协调，为企业提供服务。

安徽省合肥市包河区财政局委托中国农业大学农业规划科学研究所规划的安徽滨湖现代农业综合开发示范区即为这种体制的一例。示范区位于安徽省合肥市包河区烟墩镇牛角大圩，园区总占地面积约999公顷，东西长约6公里，南北跨度约4公里，土地利用率较高，其中耕地面积约9.2平方公里，分为水田和旱地，人均耕地面积947平方米，其余主要为水面、农村宅基地、农田水利和农村道路用地。巢湖紧邻示范区,示范区南部的派河未来通航能力将达到货运 1 000 吨,也将成为示范区河运交通方式之一。

园区的主题形象是生态洲岛、水上田园,既可依托场地现状沟壑、良田展现农耕文化的现代性和湿地景观的独特性,又能强化水景营造与生态治理相结合的规划理念,使之在充满田园情怀的同时,别具时尚气息。同时,该形象定位更可展现示范区"水中有岛,岛上有田,田间有园,园内有情"的复合型景观格局,并在此基础上从更深层次调动旅游者对时尚生活与理想环境的无尽向往,从而给公众留下美好而深刻的印象,展现出示范区"水系为魂,文化为魄,生态为体,田园为衣,风情为魅,时尚为媒"的多元旅游形象。所以,这个园区将作为合肥城区的农业公园,其核心作用是农业观光旅游。

该示范区是由政府出资规划、建设基础设施、招标引资,由企业建设、运作园区内各产业。采用政企分开、权责分明,以民主协商制度为纽带将政府的行政管理制度与企业的现代管理制度进行有机结合的组织管理体制,这一体制能够解决单凭政府或企业无法创造出科学的园区组织管理模式和有效的园区运作机制的问题。

另外,陕西省杨凌农业高新技术产业示范区、中国农业大学水利与土木工程学院和中国农业大学农业规划科学研究所规划的北京顺义三高农业科技园区,也属于这种管理体制。它们具有较强的科研能力和较好的基础设施,农业生产设施比较完善,但农业观光旅游仅作为园区的一个辅助功能加以发挥,开放部分园区供游客参观游览,旅游产品主要以农业高新技术和产品展示为主。

政府管理体制下的农业园区可以很好的整合各类资源,有效地保护自然环境,科技依托实力强,可以不断推出新、奇、特的旅游产品吸引游客。不足之处在于管理机制不够灵活,管理效率不高,部分园区管理过于行政化,不能很好地解决科研、生产活动和旅游活动之间的矛盾,农业观光旅游功能发挥不充分。

(二) 公司管理、公司运作体制

中国农业大学农业规划科学研究所规划的无锡唯琼生态休闲农庄属于这种体制。该园区位于江苏省无锡市滨湖区胡埭镇太湖丘陵山区,东邻龙山余脉,北接阳山水蜜桃基地,南眺马山国家太湖旅游度假风景区,西靠锡宜高速公路陆区、胡埭入口处。规划区域面积为308.42公顷。园区有现代都市生态农庄休闲区、现代农业商务旅游度假区、现代山前立体化林农区、现代农业科技创新推广服务中心区、现代高效农业展示与中试区、现代农产品加工和物流配送区等6个功能区。

这个园区由无锡唯琼生态农业集团有限公司投资、建设、管理、运作。这一体制的显著特征是建立现代企业管理制度,按照市场运作方式经营,实行产权股份化,使土地、资本、技术、信息得到了优势组合。几个经济实体共同投资对园区进行开发和建设,并成立股份制公司或有限责任公司对园区进行规划、经营和日常管理。园区将农业观光旅游作为主导产业之一来发展,通过滚动发展不断完善旅游服务设施和旅游产品,做强做大农业旅游产业,形成了品牌优势,从而进一步带动园区多种农业产业的发展,逐步形成集团化经营模式,如北京锦绣大地观光园、蟹岛度假村、北戴河集发生态观光园等园区的管理均是采用这一体制。各股东按股权比例控股,控股资本决定企业性质,如北京锦绣大地农业股份有限公司是一家国有资产占73%的股份制企业,公司成立股东大会对园区的发展进行决策,经理和各部门负责园区的日常经营和管理工作。在这一管理体制下,园区旅游管理规范、效率高、服务水平高,旅游产品丰富。随着土地流转政策的不断完善,这种以市场为导向的现代企业管理制度将成为现代观光旅游农业园区管理体制改革的主要方向。

（三）政府管理、政府运作体制

政府政策扶持、出资、建设并成立专门公司进行经营运作，这种体制实际上政企没有完全分开。

中国农业大学农业规划科学研究所负责规划的天津杨柳青果蔬博览园属于这类体制。杨柳青镇位于天津市西青区西北部，是天津市最大的卫星城镇。园区主体分为果蔬风情区、科研引智区、红楼蔬菜园、生产加工区、中心展示区、室外展示区以及休闲体验区。每个园区既独具特色、各自成趣，又相互依赖、相辅相成，使整个博览园具备了主题公园的鲜明特征。

天津杨柳青果蔬博览园投资主体为天津市西青区杨柳青镇人民政府，并投资注册天津杨柳青古镇农业科技发展有限公司具体负责该园区的建设及运营管理。

另一实例是中国农业大学农业规划科学研究所负责规划的无锡市滨湖区荣巷街道龙山生态农业山庄，由滨湖区和荣巷街道投资兴建和运作。

该项目区地处龙山山脉南麓，紧接龙山社区，周围居住大量居民，土壤肥沃，植被茂盛，但由于其复杂的山地地形，存在土地利用率低、资源浪费严重和粗放经营的问题。整个项目区的开发利用程度较低，植物生长杂乱无章，呈原始态分布，且大部分面积为原来市区的垃圾填埋场，部分垃圾还裸露地表，生态破坏较为严重，污染状况有待改善。在农业方面，现仅种有少量杨梅和栗子，但没有经过规范化种植和栽培，生产效益较低。

荣巷街道龙山生态农业山庄规划用地总面积约为25.31公顷，为了给周围居民营造一个良好的田园景观和生态景观，通过大面积露天种植茶果、蔬菜、林木，为居民提供休闲观光的场所。

当前我国观光旅游农业园区管理体制中存在的主要问题是园区管理体制不健全，尚未形成成熟、完善的"产权清晰、权责明确、政企分开、管理科学"的现代企业管理机制。突出表现在园区经营受到过多的行政干涉，缺乏应有的活力，投资主体和收益地位不明晰，责、权、利关系不明确，缺乏市场竞争能力，尤其是一些由地方政府投资经营的旅游项目，缺乏严格的市场调研，对客流量和游客消费能力估计不足，导致项目建成后园区游客稀少，效益低下，造成了大量设施和资产闲置浪费的现象。其次是管理不科学，内部各项管理制度不能严格落实，责、权、利关系不明确，员工缺乏积极性。另外，还存在用人制度不完善的问题，民营资本进入农业旅游产业后多数采用家族式管理，任人唯亲的现象普遍存在，无管理经验和才能的人居于管理部门，造成内部管理的混乱。现代观光旅游农业园区管理体制建设的当务之急是进行体制改革，遵循"自主经营、自负盈亏、自我约束、自我发展"的原则，逐步建立和完善现代企业制度，不断完善市场导向机制和旅游服务创新机制。

二、现代观光旅游农业园区的组织机构

组织机构是描述组织的框架体系，是对组织内部进行的分工、安排任务，在纵向上形成有若干层次的隶属关系，横向上同层次部门之间形成协作关系。企业能否实现预期目标和组织效能，在很大程度上取决于组织结构的完善程度。

（一）组织机构设置的依据

1. 投资结构

投资结构是园区经济性质和产权关系的本质体现，它常常决定着园区组织管理的模式和组织机构的形式。投资结构不同，反映投资主体意识和要求的高层管理人员的结构也必然不同，这必然决定和影响园区组织机构设置及其管理工作，所以，投资结构是园区组织机构设置的主要依据之一。

2. 园区规模

园区规模是由园区的占地面积、种植和养殖规模、科技水

平、客流量、服务内容、旅游产品种类和同一时段的接待能力等多种因素决定的。旅游园区的规模直接影响园区组织管理的层次多少、管理幅度、机构大小和部门设置、用人数量等各个方面，是园区组织机构设置的又一重要依据。

3. 园区定位

观光旅游农业园区的定位也关系着组织规模。园区档次越高，旅游产品和服务质量就越高，生活设施和设备就越豪华，对经营管理的要求就越细致，用人也就相对越多，这必然加大园区组织机构规模，所以，一家一户的"农家乐"与大型休闲农庄组织机构的形式、岗位设置是不可同日而语的。

（二）园区组织机构设置的原则

现代观光旅游农业园区无论其投资结构如何，要做强做大，实现规模化、品牌化、产业化发展，就必须建立一套现代企业管理制度，唯有如此才能适应市场化的要求。现代观光旅游农业园区组织机构设置的原则主要包括以下几点：

1. 分工明确原则

法国古典管理理论学家亨利·法约尔（Henri Fayol）认为劳动分工属于自然规律。劳动分工既适用于技术工作，也适用于管理工作。在农业旅游园区管理中分工显得格外重要，农业旅游园区经营活动涉及农业生产、产品销售、餐饮、酒店等各个行业，需要对各个部门进行明确的分工，各项工作落实到具体岗位、具体人员，使人人有事做。组织机构设置的前提是因事设职，因职用人。

2. 权利与责任对等原则

在组织机构设置中不仅要分工明确，而且要规定相应的职权。如果没有相应的权利，则可能使其职责无法履行，任务无法完成。但职责与权利一定要对称，如果权利大于职责可能造成权利的滥用，危害组织系统的运行。

3. 效益第一原则

园区各项旅游活动的开展是为了实现园区利益的最大化,园区的组织形式要以能产生最佳效益为原则。在组织管理上,首先要根据跨度原则和实际需要确定园区的组织层次;其次要按需设岗;最后要精兵简政、精简人员。

4. 利益一致原则

在设置园区组织机构的时候,必须将组织机构成员的利益同园区经营管理的好坏紧密地结合起来,尤其要注意将领导人的利益与园区效益联系起来,这样能更好地调动管理者和员工的积极性。

5. 团结协作原则

管理目标的实现要靠全体员工的团结一致和万众一心。如果出现各自为政、拉帮结派等现象,将会导致政令不畅、组织机构瓦解、甚至倒闭的严重后果。因此,组织机构的设置应充分考虑领导成员的领导能力和组织成员间的人际关系,要把园区中各部分、各种资源拧成一股力量指向目标,成为一种和谐的推动力,减少摩擦力,消除反作用力和其他方向的力。组织机构能真正团结一致,做到长治久安,一方面要加强文化的建设;另一方面要有制度保证,以制度形式界定破坏团结的言论行为,并有相关的处罚手段。

(三) 现代观光旅游农业园区的组织机构

组织机构设置要解决好三个问题:第一是管理层次划分,组织设计要自下而上的进行,管理层次的划分是在组织目标逐级分解的基础上,确定组织内从事具体工作所需的层次数及其对应的职务类别、责任、权限和应具备的条件;第二是管理部门的划分,根据各层次职务所从事的工作内容的性质以及各职务之间的相互关系,按照"分工合理、职责明确"的原则,将各个职务组成部门;第三是组织机构的整合,根据人力资源的数量和质量状况对职务设计和部门划分进行调整,对各管理层次、管理机构之间的职责、权限、义务关系进行再一次权衡，使组织内部形成一个严密的网络，形成合力。

农业观光旅游园区组织机构的设置是为了满足园区管理需要，提高园区管理效率和经营效益，因此不同的管理体制决定了不同的组织形式。下面列举两种不同管理模式下的职能型组织机构。

1. 公司制组织机构

这一组织结构决策权属于股东大会（股东会）以及由股东大会选出的董事会，董事会选出董事长，聘用经理人管理园区的日常工作；总经理负责园区全面工作，对董事长和董事会负责，副总经理若干名，根据分工管理各部门工作；监事会对经营活动进行监管。公司制组织机构如图4-3所示。

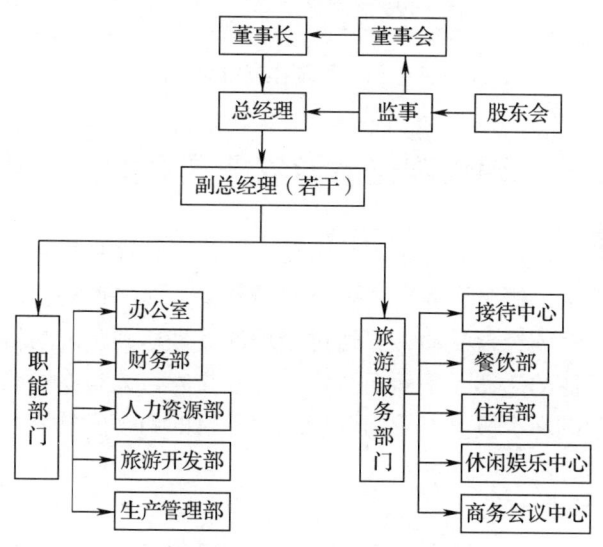

图4-3 公司制组织机构图

2. 政府管理体制组织机构

政府管理体制组织机构如图4-4所示。

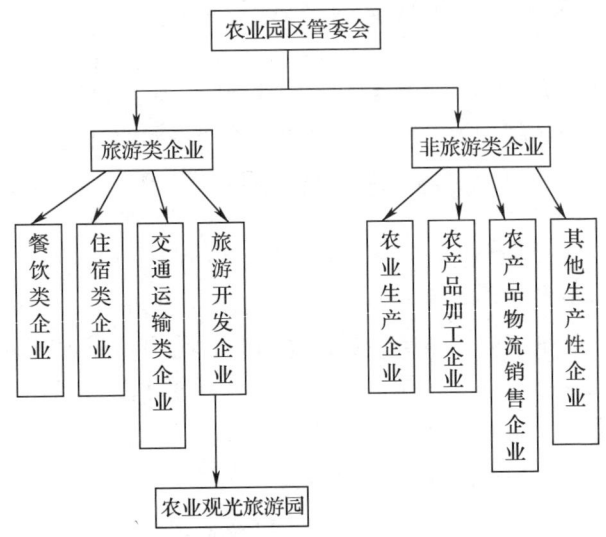

图 4-4　政府管理体制组织机构图

第三节　现代观光旅游农业园区的经营管理

经营管理是企业最基本的活动。经营与管理是相互区别又相互联系的两个概念，经营主要是面向社会、面向市场，确定方向性、目标性的经营活动，要通过合理的管理达到预定的目标；管理是执行性的活动，是面向企业内部人与人、人与物的联系，是经营的基础和手段。经营与管理之间是目的和手段的关系，二者是密不可分的。

一、观光旅游农业园区经营管理中存在的问题

（一）宏观管理方面
1. 缺乏统一的行政管理机构

农业旅游资源的涵盖面比较广，在我国现行的管理体制下分别隶属于农业、林业、水利等多个部门。对农业资源进行旅游开发后，多个部门都能插手管理，因而就产生多头管理、条块分割、职能交叉、管理重复等诸多问题。同时，由于缺乏专门的农业旅游行政管理机构，旅游管理力度不够，当遇到问题时部门之间存在推诿现象，又造成管理"真空"。由于管理的缺失导致有些农业旅游景点尚处在一种自生自灭状态。不少"农家乐"没有办理工商、税务、卫生、环保和治安等有关经营手续，一些小规模旅游点内的餐饮、娱乐等设施缺乏统一的服务标准和收费标准，存在着"蒙客、宰客"现象，服务质量良莠不齐，其卫生条件很难得到保证。

2. 缺乏健全的法律法规和行业规范

尽管国家农业旅游示范点评选活动进一步推进了观光旅游农业的发展，但目前无论是国务院还是地方政府都尚未制定、颁布农业观光旅游发展的规范性文件。相关规划审批、登记管理、市场监管、标准体系等重要的制度体系尚未建立，因项目雷同、资源争夺造成的恶性竞争等市场营销行为得不到应有的制约，宰客、欺客的现象也时有发生。

3. 缺乏资源整合机制

观光旅游农业发展的主要方向是园区化、规模化，但是目前"小、散、弱、差"是我国观光旅游农业园区的典型特征。分散经营、各自为政的特点严重制约了观光旅游农业开发的广度和深度。对于各种基础设施、服务设施建设和旅游项目的开发以及整体营销宣传等公益活动，大多数农户认识不足，无法达成共识。由于缺乏有效的资源整合机制，产业集群效应和旅游品牌建设更无从谈起。

4. 欠缺资源和环境保护机制，执法力度不够

目前对农业旅游景点的监管基本上采用行政强制手段，执法渠道不畅、执法手段不严，使环境和资源遭到破坏的现象时有发

生,一些地区甚至出现了"旅游开发到哪里,环境破坏到哪里"的局面。

(二) 内部经营管理中存在的问题

1. 旅游产品开发缺乏整体观念

我国农业观光旅游普遍处于粗放式经营的发展阶段,缺乏对农业旅游产品进行全方位的深层次开发。农业旅游产品纵向开发深度不够,缺乏具有吸引力的旅游产品。大多数农业观光旅游园区过分依赖时令和特色产品,农产品上市时游客如织,农产品下市时清冷无人。旅游产品还仅限于吃农家饭、干农家活、垂钓、果实采摘等简单的旅游项目,没有很好开发农耕文化、农业产品文化、当地风土民情及农业装饰品等项目。同时,旅游产品与当地民俗文化的结合不够紧密,在提高活动的娱乐性、参与性等方面做得还不够,影响了产品的吸引力和游客的重游率。由于旅游产品常年不变,没有创意也没有特色,小区域范围内旅游产品的同质现象严重,小而散,没有形成规模效应。众多的农业观光园一日游变成了一次游。农业旅游产品横向开发的广度亦不够,多数农业观光园的收益还以门票收入为主,旅游所带来的综合效应体现不出来。旅游开发和农产品销售还没有形成一套完整的体系,旅游配套产业的发展也很不完善,产业链条较短,发挥不了品牌效应,实现不了产业化发展模式。

2. 经营粗放,普遍缺乏循环经济思想

许多旅游开发者和经营者只注重农业观光旅游所带来的短期经济效益。一般的农民在自家现有条件下,稍加改善后就开门迎客,开展农业观光旅游。由于农业观光旅游投入不高,市场可进入性强等特点,使得农业观光旅游的发展呈现盲目性、自发性、缺乏政府有效的宏观引导等特点,从而导致农业观光旅游的粗放式、掠夺式发展,违背了循环经济"减量化"的原则,造成了严重的资源浪费和观光旅游质量的下降。

3. 管理和服务水平低

没有高质量的服务就没有长久的市场。目前很多农业观光旅游园区服务意识淡薄，服务不专业，主要表现在整个园区没有形成一套完整的旅游服务体系和管理制度。尤其是一些"农家乐"，缺乏资金和管理经验，服务设施不齐全，从业人员知识层次低，管理和服务难以满足消费者对规范化、标准化服务的需求，甚至缺少最起码的服务和礼仪常识。有些观光园不但没有停车场和游客接待中心，游客中午无处就餐，甚至没有设置公共厕所等设施，导致游客意见很大。

4. 宣传环节薄弱

目前，农业观光旅游声势浩大地在主流媒体上的广告投放相当少，以农业观光旅游为主角的品牌化、系统化宣传尚处于空白，更多的是依附于景区宣传，成为风景名胜区的补充。

二、现代观光旅游农业园区经营策略

（一）经营目标

经营目标反映园区的自我定位和发展方向，分为近期目标和长期目标。近期目标的确定是根据某一段时间内园区的发展情况而定的，具有很大的随机性和灵活性，但近期目标的设定是为了长期目标的实现；长期目标的确定要根据旅游产业的变化、发展趋势和园区自身能力等分析园区发展面临的机遇和挑战、优势和劣势，分析园区迎接挑战、弥补差距的能力，从而确定企业长期发展目标。理想的目标组合应确保优势与机遇相匹配，能够克服劣势和弱点，保证园区稳定发展。观光旅游农业园区的经营目标之一就是要强化农产品作为旅游吸引物的吸引力，充分挖掘农产品的旅游附加值，推动旅游产业、文化创意产业、农业产业的"三业互动"全面发展。在园区旅游产品和服务水平上将朝着规模化、标准化、生态化、品牌化的方向发展。随着休闲、度假、参与、体验等娱乐性较强的旅游活动越来越受到人们的欢迎，餐饮、娱乐将成为农业旅游园区发展的支柱产业。

(二) 经营理念

所谓经营理念，是管理者追求企业绩效的根据，是顾客、竞争者以及职工价值观与正确经营行为的确认，以及在此基础上形成的企业基本设想与科技优势、发展方向、共同信念和企业追求的经营目标。简而言之，经营理念就是经营者以什么样的经营态度来达到经营目标。不论是营利组织还非营利组织，不论是企业还是团体机关，任何一个组织都需要一套经营理念。一套经营理念包括三个部分，第一个部分是对组织环境的基本认识，包括对社会及其结构、市场、顾客及科技情况的预测；第二个部分是对组织特殊使命的基本认识；第三个部分是对完成组织使命的核心竞争力的基本认识。经营理念是经过日积月累的思考、努力及实践才能形成的。现代观光旅游农业园区一定要树立以人为本的经营理念，无论是旅游设施、旅游产品、旅游服务还是对园区的管理都要充分考虑人的感受和需求，站在游客的角度分析游客的心理需求，不断改进旅游产品和服务来满足不同游客的需要，从而提高园区效益。

(三) 经营战略制定与实施

1. 经营战略制定

经营战略是企业面对激烈变化、严峻挑战的环境，为求得长期生存和不断发展而进行的总体性谋划。它是企业战略思想的集中体现，是企业经营范围的科学规定，同时又是制定规划（计划）的基础。更具体地说，经营战略是在符合和保证实现企业使命的条件下，在充分利用环境中存在的各种机会和创造新机会的基础上，确定企业同环境的关系，规定企业从事的事业范围、成长方向和竞争对策，合理地调整企业结构和分配企业的全部资源。农业园区要对园区未来发展方向做出具有长期性和全局性的规划。经营战略是园区高层管理者指导生产经营的行动纲领，具备全局性、长远性、抗争性、纲领性等特点。

制定园区经营战略的过程一般为：首先，分析、总结现行战略是否需要更新、调整；第二，分析园区外部环境，抓住影响园区生存及发展的竞争力来源，确定发展机会和威胁；第三，评价内部实力和优势；第四，制定经营战略。

2. 经营战略实施

经营战略实施就是园区通过一系列行政和经济措施，组织职工为实现企业经营战略而采取的行动，包括建立实施战略的组织、制定预算和规划、建立激励机制、奖惩制度等。

三、现代观光旅游农业园区的管理

（一）人员管理

观光旅游农业属于知识密集型产业。国外研究表明，在高新技术产业化的相关要素中，高技术人才的密集度是影响高新技术产业化的首要因素，约占33%。要把园区创建成为"人才回归特区"，努力为他们创造一个宽松的工作和生活环境。

（1）要建立完善的人才激励机制，农业科技人员报酬与贡献要挂钩　鼓励从事农业高新技术研发的科技人员先富起来，允许农业科技人员从完成承包合同、技术成果转让中获得额外收入；其次，对在园区从事农业高新技术研究与开发、成果推广及技术创新等项目中取得显著经济效益和社会效益的科技人员，可根据其贡献大小实行奖励。

（2）积极培植园区内的农业企业家　农业企业家是农业园区的"轴心"人物，其经营能力的大小、经营水平的高低，影响以致决定园区发展的速度和水平。

（3）依靠员工是企业发展的根本，市场经济下的竞争归根到底是人才的竞争　制度创新、技术创新、市场创新、管理创新，归根到底取决于人才观念的创新，这已成为所有企业的共识。观光旅游农业园区的人员管理要将员工作为园区的一项资源来进行规划和管理，依据园区组织结构、功能、岗位职责、技能等要求正确的配备园区发展所需的各类人员，做到人尽其才、物尽其用。

人员管理首先要制定严格的规章制度，用制度规范员工的日常行为，规定员工的权利和义务，制定员工守则、奖惩条例和服务要求，并采取一系列措施确保各项制度的落实；其次要对员工定岗、定责、定权。定岗是根据园区规模、游客接待能力和旅游配套设施数量和服务标准确立相应的岗位职级与职数；定责是指根据园区经营目标规定员工岗位的具体职责，如详细规定餐厅服务人员职责，导游、导购人员职责等，使各项工作责任到人；定权是赋予岗位人员相应的权利，以便其履行职责，确保工作的顺利完成。

观光旅游农业园区可以通过定期或不定期的员工培训，让员工了解园区的经营策略和目标，通过技能培训提高旅游服务人员的服务质量，提升园区的服务水平和档次。为提升员工士气，激发员工工作热情，转变员工服务态度，增强员工主人翁精神，可采用提高员工报酬、奖金和福利待遇等激励措施，将员工个人利益和目标同园区发展紧密结合。领导者要注重对员工的情感投资，在工作上、生活上给予员工关怀，从而激发员工的积极性。

（二）资源管理

现代观光旅游农业园区的旅游资源管理包括财务管理、资金管理和土地资源管理。

1. 财务管理

农业企业财务管理是对企业资金的筹集、使用和分配进行有效计划、组织、协调、控制和监督。要保证建设资金及时足额到位；定期对资金使用情况进行核查；监督财政资金应用和管理是否符合规定；确保各项资金使用合法、合理，杜绝资金挪用和滥用；计划好有偿资金的按时偿还。

要管理好流动资金，企业持有现金数量要合适。过少，会影响企业支付能力和信誉以及资金周转；过多，会降低企业收益，增加风险。企业在银行的存款要保持合理水平，以使企业既能将多余资金进行投资，获取回报，又能使在企业急需资金时，得到现金。

2. 资产管理

资产管理又包括固定资产管理和无形资产管理。

固定资产包括房屋、道路、水路、走廊等基础设施，温室大棚、喷灌、耕耘生产机械等生产设施，钓具、音响、球具等娱乐设施，以及运输工具等。

首先，对以上设施建立文字档案和图纸档案，并制定管理条例。

另外，对固定资产计价，它是核算固定资产和计提折旧的依据，还要对固定资产进行折旧计算。做好固定资产折旧管理，可以正确计算产品成本、费用和利润，有利于固定资产及时更新，加快企业技术装备的更新速度。

无形资产管理包括厂商名称管理、专利权管理、商标权管理、著作权管理、土地使用权管理、技术（经营）秘密管理、域名管理等。

首先，要设置无形资产管理部门，配备专门的无形资产管理人员，对企业的无形资产进行综合、全面、系统地管理；其次，制定专门的无形资产管理制度，包括无形资产开发方面的管理制度、无形资产权益（权益取得、维护、保护）方面的管理制度、无形资产对外许可、转让、合作管理制度、无形资产档案管理制度、无形资产奖惩管理制度、无形资产投入产出考核制度、无形资产融资管理制度、无形资产评估管理制度、无形资产监控制度、无形资产审计管理制度、无形资产国际权益管理制度、无形资产投资管理制度等，涉及技术开发管理、市场营销、工商管理、财务管理（含会计核算）、对外经济技术合作、情报信息管理、质量管理等若干领域。至于无形资产的管理工具，可以采用现代无形资产信息系统,将无形资产的管理、监控与经营业绩的考核结合起来。

4. 土地资源管理

园区建设要遵循土地用途管制原则,严格按照土地利用总体规划确定的土地用途、功能分区和控制规模实施用地。园区内农业用地数量不得少于园区建设前规划的农用地总量,建设用地总量不得超过园区建设前规划的建设用地总量。将种植类农业园区划定为基本农田,实行重点保护。

与有关部门共同研究制定设施农业用地定额标准,规范设施农业用地,实行园区集约用地,防止扩大用地范围,提高土地利用率和产出率。防止以兴建农业园区为名,擅自改变土地的农业用途。除在农业园区内建造温室大棚和临时性畜牧场、饲养场及塘底未经固化的养殖场发展高效农业外,必须占用耕地进行非农业建设的,要依法办理建设用地审批手续。严格控制非农业建设用地规模,最大限度做到土地资源优化配置。实行农业园区土地利用动态监督制度。跟踪农业园区用地变化,及时准确掌握本地区土地资源的利用情况。对农业园区的土地权属和分类必须经过严格认定,在每年土地变更调查时予以变更登记,确保土地权属和土地用途等资料的完整,保证耕地流转后不改变性质。同时,对园区租赁协议和复垦保证书及保证金要登记造册,跟踪管理。农业种植结构的调整要严格按照国家有关规定进行。

(三) 农业生产管理

农业生产包括种植业(粮食、蔬菜)、林业、畜牧业、养殖业、园艺业等。首先,要根据国家优势农产品区域规划、当地条件以及旅游服务的要求,确定主导农业产品;然后确定其他类型农产品的生产计划。

1. 种植业生产管理

种植业包括范围较广,如谷类作物(如小麦、水稻、玉米、杂粮等)等。观光旅游农业园区不可能种植所有的作物,规划时一般选择 1~2 个作物作为主要产业，同时少量种植一些其他作物。

对每种作物都要安排好种植计划，如一年内要种植的作物种类、面积、轮作倒茬等，并根据种子、土壤、气候、灌溉、施肥等条件，估计达到的单产和总产。

作物种植的空间布局正确与否是土地资源能否合理利用的重要环节。进行空间布局时应遵循因地制宜、尽可能集中连片的原则。把主导农业安排在最适宜种植的地块，使产品可展示最美的景观。同一种作物集中连片种植，便于控制产品质量和安全，也便于管理和推广新技术。对于劳动密集、运输量大、费工的作物，尽量种植在管理区和生活区附近以及行车道附近。

种植业的耕地、播种、田间管理和收获等各阶段的组织工作都要做细致的计划，并建立文字管理档案。

2. 畜牧业生产管理

一般在园区规划中就确定了畜牧业的饲养类型，如鸡、猪、牛或羊等。在组织生产时，要根据当地自然条件、市场需要确定其结构，如畜禽群中的母性比例、基本母畜禽与公畜禽的比例、基本畜禽与后备畜禽之间比例等。对于肉用猪、牛、羊而言，还要计划好它们的育肥问题，如育肥强度、最适屠宰重等。

3. 渔业生产管理

要做好渔业养殖、鱼苗生产、成鱼产量和技术措施等计划。观光旅游农业园区一般以养淡水鱼为主，间或养殖一些观赏鱼。要确定养殖品种和数量，计划好养殖量和鱼苗供应及饲料供应之间的平衡。鱼苗生产要采取"就地采苗、就地育苗、就地放养"的原则。根据鱼种质量和数量、水面面积、水深、饵料量做出成鱼产量计划。在技术措施计划方面，包括鱼品种改良、鱼病防治、保鲜防腐、渔业机械改进等。

4. 林业生产管理

中国的农用林业经历了漫长的发展过程，逐步形成了目前规模大、以防护林为主体、多种多样的农用林业模式。这些模式大体可分为三种类型：林农间作，即以科学方式将林木或多年生乔灌木同多种农作物混合种植在同一块农田内，目的在于获取土地的多样性产出和提高土地综合生产率。这种类型已在大部分农区推广，如华北平原大规模的农桐间作和沿海农区的农胶间作；防护林，即将树木、灌木和各种农作物以多种形式种植形成各种类型的林带或林网，目的在于抵御自然灾害和保护农业生产，这一类型是最主要的农用林业形式，包括农田防护林、海岸防护林和橡胶防护林等；围村林、庭院绿化林、农业园区绿化林等处种植各种乔灌木，目的在于美化环境，这一类型是最早的农用林业形式。

林业生产要做好造林计划、幼成林抚育计划、采伐计划和利用计划等，并安排专门人员管理。

5. 园艺管理

园艺管理包括园艺生产管理和观赏园艺管理。作为一种销售产品，要选好蔬菜、水果、花卉品种，确定种植面积以及销售市场方向；作为景观，为了使园区的景观奇异以及不断更新，园内果树、花卉等需要嫁接、修剪、整枝、拼图等。如在苹果树上嫁接山楂；在梨树上嫁接苹果；将猕猴桃修剪成自立的树形；将花卉拼成各种图案，将鲜花干制等。这一切都要有专门技术人员进行设计和管理。

对于蔬菜种植要选择好蔬菜种类和品种，一些名、特、优、新的蔬菜，市场价格都较高，如蒜苗、百合、芦笋等；同一种要错开种植季节种植，价格也大大提高，如苦瓜在春节前后上市价格较平时提高 3~5 倍；要选择好蔬菜种植模式，如春苦瓜、夏菜心、秋丝瓜、冬豌豆苗模式。

总之，要根据本地地理和气候条件、市场前景，科学合理地引进农业、养殖业、畜牧业新品种。对品种的繁育和保管要提供条件，制定制度。

6. 设施农业管理

按设施农业的主体不同，设施农业分为设施栽培业和设施养殖业。设施栽培，又称保护地栽培，其主体是各种作物（指蔬菜、花卉及果类）的设施栽培，主要设施有日光温室、玻璃温室、塑料大棚等。设施养殖主体是各类动物（畜禽、水产品及特种动物）的设施养殖，主要设施有各类保温、遮阴棚舍与现代集约化饲养畜舍及配套设备。

设施农业大大提高了土地资源的利用效率。它们一方面延长了农业资源利用时间，另一方面扩大了农业资源利用空间。设施农业打破了传统农业地域和季节的"自然限制"，使在寒冷冬季和恶劣环境的露地不能生长的作物能正常生长，土地生产能力是传统生产条件下的几倍、十几倍乃至几十倍，可以缓解粮食作物与经济作物、蔬菜及其他特种植物争地矛盾，满足人口增长对粮食、蔬菜等农产品的需求。设施园艺的发展，基本上解决了我国长期以来蔬菜供应不足的问题，并实现了蔬菜全年均衡供应、淡季不淡、周年有余的要求。随着经济发展、生产需要和技术进步，现代设施农业已超越早先的瓜、菜、花卉等园艺作物的范畴，广泛地用于大田作物、水产养殖、畜禽饲养、林果生产等农业诸多领域。通过资源的集约高效利用，设施农业大幅度提高了单产，从根本上提高了产品质量。不仅如此，其单位面积产值实现了传统粮食作物产值的几倍甚至十几倍，从而促进了可持续农业的发展。

设施农业建设与管理应遵循 2008 年 7 月 9 日农业部颁布的《关于促进设施农业发展的意见》中提出发展设施农业的基本原则："我国人口众多，土地、淡水和能源等资源严重短缺，发展设施农业要从我国国情出发，着力优化结构、提高效益、降低消耗、保护环境。第一，坚持优化布局、发挥优势。要发挥区域品种和产业优势，着力优化区域布局。选择基础条件较好的区域，统筹育种、栽培、装备、管理等多方面的力量。发挥本地资源优势，充分挖掘设施农业生产潜能。第二，坚持因地制宜、注重实效。要根据地区气候、资源、生产方式、种养殖传统等特点,有重点地选择设施农业的发展方向。同时坚持效益优先,着力提高种养殖综合生产能力以及经济、社会和生态效益。第三,坚持改革创新、建立机制。始终以实现设施农业又好又快发展为目标。通过技术创新、管理创新和机制创新来解决发展中的问题,并将行之有效的创新成果加快推广应用,促进技术提升,努力探索建立促进发展的长效机制。第四,坚持市场引导、政府扶持。坚持市场引导与政府扶持相结合,要以解决农民就业、促进农民增收为核心,着力提高农民科学生产素质,提高种养殖科技含量,提高产品竞争力,提高生产过程的机械化、自动化和生态化水平。"

(四) 农产品加工管理

中国共产党十六届五中全会对社会主义新农村的定义为20个字:"生产发展,生活宽裕,乡风文明,村容整洁,管理民主"。开展农产品加工是发展生产的重要手段之一。

1. 抓好农产品加工发展战略

在观光旅游农业园区内开发农产品加工业,由于投资额、园区面积、环境要求等因素限制,以及农产品原料、运输等优势,应采取不同于一般社会上企业家兴办农产品加工业的战略。笔者认为,应采取以农产品初级加工为主的产业化经营战略。所谓农产品初级加工,就是只改变原料结构、表面状况、形状或尺寸大小,加工过程中,原料基本是发生物理性改变或发生某些生化变化,加工过程比较简单。初级加工的优点如下:

(1) 投资少 一般深加工投资少则数百万,多则上亿元,如食用油加工、果汁加工。初级加工则少得多,低者几千元就可开展加工,多者几百万元即可办个中等规模的加工厂。我国有9.1亿农民,其中约有4亿劳动力,2002年我国实有耕地1.28亿公顷,人均占有耕地不足0.13公顷。按目前的生产水平,人均占有1.0公顷土地是比较合适的。这样的话,有1亿农民从事农业耕作就可以了,因此,农村约有3亿剩余劳动力需要安排。开展农产品加工,就可将这批农民吸引到工业领域。

(2)技术易于农民掌握 初级加工技术一般容易学会,可很快掌握,生产中不会出现大的偏差。而深加工中某些关键技术不仅难以掌握,即使学会了,在生产过程中由于原料、设备、操作等方面产生意外变动,会使产品大大偏离标准要求,农民难以应对。

(3)产品营养价值高 一般而言,加工深度越高,营养损失越多,除非是为了提取原料中的某些特殊微量成分。如浓缩苹果清汁产品经过反复过滤和加热杀菌,不仅原料中的维生素损失严重,其中的纤维素、矿物质也大量损失。而爆玉米花通常在加热到177℃时,玉米外皮就会产生突然爆裂形成玉米花,而且这个过程很短,一般不超过1分钟,营养成分破坏很少,基本保留了原有的纤维素、矿物质等成分。

(4)耗能低、产出"三废"少 由于对原料的加工程度低,耗能低,原料有效利用率高,产出的废料少,对环境的污染低。如爆玉米花基本全部变成了可食用食品,消耗的热能少,产生的废水、废气、废渣少。

(5)市场容易打开、风险小 深加工产品售价高,市场上的同类产品一般较多,打开销售市场难度较大,资金回收周期长,风险大。近十余年来,深加工投资的大项目因产品不对路、竞争能力低下或管理不当,停产、倒闭的不在少数。如浓缩苹果汁,由于市场竞争激烈,每吨价格由十几年前的18 000多元降至目前的6 000余元。又如葡萄酒业,目前王朝、中粮集团和张裕国内三大企业占据85%的市场份额,没有强大的技术和经济实力,新建企业很难挤进市场。初级加工容易对准市场需求开发项目,投资少,上得快,规模可大可小,成本低;另外初级加工品基本保留了原料外形,产品容易被消费者辨认,确认真假,得到认可,不像深加工品如果汁,难以确认产品成分,所以初级加工品容易打开市场,投资回报快。

(6) 初级加工也可大大增值　如河南荒山生产的花椒，鲜花椒每公斤售价 2 元，烘干后每公斤售价 32 元以上。粉碎、调制后可进一步增值。

2. 农产品初级加工业开发原则

(1) 以园区及其周边农产品原料为主　若当地主产水果，则可选择水果商业加工。如猕猴桃生产大国新西兰，数十年以来，该国一直将占总产量 80% 的猕猴桃进行商业加工：清理、分级、贴标、装盘、包装、冷藏等。把单果体重 70～140 克的猕猴桃分为九个等级，每托盘中各级猕猴桃的个数不等，但每盘的质量基本一样，约 3 公斤。出售时级别清楚，果形整齐，颜色新鲜。经过这种处理，其身价大大提高，通常在五六倍以上，大部分出口到欧洲、日本、美国等国家和地区，每年创汇两亿多美元。余下不合格产品制成果酱、果汁，在国内销售。

我国从国外引进苹果柑橘分级处理机，可自动完成清洗、烘干、上蜡、干燥、分级等工序。使用这种水果处理设备的结果说明，一套每小时处理 3 吨果品的设备约为 120 万元，加上 300 平方米左右的普通厂房，总投资不足 150 万元，半年到一年就能将投资收回。

若主产为杂粮，则选择清选、提高品质的加工。现在除了市场上供应的商业大米能达到免洗质量外，小米、高粱、燕麦、苡米、豆类等杂粮距免洗水平尚远。现行的国家标准就较低，如标准规定各种杂粮含杂率在 0.5%～1.5%，远不能达到直接烹煮的要求。现在，国内食用复合杂粮饭、粥的消费者越来越多，而市场基本没有免洗的复合杂粮。

若主产为蔬菜，可选择免洗蔬菜加工。目前市场出售的蔬菜较 10 年前已有所改观，夹带泥土的毛菜少了，但大多数没有经过速冷、剔选、分级、清洗、杀菌、包装、冷藏等初加工，远达不到免洗水平，即使礼品盒精选蔬菜也是如此。蔬菜经过长途运输，损失较重，质量下降，增加了城市垃圾。对蔬菜也可采取干制加工，如热风干燥、冷冻干燥等。

若主产是笼养鸡类蛋，可选择拣蛋、洗蛋、检验、消毒、烘干、分级、涂膜、打码、自动码盘、装箱等初加工生产。我国现在基本是靠人工拣蛋、装箱。

若主产是水产鱼类，可进行去鳞、去头、去内脏加工，包装，冷藏；出售鲜活产品时，可进行装袋、充氧包装加工。

（2）产业化原则　就是从农产品原料生产、加工、贮藏、运输、销售等，要一体化进行规划、运作。

（3）紧密结合农业观光旅游　首先，农产品加工车间要建有参观走廊，便于游客参观，对某些车间，可建设游人参与加工体验的地方；第二，加工车间附近设立食品品尝和销售商店，商店的环境要清洁干净、美观，布置得富有诗意，增加其趣味性和吸引力。

（五）安全管理

安全管理包括生产安全管理，生产经营安全管理，防火、防盗管理等。

1. 生产安全管理

这里所述生产安全管理的内容，主要指园区提供的"从田间到餐桌"的食品必须是安全的。

（1）产品安全定位　首先，园区要熟知国家农业方面的法律法规，如《农产品质量安全法》、《农业法》、《畜牧法》、《渔业法》、《动物防疫法》以及《农药管理条例》、《兽药管理条例》、《饲料和饲料添加剂管理条例》、《农业转基因生物安全管理条例》等。

其次，要明确园区田间生产的产品品质要达到什么水平，是无公害、绿色还是有机农产品。要引入相应的国家管理规范，请权威部门进行认证，按照规范进行生产、贮运、加工，也就是对生产过程严格监控；要引入农产品和食品国家或行业标准，对园区产出的各类产品进行检测，达到市场准入标准后才能流向市场。为此，园区必须建立化验室，配备专业检测人员，负责产品质量和安全问题。

（2）农产品认证　关于农产品安全认证有：无公害农产品认证、绿色食品认证和有机食品认证。

无公害农产品认证是2001年农业部启动国家"无公害食品行动计划"时开始执行的认证。无公害农产品是指使用安全的投入品，按照规定的技术规范生产，产地环境、产品质量符合国家强制性标准并使用特有标志的安全农产品。无公害食品保证了食品质量安全基本要求，是进入市场的基本条件。进入市场的无公害农产品必须有无公害标志（图4-5），标志图案由麦穗、对勾和无公害农产品字样组成，麦穗代表农产品，对勾表示合格，金色寓意成熟和丰收，绿色象征环保和安全。使用无公害农产品标识的单位和个人，应当在无公害农产品认证证书规定的产品范围和有效期内使用，不得超范围和逾期使用，不得买卖和转让。

图4-5　无公害农产品标志

绿色食品标准分为两个技术等级，即AA级绿色食品标准和A级绿色食品标准。AA级绿色食品标准要求为：生产地的环境质量符合《绿色食品产地环境质量标准》，生产过程中不使用化学合成的农药、肥料、食品添加剂、饲料添加剂、兽药及有害于环境和人体健康的生产资料，而是通过使用有机肥、种植绿肥、作物轮作、生物或物理方法等技术，培肥土壤、控制病虫草害、保护或提高产品品质，从而保证产品质量符合绿色食品产品标准要求。A级绿色食品标准要求为：生产地的环境质量符合《绿色食品产地环境质量标准》，生产过程中严格按绿色食品生产资料使用准则和生产操作规程要求，限量使用限定的化学合成生产资料，并积极采用生物学技术和物理方法，保证产品质量符合绿色食品产品标准要求。

绿色食品标志（图4-6）由三部分构成，即上方的太阳、下方的叶片和中心的蓓蕾，象征自然生态；颜色为绿色，象征着生命、农业、环保；图形为正圆形，意为保护。绿标图形描绘了一幅明媚阳光照耀下的和谐生机，告诉人们绿色食品

图4-6　绿色食品标志

正是出自纯净、良好生态环境的安全无污染食品，能给人们带来蓬勃的生命力。同时还提醒人们要保护环境，通过改善人与自然的关系，创造自然界新的和谐。

有机农业是遵照一定的有机农业生产标准，在生产中不采用基因工程获得的生物及其产物，不使用化学合成的农药、化肥、生长调节剂、饲料添加剂等物质，遵循自然规律和生态学原理，协调种植业和养殖业的平衡，采用一系列可持续发展的农业技术以维持持续稳定的农业生产体系的一种农业生产方式。有机产品是生产、加工、销售过程符合上述要求供人类消费、动物食用的产品（图4-7）。

绿色食品认证和有机食品认证是自愿选择的认证。此外，为了控制好农产品生产和加工过程，还有"ISO 9000 系列标准"（国际标准化组织关于质量管理的国际标准）认证、GAP（良好农业操作规范）认证、HACCP（危害分析关键点控制）认证等。通过这些认证，可进一步保证农产品和食品的安全。上述这些认证也是企业自愿选择。

如上所述，从食品安全水平方面我国将食品分为无公害、绿色和有机三大类，绿色食品又分为 A 级和 AA 级两类。笔者认为这种分类是不科学、不合

图4-7　有机产品标志

理的，只能是过渡时期的暂行办法。首先，在食品安全方面不能分级，全体公民不论富人和穷人都应享用同等安全水平的食品。第二，这种分类和国际不接轨，应逐渐过渡到常规食品和有机食品两种类型食品。常规食品是安全、放心的食品，是面向大众、政府重点关注的食品，是和发达国家常规食品安全标准接轨的食品。有机食品是方向，但不能把它放在当前重点发展的地位。就是大环境较好的美国，有机农产品耕种面积只占其总耕种面积的1%；环境条件很好的奥地利，也仅仅占9%。第三，无公害食品实际上是受到"公害"的，因为在农产品种植过程中允许使用化肥、农药，并受到大气、污水、废弃物等的污染，食品加工中允许使用食品添加剂（虽然它们的使用量是被限制的），所以这个名词并不科学。另外，无公害食品的很多指标达不到发达国家常规食品的安全水平。第四，三类并存的食品安全标准浪费人力、财力去制定类似的标准和规范，以及进行认证、管理等工作，而且常常引起混乱。

（3）食品市场准入　园区进行农产品加工、生产食品时，必须遵循食品质量安全市场准入制度，即只有具备规定条件的生产者才允许进行生产经营活动、具备规定条件的食品才允许生产销售的监管制度。食品质量安全市场准入制度包括3项具体规定：

① 对食品生产企业实施生产许可证制度：对于具备基本生产条件、能够保证食品质量安全的企业，发放《食品生产许可证》，准予生产获证范围内的产品；未取得《食品生产许可证》的企业不准生产食品。这就从生产条件上保证了企业能生产出符合质量安全要求的产品。

② 对企业生产的食品实施强制检验制度：未经检验或经检验不合格的食品不准出厂销售；对于不具备自检条件的生产企业强令实行委托检验。这项规定适合我国企业现有的生产条件和管理水平，能有效地把住产品出厂安全质量关。

③对实施食品生产许可制度的产品实行市场准入标志制度：对检验合格的食品要加印（贴）市场准入标志——QS 标志（图4-8），没有加贴 QS 标志的食品不准进入市场销售。QS 标志便于广大消费者识别和监督，便于有关行政执法部门监督检查，同时，也有利于促进生产企业提高对食品质量安全的责任感。

图 4-8　市场准入 QS 标志

2. 经营安全管理

根据观光旅游农业园区的安全管理规范进行经营获利的园区，对购票进入园区的游客，必须负责他们的人身安全。所以，生产经营安全管理的重点是保证游客在园区观光旅游过程中各方面的安全。第一，要经常维护园区内各设施，如道路、小桥、阶梯、游船等，保证其坚固、安全，在可能发生危险的地方，装上警示牌；第二，游人较多时，要进行疏导，防止因拥挤造成人身事故；第三，出现突发情况如停水、停电时，要有应急措施；第四，对儿童、老人要特别关照，防止他们发生意外，园区要设有医疗机构和急救车。

3. 防火、防盗管理

应按照有关规定设立防火栓、灭火器，并确定相关负责人。对园区财产以及游人携带的物品和钱财都要制定防盗措施。

（六）娱乐活动管理

游人到观光旅游农业园区内可能参加垂钓、采摘、打球、骑马、农耕等各种娱乐和体验活动，要保证游人有序、安全、满意地参与这些活动，必须根据每项活动的特点，制定相应的规则、收费标准，设置专门负责人员等。

四、现代观光旅游农业园区的营销策略

旅游营销是市场营销学在旅游业中的创新应用，是在科学分析旅游者的需要、动机的基础上,归纳出不同旅游者的购买行为和方式,研究在一定的时空条件下,如何刺激旅游者需求并满足旅游者需要的营销规律。

观光旅游农业虽然近几年发展迅速,但大多数地区还处于粗放型发展阶段,重视"硬件"而忽略"软件"。除少数地区外,我国观光旅游农业还未实现有特色的规模经营,经济效益不尽如人意,这与农业旅游的广阔市场空间是极不相称的。这种现状的形成与旅游市场营销这一"软件"的滞后有着莫大的关系,营销运作的重要性丝毫不亚于产品本身的品质之优,因此,我们必须重视农业旅游产品的营销,从成熟行业引入已经成熟的市场营销理念,用先进的整合营销方法来武装旅游产业。通过对近几年国内比较成功的农业旅游营销案例的分析来看,成熟且完善的旅游营销策略至少要包括以下几点。

(一) 选择明确的目标市场

只有选择了明确的目标市场,经营者才能为目标消费者制定合适的策略,建立差异化的价值,通常以人口统计变量或是行为变量来区隔市场,并采用差异化目标市场的策略,创造特有的竞争优势。不同类型的观光旅游农业园区应慎重选择其目标市场,只有面对合适的目标消费群,后续的营销策略才能发挥效果。例如,科普教育型园区以普及农业科普知识为主,主要以中小学生团体为目标市场;农事体验型园区将目标市场锁定在热爱农村生活体验的游客;田园观光型园区当然以喜好清幽美景、休闲度假的游客为目标市场。

(二) 制定品牌策略

观光旅游农业园区的产品要有品牌名称。对于主打产品要建立自己的品牌名称,对于非主要产品或产量不大的产品,可使用其他企业的品牌名称,或卖给中间商,使用中间商品牌。

品牌是一种无形资产,也是一种知识产权。园区要增强自身的市场竞争力,提升企业形象,就应建立自己的品牌,选择自己的商标。

生产企业常常采用以下几种品牌名称策略：多品牌策略、统一品牌策略、一牌多品品牌策略、一牌一品策略、品牌联合策略等。

1. 多品牌策略

多品牌策略指同一类产品同时用两个以上相互独立、彼此没有联系的品牌名。如五粮液酒厂采用的是多品牌战略，他们生产的五粮春、五粮醇、五粮神、五湖液等"五"字头品牌，具有不同价位、针对全国不同层次消费者的白酒新品牌，同时还开发了金六福、浏阳河、京酒等区域性品牌，以适应我国各地域消费者习惯、口味、经济条件，使五粮液酒厂成为中国酒市中一个成功的企业。

宝洁公司是实施多品牌战略最成功的企业，他们生产的洗发、护发类产品有海飞丝、潘婷、飘柔、沙宣等品牌；清洁剂类产品有汰渍、碧浪、波得、依若、起而、利纳等品牌。

多品牌策略的特点是：不同的品牌针对不同的目标市场。如五粮液酒厂生产的金六福牌卖的是"福文化"。金六福把"寿、福、康、德、和、孝"称为"六福"，迎合中国人祈福迎祥、喜好吉利的传统心理，它带给消费者的是一种祝福，且以金色包装，把福字打理得立体丰满、金碧辉煌，媒体广告又营造了浓郁的欢乐喜庆氛围；浏阳河能够打动消费者的是"伟人、名歌、名河"等文化要素，它满足的是人们的怀旧心理和对伟人的崇拜或爱戴。对于一些三四十岁以上的消费者来说，他们是在浏阳河的歌声和伟人的影响下长大的，因此浏阳河能够勾起他们一些美好的回忆，浏阳河听上去是那样亲切，看上去是那样熟悉，好感也就自然而然产生了。两个品牌在价格上都定位在中高档价位，是瞄准了当时白酒市场的中高档价格空当，生产上既可以上量，获得相对的规模市场效应，又有较大的盈利空间。另外，定位在中高档，也与其品牌的文化定位相协调。

实施多品牌策略可以最大限度地占有市场，对消费者实施交叉覆盖，有利于树立企业雄厚的形象，且降低企业的经营风险，即使一个品牌失败，对其他的品牌也没有多大的影响。

2. 统一品牌策略

统一品牌策略指企业生产的所有产品都使用同一个品牌。例如三元乳业公司采用的是统一品牌策略，他们生产的利乐枕（250毫升、500毫升）、利乐包（250毫升）包装的三元纯牛奶、利乐枕包装（250毫升、1 000毫升）的三元特品奶、屋型盒包装（250毫升、500毫升、980毫升）的三元巴氏特优纯牛奶、屋型盒包装（250毫升、500毫升、980毫升）三元巴氏纯牛奶、屋型盒包装（250毫升、500毫升、980毫升）三元巴氏脱脂纯牛奶、三元中老年奶粉（400克袋装、900克听装）等都是三元品牌名。各类产品具有不同品位、容量、包装形式、贮存期、价位，以适应不同消费者的需求。

海尔可以说是单一品牌战略的成功典范。海尔生产的冰箱、空调、彩电、电脑、手机等所有的产品都使用海尔这一品牌，形成一个蔚为壮观的大家族。

采用统一品牌策略的优势是：可以大大节省传播费用，对一个品牌的宣传同时可以惠及所有产品；如果品牌已经具有一定的市场地位，新产品的推出无需过多宣传便会得到消费者的信任；众多产品一同出现在货架上，可以彰显品牌形象。统一品牌战略的弱点是，若品牌下某一产品出现问题，极可能产生连锁反应累及其他。

3. 一牌多品品牌策略

一牌多品品牌策略指产品名前冠以公司名。如海王公司只有"海王"一个品牌，且旗下三十多种产品都使用这一品牌，比如海王金樽、海王银杏叶片、海王博宁、海王冠心丹参、海王金牡蛎等。

一牌多品策略使产品既可享受企业的声誉，又能体现产品的个性。2001年,海王投放大规模的广告,主推三个产品。目前除了这三个产品供不应求外,海王旗下其他没有做广告的产品销量也都有不同程度的上升。一牌多品策略潜在的危险是,如果某一产品出现问题,将影响品牌旗下所有产品,出现危机的产品影响力越大,危险也越大。

4. 一牌一品策略

一牌一品策略指一个品牌下只有一种产品的情形。实施一牌一品战略的最大好处是有利于树立产品的专业化形象。

格力,就是空调的权威专家。"好空调,格力造",这句简单明了的广告口号,在消费者心目中树立起格力空调第一品牌的概念。在众多竞争对手竞相多元化经营的浪潮下,格力反其道而行之,将所有的鸡蛋放进一个篮子里,形成自己无人匹敌的技术壁垒,格力标准俨然已成行业标准,格力的专业化路线已越来越得到市场认同。

5. 品牌联合策略

品牌联合策略指两个或更多品牌相互联合,相互借势,以实现 $1+1>2$ 的效果。近年来该策略有进一步发展的趋势。

品牌联合的典型是英特尔公司与世界主要计算机制造商之间的合作。英特尔公司是世界上最大的计算机芯片生产者。该公司推出了鼓励计算机制造商如IBM、戴尔在其产品上使用"intel inside"标志的联合计划,结果在计划实施的短短18个月里,该标志被浏览的次数就高达100亿次。英特尔公司与各大计算机品牌合作的结果是,标有"intel inside"的计算机比没有该标志的计算机更为消费者认可和接受。

(三) **产品设计**

产品设计的优劣直接影响顾客的消费意愿。一个完美的产品必须能吸引顾客消费,满足消费者的需求,并能提供诱人的附加价值。例如,一些观光旅游农业园区出售无公害自产农副产品,游客可看到生产过程,既满足了感官需求又得到了物质产品;生态餐厅提供生态健康农家饭菜,让游客在游览之余一饱口福;有的休闲农庄提供陶艺、泥塑制作等具地方特色的手工制作,极大地满足了游客的游览兴趣。观光旅游农业园区应以多样的方式(生动的体验、高品质的服务等),在游客心中树立优良的品牌形象,利用其建筑、环境及各项活动让自身的农村旅游更具特色,注重旅游产品的品牌与包装的产品策略。

(四) 促销活动

好的营销策略不只是开发出新产品,制定吸引人的价格并使产品接近于目标顾客而已,更需要以适当的活动促销产品,提高销售量。在这个形象挂帅、宣传为先的年代,酒香也怕巷子深,有了明确的市场定位和特色鲜明的旅游产品,还要大张旗鼓地进行旅游推广促销,才能唤起顾客的购买欲望,达到营销目的。以下几种促销手段,可以通过灵活运用、相互结合等方式来提升农业观光旅游园区的知名度和上客率,实现园区效益最大化。

1. 广告

对旅游行业而言,广告是最有效的促销工具,它可以在一个较低的人均成本水平上传达给一个较大规模的目标市场。例如,昆明从1999年建设"世博园"前一直到现在都在中央电视台播放广告,有效、持续地推动了云南的旅游经济。旅游广告一方面能树立一个目的地或企业的长期形象;另一方面,它也能在短期内促进销售。用名人效应做广告,影响力更大。最典型的例子就是美国前总统里根在电视广告里热情洋溢地说:"到美国来旅游吧!这是美国总统在向你发出邀请!"观光旅游农业园区或城市农业旅游管理者应该充分重视广告效应,摄制精美的照片在报刊、杂志上作系列广告,引起消费者的注意和兴趣。除此之外,连同旅游报名热线电话做成大型户外灯箱广告,通过公交车站、码头、机场、火车站和中心广场等游人集散地把包装过的农业园区形象和产品等信息广而告之。为树立和强化旅游地形象,观光旅游农业园区可以在各电视台根据自身的旅游形象和产品特色,拍摄制作上乘、特色鲜明、令人过目不忘的广告精品。

2. 宣传册

旅游宣传册是指旅游企业用来宣传其提供的产品和服务的小册子。旅游宣传品包括旅游线路说明书、目录集、价格表、各种单页宣传品、宣传小册子、旅游报刊、杂志、信封、挂历、明信片等。云南香格里拉地区的景点门票是一张漂亮的明信片，背面印有简单的中英文介绍和线路图，一物两用，一举两得，宣传效果颇佳；新疆的旅游明信片也独具创意，每一张都是一大一小两份，大的可以剪下来寄给亲朋好友，小的自己留作纪念。这些好点子都值得观光旅游农业园区借鉴，可以印制各类营销资料，以给人留下深刻的印象，并可通过在本地和客源地旅行社、旅游企业大堂服务台或入口处、市区各大旅游点、政府旅游主管部门、海外旅游代理商、机场、车站、码头、宾馆、饭店等地投放宣传册或直接邮寄给目标客户等方式进行分发和宣传。

3. 公共关系

随着广告成本的持续上涨，越来越多的企业趋向于寻找一种成本效益比相对较高的促销工具，公共关系作为一个重要的营销工具被越来越多的企业所钟爱。各种公共关系的富有创造性的利用，为企业提供了一条将自己企业和产品同竞争者区分开来的有效途径。更重要的是，公众认为新闻的可靠性高于广告的心理倾向，使良好的公关营销往往"一本万利"。观光旅游农业园区可充分利用各种节事活动、新闻宣传、举办公益活动等手段来提高知名度，增加客流量。例如，20 世纪 80 年代深圳举办的荔枝节，叩开了农业观光旅游业的大门，时至今日举办荔枝节已成为深圳的一个习俗，为深圳各类观光旅游农业园区带来了巨大的利润。

4. 网络

作为一种影响日渐广泛的信息沟通手段，互联网已经渗入到人们生产和生活的各个领域。目前中国游客与网民已构成基本重叠,最新统计中国已有网民 2.35 亿人,是非常庞大的旅游消费群体。网络技术,如新闻、BBS 论坛、游戏、博客、拍客、网购、搜索技术、链接技术、即时通讯(QQ、MSN)等技术的日渐普及,使得某一话题、某一事物能够在一夜之间迅速串红,成为人们交口谈论的话题。如果当下在整个营销传播过程中,没有抓住网民的注意力,那么旅游营销就不算成功。

目前各大型观光旅游农业园区也非常注意网站的建设和宣传。例如北戴河集发生态观光园的网站建设就很全面周到,很具吸引力,游客有网上交流空间,有意见反馈专栏,信息更新非常快。但是也有部分园区对网络宣传不够重视,信息更新慢,住宿、餐饮、交通等各类信息不全面。现阶段,农业旅游企业还应当在大力推广网络旅游营销的同时,注意补充、完善和及时更新查询系统,推出中文、英文等多种语言版本的信息服务平台,全方位地为游客提供"食、住、行、游、购、娱"方面的静态和动态资讯,使游客不但可以获得旅游咨询信息,还可以通过其进行一系列的申请和预定,开展电子商务活动。

5. 营业推广

旅游营业推广是指旅游企业在某一特定时期与空间范围内通过刺激和鼓励交易双方,促使旅游者尽快购买或大量购买旅游产品及服务而采取的一系列促销措施和手段。从这一定义中不难看出,旅游营业推广强调的是在特定的时间、空间范围内,采用一系列的促销工具,对供需双方进行刺激与激励,其直接的效果是使旅游者产生立即或大量消费购买行为。观光旅游农业园区的营业推广手段多种多样,如免费赠送农产品、纪念品等,以及在门票、餐饮、住宿等服务项目上对游客实行让利优惠等活动。

旅游产业是全方位的,连着娱乐、交通、餐饮等众多行业,是一条很长的产业链。有些园区和景点已不再将眼光仅仅盯在一张小小的门票上,而是注重寻找新的替代性收入增长点,将门票经济转变为产业经济,实行"零门票"营销策略。2006 年 12 月初,黄果树景区的游客人数已突破 300 万人次,旅游总收入近 2 亿元。而在 2003 年以前,黄果树的年均游客人数还一直徘徊在 50 万人次。告别单纯的门票经济是今天黄果树旅游产业获得历史性突破的关键。又如,蟹岛度假村免费开放后,前往休闲度假、餐饮娱乐的消费群体和游览次数都大大增加,客流量大幅度提高。

五、现代观光旅游农业园区经营管理中应注意的问题

(一)分期投资,滚动发展

建设规模上档次的现代观光旅游农业园区,初期投资较大,土地和基础设施费用是一笔很大的投资,因此必须有充足的资金和多种融资渠道才能保证园区的建设和运营。因此建议现代观光旅游农业园区采取滚动发展的模式,分期投资,边建设边开放,以源(客源)养园,不断发展壮大。

(二)增加和完善餐饮、住宿和休闲娱乐项目

通过调查发现,在开设餐饮、住宿、休闲娱乐等旅游活动的农业观光园中,这些项目的收入远远高于门票收入,大约能占总旅游收入的 80% 以上。因此,现代观光旅游农业园区要及时抓住这一经济点,在财力、物力、人力允许的条件下优先开发休闲类娱乐项目,加大对餐饮、住宿等设施的投入。如不少农业观光园建设生态餐厅、特色民宿、健身、温泉洗浴等休闲项目,不但满足了不同游客的需求,增加了客流量和游客重游率,而且农业观光园内的特色农产品、绿色健康的经营理念和幽雅怡人的环境也迎合了时下人们的消费需求,许多游客慕名而来,提高了园区经营收益,打响了旅游品牌。

(三)提高商务旅游接待能力

随着我国交流活动的日渐频繁,商务旅游市场规模逐年增大。我国拥有世界上最多的公务员,每年各种会议、视察、调研

活动所产生的商务旅行形成了一个大市场,如按人均每年出行三次算,全年商务旅游总量可达 1.2 亿人次。美国运通公司调查显示,近 5 年我国将成为世界第三大商务旅游市场。商务旅游属群体性消费,商务活动的重复性能产生稳定的旅游客流和收入,相对于休闲旅游,其消费能力更高,商务旅游的利润率也高达 20%~30%,远高于一般休闲旅游。但同时商务旅游要求较高,不但要求提供高质量的服务,而且要具备商务活动和学术交流等所用的声、光、电等多媒体设备和优越的食宿条件等。观光旅游农业园区清静、幽雅的环境正是商务旅游的首选之地,园区在加强餐饮、住宿设施建设的同时,应完善办公、会议场所的建设,提高接待能力和接待水平,不但满足国内商务旅游活动的需求,还应具备开展国际性商务活动的条件。

(四)加强品牌建设,促进农产品销售

观光旅游农业带来的效应是多方面的,它直接带动第一、第三产业的发展。农业园区在打响旅游品牌的同时要紧紧抓住旅游带来的品牌效应,加大农产品尤其是特色产品的生产、加工和销售,延长农业旅游产业链,促进园区农业产业化发展。可采用"公司+基地+农户"的管理模式扩大生产规模,满足市场要求,这样不仅能大大提高园区的经济实力,而且带动了周边地区农村经济的发展。

六、现代观光旅游园区收入与成本管理

(一)收入管理

获取收入是农业园区经营活动最主要的目标之一。农业园区的收入来源有:生产经营性收入、服务业收入、商品流通业收入等,有些园区还有门票收入。生产经营性收入主要来自农业产品、食品加工等;服务业收入主要来自餐饮业、住宿业、娱乐业等。以上各类收入要分别进行核算。

（二）成本管理

成本管理的目的是：通过成本计算，从而确定盈亏及存货价值，进而控制成本，降低成本水平，为企业提高业务效率、进行战略决策提供经济信息和反馈。在历史发展的过程中，成本管理经历了通过提高工作效率和减少浪费来降低成本、通过提高成本效益比来降低成本和通过保持竞争优势来降低成本等几个阶段。

成本管理由成本规划、成本计算、成本控制和业绩评价四项构成。成本规划是根据企业的竞争战略和所处的经济环境制定的，也是对成本管理做出的规划，为具体的成本管理提供思路和总体要求；成本计算是成本管理系统的信息基础；成本控制是利用成本计算提供的信息，采取经济、技术和组织等手段实现降低成本或成本改善目的的一系列活动；业绩评价是对成本控制效果的评估，目的在于改进原有的成本控制活动和激励、约束员工和团体的成本行为。

成本控制是成本管理中的重要环节。

（1）要从成本中占比例高的方面入手　如果企业控制成本不分轻重，不加区分、全方位地进行成本控制，往往耗费精力较大，而达不到应有的效果。成本分为材料费、能耗费、人工费和管理费等几个方面，随农业企业产品的不同，各项费用在产品成本中占的比例高低会存在差异。一般而言，材料费用和能耗费用在产品成本中所占比例较高，两者合计一般占到60%~80%份额。如面粉和食用油加工，材料费用占的比例较高，而冷冻干燥电能费用占的比例较高。只要牢牢地控制住成本中占有比例较高的几个部分，企业的成本计划一般就不会被突破，成本控制的目标也比较容易达到。

（2）注意控制手段创新　常用的降低成本手段是定额消费、限额领料、指标分解等。但成本降低到某个程度后，继续降低就受到限制了，这时需要在技术、工艺上创新，通过增加或改进设备等方式研究降低成本的方法，如降低原料使用量或寻找新的、价格便宜的原材料,从工艺创新上来提高材料利用率、降低材料的损耗量、提高成品率,从工作流程和管理方式创新上来提高劳动生产率、设备利用率以降低单位产品的人工成本与固定成本含量,从营销方式创新上来增加销量、降低单位产品营销成本。

(3) 抓好可控制成本费用　在生产经营过程中人们可进行调控的如材料用量、材料进价、能耗、办公费、差旅费、运输费、资金占有费等,这些为可控产品成本,要重点抓好这些方面的控制措施。不要纠缠在管理人员工资、折旧费和部分企业管理费用等这些相对不可控成本方面。一般企业决策形成的不可控制成本,在企业建立或决策实施后已形成,在一般条件下改变较少。

(4) 从激励约束机制方面入手　成本控制不是只依靠企业领导等少数几个人就能做好的,需要企业全体员工参与。一方面要加强教育,使每个成员都自觉地控制好自己所管辖部门,操作好各工序,减少材料、能源消耗,提高产品品质;另一方面应当建立成本控制制度,以及与之相关的激励与约束机制。用激励与约束的方式来调动员工控制成本的积极性,将节约成本与员工的切身利益联系起来,利用奖惩的办法将企业的被动成本控制转换为全员的主动成本控制。

第四节　现代观光旅游农业园区建设评价

观光旅游农业园区建成、运转一定时期后,应对它进行准确、客观、全面的评价,以了解园区运行情况,对其实行监督和动态管理,引导其科学、健康地发展。但目前我国还没有一套完善的农业园区评价指标体系、评价方法和标准。笔者认为,可从以下几个方面进行评价:

(1) 基本建设和装备系统现代化水平　包括:科学的沟、渠、田、林、路体系;现代农业设施、机械化和电气化设备;现代化的加工生产车间和生活配套设施；园区排灌保证率；园区信息化普及率等。

（2）农业生产、加工优质、高产、高效水平　包括：农业生产、农产品加工认证情况；产品质量和安全达标情况；标准化农产品产值占农产品总产值比例；农产品加工产值与农业产值比例；园区土地生产率；园区劳动生产率等。

（3）资源合理利用和生态状况　包括：各种农业资源合理开发、利用和保护情况；绿色农产品产值占农产品总产值比例；园区绿化率；废弃物再生利用情况等。

（4）技术创新机制和支持系统状况　包括：引进或自主研发先进技术数量；新技术、新产品推广面积（或产值）；与大学和科研院所合作技术项目数量；副高以上职称科技人员占园区总雇员人数比例；良种、化肥、农药、农机以及信息、教育、金融、保险等在内的服务体系状况；以政府投入为引导的多方投入体系状况等。

（5）效益　包括：园区投资利润率；农民人均纯收入年增长率；出口创汇总额年增长率；园区提供就业人员数量等。

第五章 现代观光旅游农业园区典型案例与分析

第一节 天津杨柳青果蔬博览园

一、项目区概况

作为环渤海经济圈的重要一极，天津市一直坚持把解决好"三农"问题作为其地区经济发展的重中之重，以此来统筹城乡经济社会发展。按照沿海都市型农业发展方向，天津市不断拓展农业功能和领域，加大农业基础设施投入，提升农业综合生产能力；同时规划和建设果品、蔬菜、水产等十大无公害农产品基地，创建了一批知名绿色品牌。

杨柳青镇位于天津市西青区西北部，是天津市最大的卫星城镇。杨柳青镇拥有千年的文化积淀，明清时期，这里曾是运河漕运重要枢纽，一度成为中国北方商贸流通和文化交流集散地，商业繁荣，被誉为北国小江南、沽上小扬州。作为天津市的千年古镇，杨柳青以民风淳朴、风景秀丽、商业发达、文化昌盛闻名遐迩。以杨柳青年画、剪纸、风筝、砖雕和石刻等为主的民间艺术闻名遐迩，是中国民间艺术的瑰宝。杨柳青镇丰富的自然和人文景观资源，为其休闲旅游业的迅速发展提供了巨大的空间。

二、产业特点

（一）项目提出

2007年11月中共杨柳青镇委、镇政府委托中国农业大学农业规划科学研究所等组织有关专家研究制定杨柳青果蔬博览园总体规划。随后规划编制组对杨柳青镇进行了实地考察调研，在与杨柳青镇领导和干部群众充分交流的基础上，经过认真调查研究和专家研讨，编制组对杨柳青镇农业产业建设的基础条件、背景依据与发展潜力进行了深入分析，提出"以科技创新为动力，建设国际一流果蔬博览园"的发展目标。

（二）产业类型及目标

天津杨柳青果蔬博览园依托当地深厚的历史文化底蕴，在总体规划的指导思想下，借鉴都市型现代农业的要求，将种植设备设施、种植技术、新品种引进等现代农业技术与商业旅游完美融合，形成了集科技推广、培训示范、企业孵化和观光旅游为一体的多功能休闲度假园区。园区以科技创新为战略定位，以科技引智为发展动力，以模式辐射带动成果转化，以立体深化服务获得持续盈利，促进市场、产业与科技的有效连接，并最终实现知本经济、产业经济和区域经济的有机结合与互促发展。在今后的3~5年中，杨柳青果蔬博览园将被打造成"特色突出、优势明显、利于创新、技术高新、设施先进、科研精尖、功能合理、管理科学、运作高效、效果显著、环境融合、国内领先、世界知名"的都市型现代果蔬科技与产业创新示范园，为天津市和谐循环农业和都市型休闲观光农业发展提供模式样板。

（三）投资主体

天津杨柳青果蔬博览园投资主体为天津市西青区杨柳青镇人民政府，并投资注册天津杨柳青古镇农业科技发展有限公司具体负责该园区的建设及运营管理。

（四）运作管理模式

天津杨柳青果蔬博览园的管理模式需要与国际接轨，同时考虑我国建设有中国特色农业现代化的实际情况，规划了相应的管理模式，即园区的管理实行政府主导下的多元共管的公司治理型结构，具体为：政府园区发展指导委员会＋公司管理＋专业机构支持＋协会促进＋项目企业化运作＋经营服务市场化的组织运作模式。

（五）盈利点

该园区产业定位为天津、西青经济产业链中的一环，通过自身的科技展示、科技示范、科技推广、旅游观光而成为地方经济产业链条中的亮点，实现科技推广、科技服务的社会效益和经济效益。通过园区的观光旅游，带动游客流量，实现旅游观光收入。通过园区的科研引智、科技转化、产品加工、企业孵化，实现更大的经济效益。

三、规划特点

（一）概念规划思路明确，站位高

该规划概念规划思路明确，站位高，表现在以下几方面。

1. 主题定位明确

规划依据区位主体、项目承担主体及社会参与主体对果蔬博览园建设和发展的需求、对果蔬博览园总体目标实现的要求及领域分析与选择的最终结果，在广泛借鉴我国都市型现代农业园区在加工、物流、商贸、科普、休闲、旅游、景观等功能定位方面的经验，确定果蔬博览园的功能定位为"全国果蔬产业最大科技推广平台"，并满足以下三个方面的主导功能：

① 满足天津市乃至全国都市型现代农业发展的科技引导、成果转化、培训示范功能；

② 满足果蔬博览园自身业务能力拓展的试验转化、规范生

产、企业孵化和展示交流功能；

③ 满足果蔬博览园与千年古镇特色旅游文化结合的生态观光旅游功能。

2. 战略思想站位高

以构建中国国家现代农业标志性、导航性高科技果蔬博览园为目标，以现代种植设施设备、种植技术，现代加工设施设备、加工技术，新品种引进、研发与服务为核心，重点建设科技推广平台，以科技创新为园区的战略定位，以科技引智为发展动力，以模式辐射带动科技成果转化，以立体深化服务获得持续盈利，形成支撑果蔬博览园发展的巨大科技势差驱动效应、产业功效放大效应和网络增值效应，促进市场、产业与科技的有效连接，最终实现果蔬博览园知本经济、产业经济和区域经济的有机结合与互促发展。

3. 规划理念新颖

（1）抢占国内农业科技制高点　果蔬博览园建设以抢占国内农业科技制高点为目标，体现我国蔬菜及园艺业发展的先进水平和观光价值，通过果蔬博览园的建设进行农业新技术和新品种的储备，为天津市的现代农业产业化发展提供人才和技术保证。

（2）展示国内外名优稀特品种和先进栽培技术　果蔬博览园建设将大力引进和发展名优稀特蔬菜果树品种和栽培技术，实现高效优质生产的示范作用，促进西青区乃至天津的特色园艺产业化发展，同时通过加工、贮藏分项目的配套进行，将成为农业产业化龙头示范园区。

（3）构建国际农业引智平台　果蔬博览园将建立引智开放基金，强调科技辐射功能。开放基金可促进及鼓励农业科技成果在园区的转化，促进科研试验水平的提升，逐步奠定园区科技制高点的基础地位。

（4）强化科技培训服务　果蔬博览园可作为现代农业科技教育培训基地，突出建设以中国农业大学为主，中国农科院、北京市农林科学研究院等科研院所参与的推广展示平台,推进新农村建设,培训大批高素质种植技术人才和管理人才,实现新型现代种植模式在天津市的培训与推广。

(5) 倡导果蔬消费新观念　果蔬博览园建设可逐步引导人们的果蔬消费观念、旅游方式以及健康养生消费,为杨柳青镇开发新型的休闲、娱乐、观光、餐饮、旅游提供丰富的物质资源,同时深化杨柳青镇旅游形象,丰富和延续杨柳青镇文化内涵,营造天津市富有特色的旅游休闲度假园区。

(6) 建设国家级农业园区　果蔬博览园将逐步建设成为国家级农业园区,成为国家果蔬科技产业扶持的重点,成为天津市果蔬科技生产示范的龙头。

4. 规划原则简明

(1) 因地制宜原则　果蔬博览园的发展既要纳入杨柳青镇经济总体规划,更要符合天津市产业总体布局。立足杨柳青镇自身的地理位置、自然资源、社会经济等条件,依托北京、天津等地的科技、人才、资金、信息等方面的优势,主动接受环渤海经济圈的强大辐射,延伸产业链条,完善产业服务体系,加快培育一批特色明显、层次分明、类型多样、竞争力强的优势果蔬产业群,实现农业生产与生态效益的有机结合,将资源优势、区位优势等转变为经济优势。通过结合杨柳青千年古镇的旅游文化资源,大力发展果蔬产业的展示、示范、旅游功能,加快城乡经济一体化进程。

(2) 差异化原则　在杨柳青果蔬博览园的产业发展和产品开发中加入创意元素,重点发展旅游农业产品的开发。在园区的规划设计上高站位规划、高水平策划、高质量建设、高标准运作,突出特色、发挥优势,统一规划、分期实施、滚动发展,避免与一般果蔬园区雷同,实现与其他果蔬园区错位竞争,建成国际一流、国内领先的高档次果蔬博览园。

(3) 可持续发展原则　以科学发展观为统领,把经济发展切实转到以科技为动力和可持续发展的轨道上来。依靠科技、创新为园区发展的永久动力，构建果蔬博览园"技术高新、设施先进、科研精尖"的产业体系，形成"效果显著、环境融合、国内领先、世界知名"的果蔬科技与产业创新示范园，搭建"功能合理、管理科学、运作高效"的国内一流的科技推广平台，以不断支撑果蔬博览园的可持续发展。

（4）三效和谐原则　依据都市型现代农业的要求，依据区域功能定位，增加总量与优化结构同步，产业发展与扩大就业结合，产业发展与资源环境保护并重，充分考虑资源与生态环境的承载能力。优化产业结构，发展循环经济，坚持节约发展、清洁发展、安全发展，增强市场竞争力。在布局规划时，使农业产业项目安排有层次性和有机性，项目之间有衔接、有互动，做到生态环境治理与经济社会发展相结合，实现经济、社会、生态效益的有机统一，构建良好的人居环境。

（二）总体及分区规划体现新思维

天津杨柳青果蔬博览园规划设计总体结合环渤海经济圈经济发展、天津市全国经济中心定位以及杨柳青千年古镇的文化渊源，将园区主题定位为"吉祥天津，和谐中国"，园区主体分为果蔬风情区、科研引智区、红楼蔬菜园、生产加工区、中心展示区、室外展示区以及休闲体验区。每个园区既独具特色、各自成趣，又相互依赖、相辅相成，使整个博览园具备了主题公园的鲜明特征。

（1）果蔬风情区，结合不同重点创特色　果蔬风情区规划设计为12栋新型节能联栋温室，每栋温室0.5公顷，共占地6.08公顷，位于果蔬博览园东北部，进行现代先进果蔬品种、种植模式、栽培技术的展示、示范；结合各地风情文化，利用果蔬为展示载体，营造具有丰富文化内涵的景观，深度开发园区观光旅游功能。具体分为三个系列：杨柳青风情园、欧美风情园、台湾风情园。

① 杨柳青风情园：杨柳青风情园的设计以"科技、发展、人文、养生"为主题，充分展示国内外名优稀特蔬菜瓜果品种和高科技农业技术。结合天津杨柳青特色文化，构建和谐杨柳青主题，按其功能及主题划分为福园、禄园、寿园和禧园四个展示厅：福园以展示丰富奇特的瓜果蔬菜新品种为主，并结合不同的园林造景方式，重点突出展示瓜果在最适条件下的潜力栽培和新、奇、特、优的瓜果蔬菜艺术展示，是蔬菜品种的大观园；禄园是以蔬菜园艺各种栽培模式和新技术（各种无土栽培模式、蔬菜树栽培、墙体栽培、瓶园、试管花卉等），并结合传统文化进行造景的科技展示区，各种无土栽培方式是其主要特色，荟萃了国内外先进的有机生态型无土栽培、水培和雾培等方式；寿园是以展示各种药用、芳香保健蔬菜、茶用植物、观食兼用花卉和观赏性强的中药材以及中国传统的养生文化为主要内容的农业和养生文化区，通过园中芳香植物的欣赏、品尝，达到引导人们养生消费理念的目的，最终促进芳香养生植物等园艺植物的产业化发展；禧园是以展示南果北种、中外果树精品品种、保护地栽培果树品种和栽培技术为主要内容的果树展示区，主要以热带、亚热带常绿果树栽培为特色，通过品种展示与栽培示范，发展南果北种和果树设施栽培，带动西青区乃至天津的果树产业发展。

② 欧美风情园：欧美风情园的功能定位是以"高科技、现代化、工厂化"为主题，展示世界最先进的设施园艺品种、技术和设备，通过引进世界一流设备、生产技术和生产模式，体现高科技对于生产效率提高的巨大作用。欧美风情园具体分为三个展厅：温室设备展示区，展示世界最先进的温室配套设施，包括加温设备和技术、通风降温系统、空气环境条件监测系统、光合作用效率检测系统等，实现植物最佳的生长状态，保证周年供应及全天候生产的可控性，产出高产量、高品质的园艺产品；栽培方式展示区，展示世界最先进的栽培方式，如

增加温室生产利用面积的轮盘悬挂栽培、多层栽培,以及生菜水培自动化生产整套生产线;自动化机械展示区,展示一批世界先进机械化装备和适于机械化的品种,包括机械化装盆、苗床装载和传输系统、生菜采收装置、各种机器人(番茄采收机器人,黄瓜采收机器人,草莓采收机器人,小苗装载机器人)、各种包装机械等。

③台湾风情园:台湾风情园的功能定位是以"台湾特色,热带风情"为主题,展示宝岛台湾丰富的蔬菜、果树品种和生产技术。迷人的热带风情,让人流连忘返的风景名胜,激发人们期盼宝岛早日回归祖国的强烈愿望。台湾风情园具体由两个展厅组成:台湾果树风情园,展示台湾果树品种,如椰子、槟榔、莲雾等果树品种,并以果树为载体,通过缩微、造景等方式,展现台湾的风景名胜;台湾蔬菜风情园,展示台湾蔬菜最新品种,如苦瓜、丝瓜、青江菜、山葵、海芋、芦笋、莴苣等品种,展现台湾蔬菜业的发展现状,并以蔬菜为载体,通过缩微、景观等方式,展现具有台湾特色的风景园林、人文景观和风景名胜。

(2)科研引智区,强调科技引智的平台 科研引智区主体为一综合大楼,分为科技引智中心、国际农业专家公寓和园区管委会办公区,位于园区的西北区域,规划建设面积 10 000 平方米。引智中心包括农业技术、品种引进中心、农产品研发中心、农业信息中心、农业技术培训中心等,是园区科研、培训、推广的中心,同时也是国内外先进成果、先进技术引进和推广、转化的平台。

配套建设 4 000 平方米的科研温室,用于国际先进科技的应用试验、转化推广,为专家提供科研试验的场地,是国内外科研院所科技转化试验基地,是科技成果培育孵化基地,同时也承担了展览温室驯化、育苗的任务,并配套科研日光温室 13 栋,用于蔬菜的生产、科研、示范。

(3)红楼蔬菜园,有品位地体验农业种植 中国传统蔬菜品种很多，栽培历史悠久，《红楼梦》中就有不少记载。红楼蔬菜园规划位于园区的东北角，建一片景色自然的小菜园，让游人置身于室外田园，回归传统农业的场面，体会红楼意境，别有一番情趣。此区占地面积1.33公顷，进行露地蔬菜小面积种植，营造传统农业的种植场面和典型的田园风光，取《红楼梦》有关蔬菜和田园的意境。

在日光温室中间的露地地块进行小面积的露地蔬菜标准化种植示范，展示露地种植优新品种和栽培技术。

(4) 生产加工区，完善产业链条　生产加工区由日光温室生产区和果蔬加工区两部分组成。

① 日光温室生产区：日光温室生产区位于果蔬博览园的南部，由19栋日光温室组成，每栋面积480平方米。主要用于蔬菜、果树的生产和示范，通过不同的品种、不同的栽培方式，进行日光温室高档蔬菜果树的规范化、标准化生产，使产品达到绿色食品标准。

② 果蔬加工区：果蔬加工车间位于园区的东南侧，生产加工车间占地8 000平方米，分为果蔬加工车间、冷库、配送中心等几部分。果蔬加工品的开发原则为以产业化为目标，面向天津、北京市场，采用规范化的种植方式，加工生产具有特色的蔬菜、水果类商品。针对天津、北京、环渤海区域市场运输要求，产品为适于近距离运输的中、高档产品。产品特色表现为具有常规生产方式难以达到的性能，如免洗、安全、感官好等。

(5) 中心展示区，结合历史、体现文化　中心展示区位于园区中心，主要功能为果蔬文化科普宣传、生产设施设备和农业高新科技等的展览、展示，举办大型国内外果蔬博览会。该区由5 800平方米展览大厅和"千米长廊"两部分组成。展览大厅主要用于农业新技术、新产品、新设施的展示以及承担各种展览。"千米长廊"用以展示权威的蔬菜驯化史、设施蔬菜种植发展史、果蔬加工技术发展史，并结合果蔬的相关历史文化典故，以及目前最新科研品种的展示，采用图文并茂的形式，通过浅显易懂的方式，达到对参观者科普教育的目的。

（6）扩展功能的室外展示区　室外活动展览区可承担临时展示功能，并且起到疏散游客的作用，同时也是游客休息、娱乐的场所。

（7）休闲体验区，增强园区的娱乐性　该区位于园区西北侧到西南，沿水系为游客提供休憩、玩乐的场所，主要有水生蔬菜区、生态餐厅、溪边垂钓、农家小院、江南水乡、儿童乐园等六大主题。

① 水生蔬菜区：水生蔬菜是我国农业的一项特殊种植方式，迄今已有 2 500 年的栽培历史。莲藕、芋头、茭白、水芹、菱等都是世界公认的水生蔬菜，只有我国和周边国家栽培，欧美发达国家基本上没有种植，故被称为中国特菜。利用园区的水系，结合水生蔬菜的生长特性，在园区的水域进行水生蔬菜的种植栽培，不但能生产相应的产品，而且经过修正、搭配、造型，即可成为园区旅游的景观，增强游客观光的兴致。

② 生态餐厅：生态餐厅主要用于接待园区游客。以设施环境调控技术和农艺栽培技术来维护餐厅的生态景观，形成以绿色景观植物为主，蔬、果、花、草、药、菌为辅的植物配置格局，配以假山、叠水的园林景观，立体、全方位展现一个优美宜人的就餐环境。

③ 溪边垂钓：由垂钓亭、太公垂钓（雕塑）、溪边野炊、鹬蚌相争（雕塑）几部分构成，游客可以在此区域进行摸鱼嬉戏、休闲烧烤等活动，营造出悠闲与宁静的氛围。

④ 农家小院：由农家养殖的鸡、鸭、鹅等组成的小动物园及农家娱乐方式象棋盘和木线桥构成，给游客一个体验农家生活的机会。

⑤ 江南水乡：由喷泉广场、农家水车、"密林幽境"、"三桥连珠"以及"鱼米人家"等几部分组成，和水生蔬菜园互相

呼应，展现给游客一个江南水乡的优美景色。

⑥ 儿童游乐园：安装各种儿童喜欢的游乐设施，如跷跷板、滑梯、蹦蹦床等，为周围景致增添活跃的因子，使儿童有一片属于自己的玩乐空间。另外在各个区内设立各种独特造型的厕所，方便游客和增加景致美感，如南瓜形、番茄形、草莓形等以果蔬为主的造型。

四、园区存在问题分析

杨柳青果蔬博览园项目建设与后期可持续发展的实践经验表明，在今后类似的观光农业园区项目中，需要注意以下三个方面的问题。

（一）土地征用问题

土地是农业园区项目建设与运转所依赖的最基本的生产要素，要保证农业园区建设与可持续发展的正常进行，通过有效途径获得一定量的土地是基础。在当今中国农用土地流转市场不甚完善的情况下，土地征用是农业园区项目获取土地的主要方式。但同时，土地也是农民最基本的劳动对象和经营基础。目前我国农村社会保障仍不健全，土地对农民起到了强大的社会保障作用，也就是说，对于绝大多数农民来说，一旦失去土地便失去了最基本的社会保障。那么，如何在获取土地的同时又不损害当地农民的合法利益，便成为项目建设前期一个值得关注的重要问题。杨柳青博览园的实践表明，多层次而非单一的征地补偿方式（如货币补偿、土地使用权入股、福利保障等）将有助于化解项目用地与农民失地两者之间的矛盾，保障农民合法权益的实现。

（二）建设方与承建方问题

在项目建设过程中，建设方与承建方是两个最主要的利益相关主体，二者之间关系的协调与否是项目能否正常进展的关键因素。一方面,建设方要提供良好的环境,包括工作场所、员工人际关系等;另一方面,承建方必须要在规定时间内按照要求提供切实可行的施工设计方案,具体包括工艺、质量标准等方面,尤其是质量标准这一项,如果缺少明确的质量标准,将会导致频繁的项目返工,从而阻碍项目进度,增加建设成本。

(三) 后续经营管理问题

项目建设完成以后,紧接着便是后续的经营与管理,这也是农业园区项目能否可持续发展的关键。具体来讲,根据园区项目的性质,建立相应的经营组织机构,着重产品市场分析、技术研发、生产管理、宣传策划等一系列工作的有序开展,使园区提供的产品和服务适应当地市场的需求,将最终创造更多的财富和价值。

第二节 内蒙古乌海市海勃湾区高效农业示范园

一、项目区概况

内蒙古乌海市海勃湾区高效农业示范园是集科技、产业、基地、生态以及农业生产、观光旅游、休闲娱乐为一体的现代化农业示范区。园区以蔬菜、葡萄、花卉种植以及奶牛养殖为主导,依托工业园区,转移剩余劳动力;依托园区,发展高效特色农业;依托基地,发展绿色产品集散中心。整个农业示范区按三期工程进行规划建设。其中一期工程已建成连体住房 180 户,二期在建工程建设 360 户,三期工程拟建 460 户,达到安置移民 1 000 户、总占地面积 667 公顷的发展规模。其中重点建设规模化、科技化、标准化绿色无公害果蔬种植区,并配以果蔬产品的加工、包装、储运及销售,构建绿色无公害果蔬产业链,同时适度开发都市农业生态旅游产业,提供富余劳动力再就业机会,带动周边农户生产，增加农牧民收入，推动乌海地区果蔬产业纵深发展。

（一）宏观背景

乌海市位于内蒙古自治区西部，总面积1 682平方公里，辖海勃湾、乌达、海南三个区，总人口约40万人。乌海市工业生产增长迅速，经济效益大幅提高，农业生产保持稳定，人民生活水平日益提高。项目所在地海勃湾区辖新地乡、五一乡两个农业乡镇，共有20个行政村，农区居民24 461人，耕地面积1 467公顷，主要集中在城郊沿河一带，农田土壤肥沃，引黄灌溉十分便利。农业属典型的城郊型灌溉农业，以种植蔬菜为主，基本是近郊种蔬菜、远郊种粮，正常年份蔬菜种植面积占总播种面积的47%。

（二）地理位置

项目区位于乌海市海勃湾北郊，南距海勃湾城区12公里，北距蒙西工业园区1公里，西与新地乡三坝村耕地接壤，东距乌海市千里山工业园区1.8公里。

（三）气象条件

根据有关资料，项目区属于暖温带大陆性气候，日照时间长，太阳辐射强，昼夜温差大，气候干燥，风沙大，雨水少。光能资源充沛，全年日照时间3 481~3 227小时，平均气温9.0~9.2℃，无霜期160天左右，年平均降水162.4~168.5毫米，全年蒸发量3 841~3 496毫米，年均地温不足20℃，最大冻土深度在163~178厘米。丰富的光热资源，非常适合水果、蔬菜等农作物的生长。海勃湾西北是乌兰布和沙漠，东边是桌子山，地处冷空气入侵门户，年平均风速较大，可达3.14米/秒，风向多为偏西北风或西北风，沙暴日数多，全年约为22~26天。

（四）地质条件

黄河乌海段年平均流量为890立方米/秒，径流量达281.3

亿立方米，是农业灌溉主要的地表水资源。地下水资源丰富，含水层稳定，开采深度100~150米，单井涌水量120~250吨/个。水质好，矿化度为1左右，符合人畜饮水安全标准。

项目区属黄河冲积阶地和山前冲积倾斜平原，地势平坦。地表自然植被有白刺、沙蒿、苦豆等沙生植物，覆盖度在25%左右。土壤表层为风沙土，底层为灰漠土，有机质平均含量0.204%，全氮量0.103%，土壤肥力性状指标能够满足农作物生长需要。通过引黄灌溉和土壤培肥，撂荒地复垦能够转变为生产力中上等的基本良田。

（五）能源条件

乌海市是一座新兴的资源性工业城市，其矿产资源丰富。已探明金属、非金属矿藏有37种，其中，煤炭已探明储量30多亿吨，以优质焦煤为主，占全自治区已探明焦煤储量的60%左右；铁矿石储量600多万吨；煤系高岭土储量在11亿吨以上，约占全国探明储量的1/5；石灰石远景储量在200亿吨以上；高品质的石英砂、石英岩总储量达50亿吨；白云岩、耐火黏土、硅石储量也很可观。邻近地区还有丰富的盐、碱、芒硝、太西煤等，这些矿产储量大、品质高、配置条件好，是发展化工、建材、高载能工业产品的重要原料。

（六）交通条件

乌海市距石嘴山50公里，距银川市150公里。东临临河市160公里，距包头市300公里，距离呼和浩特市650公里。

项目区属海勃湾区北郊，地处五一乡辖区北缘，毗邻飞机场和新地乡政府，机场路和通往乡镇的公路纵横交错，与110国道、新干线及正在修筑的高速公路互通。村村通三级公路，交通非常便利。

（七）周边环境

项目区位于乌海市海勃湾区城郊，紧邻乌海市飞机场，周围无高大建筑物，远离城市居民生活区，无大型煤炭、焦炭等污染严重的工矿企业。项目区及其周边自然生态环境良好，地表自然植被覆盖度在25%左右，距离著名的金沙湾旅游区仅5公里。园区内建设"四位一体"的沼气池和沼气输配系统，既能够满足园区内居民日常生活用能，又可及时有效地处理农业生产废弃物，真正实现节能、环保、绿色、高效、现代化的农业生产。

二、整体定位及发展方向

（一）功能定位

根据项目建设条件、规划思路和发展目标，坚持综合性、系统性、开放性、因地制宜、发挥比较优势的原则，高起点、多角度针对园区功能进行定位分析。

1. 生产加工绿色无公害果蔬产品功能

充分发挥园区自然资源优势，以高档绿色无公害果蔬品种为纲，进行高质量、高效益的标准化、规范化生产，逐步把资源优势转变为产品优势，进而转变成经济优势。

2. 市场开拓和品牌培育功能

以园区的绿色无公害果蔬优势产品为先导，不断开拓乌海及其周边地区高档果蔬销售市场，促成龙头企业的形成，打出沙漠果蔬品牌，建立生产技术体系，引导企业和农牧民标准化、规模化生产，共创名牌，共享效益。

3. 旅游休闲功能

以大规模、标准化、高效率的现代工厂化生产工艺流程，作为一种独特的旅游资源，让人们感悟西部未来农业高新技术的发展方向。同时努力营造独特的草原美景和刺激的沙漠游戏，开辟生态餐饮服务区，给游客创造一个随时品尝沙漠特色风味的机会，拉长果蔬产业链，提高经济效益，为农牧民增收发挥更多作用。

4. 改善生态环境功能

良好的生态环境是园区生存的必要条件，因此项目建设注重园区环境保护，走绿色可持续发展道路。利用扶贫开发"移民扩镇"项目中的沼气工程，消除环境污染，使农业废弃物变废为宝、综合利用，进而可以改良土壤，增加农田肥力，同时解决农牧民生活能源问题，有利于生态系统的良性循环和农业可持续发展。

5. 示范推广和教育培训功能

园区具备高新技术创新能力，通过对新技术、新品种的引入示范，向周围辐射、推广，不仅能为农牧民提供优良种苗，同时先进技术的引入能潜移默化地改变传统农牧民落后的生活习惯与生活方式。

园区利用全方位的信息网络资源，对农用物资、果蔬产品进行销售、购买，同时面向社会，为企业和农牧民提供绿色果蔬生产、销售、加工等方面的咨询服务。对外定期开展教育培训活动，加强企业与企业，企业与农牧民之间的交流沟通。

（二）产品定位

1. 技术优势型产品

项目单位应加强与知名科研机构、高等院校技术优势的结合，研究开发优质绿色无公害果蔬品种和引入成熟先进的生产技术，为乌海及其周边农户提供良种和种植技术，为企业提供先进的加工、储藏、保鲜等技术，以产品技术的先进性占领市场。

2. 资源优势型产品

根据果蔬的需水期和需水量选择节水节能灌溉设施技术。在合理、适时进行灌溉的前提下，当地的光、热、水、空气等自然资源是发展果蔬得天独厚的优越条件，因此项目应以特色无公害果蔬生产为基础，发展"人无我有，人有我优"的资源优势型产品，实现名牌战略，发挥品牌效应，以高档绿色无公害果蔬产品开拓京蒙地区市场。

3. 以中高档消费群体为主的市场定位

以京蒙地区中高档消费群体为主导，配合中国农业大学朝来农产品物流配送中心,重点拓展北京、乌海地区的高级宾馆酒店、大专院校、科研院所、政府机关、金融机构、高档住宅小区集中的超级市场及经济实力雄厚的企业集团购买。

4. 龙头企业带动、"公司+农户+基地"的发展模式

依托园区设施农业规模和特色农业基地建设,田野农科、民生奶业、忠华花卉、云飞葡萄、三金生态、佳奇果品、金田农业等加工、贮藏、流通型龙头企业和产业化组织落户园区,并组建蔬菜销售协会、奶牛养殖协会。园区采取"公司+农户+基地"的经营模式,充分利用龙头企业带动作用,树立绿色品牌战略,走新型产业化发展道路,立足国内外市场,打造一流绿色产业基地。园区的种植企业统一育苗、统一技术、统一品牌、统一收购,养殖企业统一提供贷款、统一疫病防治、统一饲料供给、统一收购牛奶。

(三)指导思想

以工业化理念、社区化模式、园区化管理谋划乌海农业发展,努力实现农业增效和农区居民增收,进一步加大农业投入,落实各项政策补贴,强化支农贷款协调工作,切实解决好农业发展资金问题。加快调整农业产业结构,大力发展无公害、绿色、特色种植业,增加具有比较优势的经济作物种植面积。

园区应以谋求更高经济效益、社会效益和生态效益为目标,借鉴并应用国内外先进适用的农业新技术、新设施、新设备,整合乌海地区多种资源,以工业化理念作指导,采用"公司+基地+农户"的经营管理模式,重点建设规模化、科技化、标准化绿色无公害果蔬种植区,配以果蔬产品的加工、包装、储运及销售,构建乌海地区绿色无公害果蔬"种加销"产业链,满足北京和乌海高档果蔬消费市场,打出田野果蔬品牌,同时项目注重融合蒙族传统文化和民间艺术,突出乡土情趣和沙漠风光。在保护和改善生态环境的前提下,适度开发都市农业生态旅游产业,缓解乌海当地富余劳动力再就业压力,鼓励周边农户加盟参

与,增加农牧民收入,推进农村生活环境改善和基础设施建设,带动当地及其周边农业和农村经济发展。

(四) 规划原则

1. 坚持经济、生态、社会三效和谐的可持续发展

规划始终以经济效益为突破口,带动乌海及其周边地区社会效益的全面提高,当前效益与长远效益有机结合,兼顾生态环境的开发与保护。

2. 因地制宜、以人为本,改善生态环境,体现乡土风情

在开发和保护自然生态环境的前提下,充分挖掘园区的优势条件,规划创意与都市农业主题、蒙族传统民俗与现代手法紧密结合,展现沙漠绿洲独特魅力,改善原有沙漠化的生态环境,营造具有较强吸引力的典型景观和趣味游戏。

3. 综合性、系统性与开放性原则

采用现代化经营管理体制,利用先进农业科学技术和现代化装备与设施,充分发挥资源优势和生态系统循环作用,借鉴国内外优秀实践经验,提高果蔬产品市场竞争力,创造良好的综合效益。

4. 统一规划、分期实施,建设与经营相得益彰

规划应站在乌海市乃至内蒙古自治区农业发展高度,宏观把握、统筹全局。项目建设应集中精力、分期实施、稳步推进,减少前期基础性投资,增加可操作性。

(五) 发展目标

项目将建成集科技、产业、基地、生态以及农业生产、观光旅游、休闲娱乐为一体的现代化农业示范区,是以规模化、科技化、标准化绿色无公害果蔬种植为其主导产业,农产品加工配送、技术培训等内容为辅助产业,具有一定规模和实力的内蒙古自治区龙头企业,真正实现明显的经济效益、生态效益和社会效益。整个园区规划到2010年,达到温室面积133公顷,奶牛养殖2 000头,葡萄种植133公顷,肉羊养殖2 000头,居民人均

纯收入 20 000 元。

三、分区规划及整体布局

根据项目建设的基本情况、规划的指导思想、原则和发展目标等内容,从总体上进行宏观把握,既强调各区之间的联系,依靠快捷交通设施方便到达,同时又注重各功能分区的独立与完整性,各分区可分期、分批独立实施和经营。园区划分为中心服务区、果蔬种植区、养殖区、加工配送区四部分。

(一) 中心服务区

中心服务区位于园区北部,与高速公路相邻,规划面积约 13.34 公顷,地势较为平坦。该区是全园的序幕与核心,结合海勃湾区扶贫开发移民扩镇工程,在园区主干道的两侧沿路规划建设学校、幼儿园、医院、培训中心和商贸物流中心,按照城市化建设要求高标准配套园区水、电、路、通讯等基础设施,集中供热排污,科学规划绿地,做到美化、绿化、硬化、亮化四统一。

(二) 种植区

种植区位于园区北部,与中心服务区相邻,占地面积 66.7 公顷,按"温室+住房+沼气池"一体的设施农业和生态家园分期规划建设,着力培植壮大反季节瓜果蔬菜、苗木花卉、葡萄、乳肉等四大主导产业和区域特色产业,以沼气为纽带,建设生态家园,从而实现家居温暖清洁化、庭院经济高效化、蔬菜生产无害化。

(三) 养殖区

养殖区位于一期、二期种植区之间,设牛棚 20 栋,主要进行规范化奶牛养殖,配套沼气工程。

(四) 农产品加工配送区

农产品加工配送区位于园区北部,与高速公路相邻,规划面积约 6.67 公顷，建设内容包括恒温净菜加工包装车间、冷藏库、气调库、运输车队、常温周转库，并为周边农户提供产后服务，延伸乌海市果蔬产业链，使之增产、增收、增效。

四、组织机构设置

海勃湾生态园的组织机构根据其自身生产、经营、科研的运行规律以及指导、带动、组织周边农民加盟产业体系的需要设置园区管委会。园区管委会组织机构设置如图 5-1 所示。

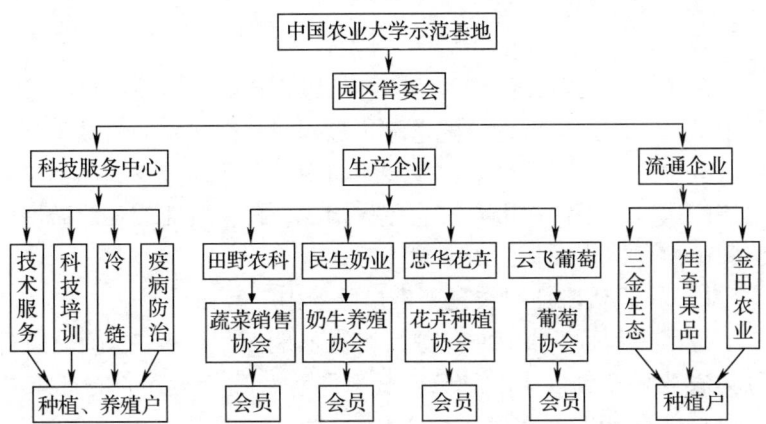

图 5-1 内蒙古乌海市海勃湾区高效农业示范园园区管委会组织机构图

第三节 无锡唯琼生态农庄

一、项目区概况

无锡唯琼生态农庄隶属无锡市滨湖区胡埭镇，位于太湖丘陵山区，东邻龙山余脉，北接阳山水蜜桃基地，南眺马山国家太湖旅游度假风景区，西靠锡宜高速公路陆区、胡埭入口处，具有独特的区位优势。项目区域边界东侧至25米等高线，西侧和北侧至公路，总面积为308.42公顷。

该园区以科技为支撑，形成了集高效农业观光、休闲商务度假于一体的农业示范区，突出高科技农业示范区的规模化、综合化、标准化的产业发展模式。整个园区农业生产用地281.37公顷，配套设施用地27.05公顷，建筑占地11.27公顷。

二、产业特点

该园区以农业休闲度假为主，辅以现代农业科技推广、展示与中试、农产品加工物流配送等，分别建有现代农业科技创新推广服务中心区、现代高效农业展示与中试区、现代农产品加工和物流配送区、现代都市生态农庄休闲区、现代农业商务旅游度假区和山前立体化农林区六个功能分区。

（一）现代农业科技创新推广服务中心区

该区占地面积4.18公顷，建筑基地面积3.33公顷。总体分为农业科技创新中心和营养配餐与食疗中心两个部分。其中农业科技创新中心建设用地3.00公顷，建筑基地面积2.53公顷，主要由农产品研发中心、农业信息中心、农业技术培训中心组成；营养配餐与食疗中心地块面积1.18公顷，建筑基地面积0.80公顷。主要是采用自产的绿色农产品，经过科学的配餐和高超的厨艺，为园内住客及园外游客提供极具特色的餐饮服务，并与国家体育总局运动医学研究所运动营养研究中心合作，引进运动员及大众膳食营养分析与管理系统计算机软件协助配餐。

（二）现代高效农业展示与中试区

该区占地面积156.00公顷，按功能分为：生态农业生产展示区和生态农业中试区。生态农业生产区面积125.26公顷,生态农业中试区面积30.73公顷。针对国内外市场,选用优良果蔬品种和农业高新技术及设施,完善无公害化、园林化、科技化、规范化种植体系,并配以相应的社会化产品加工、配送和销售,构建无公害果蔬产业链,推动农村经济、社会的全面发展。

(三) 现代农产品加工和物流配送区

该区占地面积4.89公顷,建筑基地面积1.96公顷。包括两个部分:农产品加工观光区和农产品配送服务中心。农产品加工观光区占地面积4.03公顷,建筑基地面积1.61公顷;农产品配送服务中心占地面积0.86公顷,建筑基地面积0.35公顷。

农产品加工观光区拟建农产品库房、冷库、墨绿海(野生蔬菜,具有抗病虫、高营养功效)深加工流水线、莱福郎梨深加工流水线和果品激光选果流水线,促进周边区域果蔬产业增产、增收、增效。

(四) 现代都市生态农庄休闲区

该区占地面积37.75公顷,划分为三个部分:主题农业旅游观光区、生态农居体验区、湖光山色原生态旅游区。

(1) 主题农业旅游观光区、农业体验区 占地面积29.34公顷,分为:传统农业体验区(吴文化农业主题公园)、原始农业体验区、生态农业体验区、采摘林果园区。其中,传统农业体验区面积3.94公顷,原始农业体验区面积7.10公顷,生态农业体验区面积11.23公顷,采摘林果园区面积7.07公顷。主题农业旅游观光区中,游客可亲手采摘水果、蔬菜,感受农民丰收的喜悦;可在技术人员的指导下修剪果树,体验农民劳动的辛苦;可喂养孔雀、山鸡、梅花鹿等动物,享受与动物共享自然的乐趣;可感受传统农业的发展历程,更加深入了解吴文化传统农业的内涵。

(2) 生态农居体验区 占地面积6.91公顷,建筑基地面积 3.14 公顷，包括生态农居体验生活区与综合社区服务中心两个部分。其中，生态农居体验生活区占地面积 6.80 公顷，建筑基地面积 3.16 公顷；综合社区服务中心占地面积 0.11 公顷，建筑基地面积 0.08 公顷。生态农居体验区主要由明清时代中国传统样式的农居组成，探索传统技术条件下生态农居的建设。

（3）湖光山色原生态旅游区　占地面积 1.5 公顷，建筑基地面积 0.72 公顷。包括两个部分：湖光山色休闲俱乐部和原生态文化体验区。湖光山色休闲俱乐部占地面积 0.2 公顷，建筑基地面积 0.09 公顷；原生态文化体验区占地面积 1.3 公顷，建筑基地面积 0.63 公顷。原生态文化体验区设以下服务机构：山野攀越俱乐部、特色钓鱼区、茶文化中心。

① 山野攀越俱乐部：山野攀越俱乐部是为探险旅游及生态旅游爱好者服务的非商业性机构。俱乐部为探险者和旅游者提供活动方案策划、野外向导、技术培训、装备器材的租赁与购买、专业信息咨询、旅游代理等服务。

② 茶文化中心：主要从事中国茶文化传播，由表演型茶艺、待客型茶艺及茶疗三部分组成。

③ 特色钓鱼区：根据钓鱼爱好者的需要设置钓鱼内容，可增加钓鱼爱好者喜欢的鱼虾种类，增加观赏鱼新品种，并增加少量游船，满足在山塘水面中钓鱼的个性化要求。

（五）现代农业商务旅游度假区

该区占地面积 9.57 公顷，划分为两个部分：生态休闲度假区和国际健康养生区。

（1）生态休闲度假区　占地面积 2.63 公顷，建筑基地面积 1.07 公顷，包括生态休闲度假生活区与综合社区服务中心两部分。其中，生态休闲度假生活区占地面积 2.52 公顷，建筑基地面积 1.01 公顷；综合社区服务中心占地面积 0.11 公顷，建筑基地面积 0.06 公顷。生态休闲度假区主要由不同风格的欧、美、日乡村民居构成。

（2）国际健康养生区　占地面积6.94公顷，建筑基地面积2.81公顷，包括国际健康养生住区与综合社区服务中心两个部分。其中，国际健康养生住区占地面积6.70公顷，建筑基地面积2.7公顷；综合社区服务中心占地面积0.24公顷，建筑基地面积0.11公顷。本规划设计注重聚落空间和聚落外部空间环境的设计，通过提供自然环境、宜居环境、健康环境来提高人居品质。室外大面积的绿化，不仅造氧气量高，使得空气清新，同时成为人与自然亲密接触的最佳场所；不同种类的健身、娱乐场所，可以提高游客的居住品质。在国际健康养生区里，设置以下服务机构：

① 健康检测中心：引进国外先进的人体成分分析仪，结合国家体育总局颁发的《全民健身身体素质达标标准》和医疗机构的常规项目，开展独具特色、全面反映人群健康状况的检测套餐服务。组织医疗与健康养生专家，根据检测和评价结果，为游客量身定制出一套集运动健身指导、营养配餐、心理调节、养生服务为一体的健康养生指导方法，全面科学地指导游客保养好自己的健康。

② 抗衰老中心：通过健康养生项目的开展，可以延缓衰老的过程，提高生命的质量。运用国内外最先进的检测、预防、治疗、延缓衰老的手段，将抗衰老的研究成果应用于社区健康服务，为游客提供衰老状况诊断服务。

③ 活水保养中心：将雨水或地下水引入到国际养生园，以活水保养为中心，设置室内沐浴，满足游客冬季沐浴需求，起到"血管体操"的作用，对心、肺、肾等体内的重要器官及消化系统有良好的效果。阳光浴与活水保养中心相连，方便沐浴的人们作阳光浴。

④ 同仁堂中医诊疗中心：发扬传统中医药的特长，结合中草药培育基地，强调养生概念，聘请在老年医学方面有特长的中

医专家,为国际健康养生区的客人提供服务。

(六) 山前立体化农林区

山前立体化农林区面积 62.03 公顷,包括五个部分:有机林茶间作区、山体生态修复林木培育区、景观果林区、中草药栽培基地、林下畜牧业区。有机林茶间作区面积 15.31 公顷、山体生态修复林木培育区面积 13.14 公顷,景观果林园区面积 9.52 公顷,中草药栽培基地面积 10.57 公顷,林下畜牧业区面积 13.49 公顷。

三、规划特点

唯琼现代农业示范园区围绕建设无锡特大城市、率先基本实现现代化的总要求,以服务城市、建设农村、改善生态、提高效益为宗旨,依托城市在经济、科技、信息、人才等方面的优势,优化、整合农业区域资源,融科技于农业,综合开发农业的经济、生态与社会功能,大力发展现代设施农业、优质果蔬产业和生态休闲产业。实现年产值过亿元,利润超 2 000 万元,为胡埭镇周边地区剩余劳动力提供 1 000 余个就业岗位。在园区规划上具有以下特点。

1. 坚持生态、社会、经济三效和谐统一

规划始终以生态效益为优先,以社会效益为前提,以经济效益为突破口,当前效益与长远效益相结合,带动项目所在区域的全面提升。

在本区内以生态控制为目的,实行地域生态分级,划分为山体生态涵育区、山体生态缓冲区、生态建设缓释区、生态建设控制区、基本农田保护区、湿地生态缓冲带、植被隔离缓冲带,以及将山体因为采石和开荒而破坏的地区规划为生态修复区。同时应用太阳能热水、太阳能路灯等可再生能源。

2. 以科技战略为核心，发展高效农业

在规划的过程中，突显现代高新技术在农业、旅游、餐饮、文化中的先导作用，形成无锡农业科技的创新推广平台。

规划坚持科技先导、可持续发展及生态优先的原则，整合现有的产业资源及环境景观资源。发展生态休闲观光农业，丰富太湖大旅游概念的内涵。

以先进的规划理念，引入国内外先进农业技术，统筹规划资源，发展网状经济，立体提升价值，创造生态优先、科技渗透、可持续的经济发展示范产业模式。

通过合理规划，营造出良好的自然与社会环境，同时，建设与农业生产相配套的服务设施，从而带动第三产业的发展；同时第三产业连接市场，加快第一产业的发展，为农村剩余劳动力特别是中老年农民提供就业机会，提高农民的人均收入水平，促进农村经济的快速发展。

3. 以人为本、因地制宜，突出自然生态特色，体现乡土民俗风情

在开发和保护太湖自然生态环境的前提下，充分发掘项目所在区域良好的资源优势和文化内涵，使规划创意与都市农业主题、传统技艺与现代手法紧密结合，展现中国园林艺术的古典风韵和自然生态的独特魅力，营造具有较强吸引力的典型景观和趣味游憩。

4. 统一规划、分期实施，建设与经营相得益彰

规划站在全国新农村建设和江苏省农业发展的高度，宏观把握、统筹全局。项目建设集中精力、分期实施、滚动发展、稳步推进，增加了可操作性。首先进行基本农田的高标准管网、路网建设，形成园区农业生产基本框架，然后逐步细化、建设各个功能区。

第四节 皇城相府养生农业区

一、项目区概况

皇城相府养生农业区是皇城相府养生园的重要组成部分,位于整个养生园区的最北端,由一道山梁与其他园区分隔开。

由住宿休闲区穿过一条隧道即可进入园区,走出隧道口,养生农业园便映入眼帘,使人豁然开朗,如同把百年前的古代休闲场带回到现代社会的文明中来。展现在人们面前的是一个现代时尚与现代农业相互融合、相互衬托的美丽天地,是一个现代化的世外桃源,是一个令人心旷神怡、耳目一新、修身养性的圣地。

园区左面是空中花园,百花争艳,姹紫嫣红,从高处俯瞰,花园宛如飘于空中,景象优美神奇,令人叹为观止;园区右面是采摘果园,五颜六色、形状各异的果实挂满枝头,空气中果香漫溢,给人以视觉和味觉上的强烈吸引。联栋温室和日光温室明亮壮观,进入温室就可以感受四季如春的优美环境。热带风情园温室中种植各类的南方水果及植物,既能使北方游客充分领略到热带地区绚丽的风光,又能让南方游客体会到亲切的家乡味道;芳香养生园温室中种植了各种芳香类植物,使人们漫步其中充分享受自然界的芳香;其他温室中种植的各种奇花异果、珍奇蔬菜,如番茄树、奇异南瓜等,使人们大开眼界,一年四季都可以享受到春天的生机盎然、秋天的丰收喜悦。

园区在设计中选用最先进的联栋温室技术和日光温室技术,引进最新、最奇、最特的瓜果蔬菜、花卉品种,采用各种先进的种植技术(如无土栽培、水培、立体栽培等),使游客在休闲养生的同时领略到现代农业的风采、了解到有机农业的生产过程、采摘到绿色安全的果品、品尝到奇特美味的瓜果蔬菜、观赏到各种珍奇的花卉果木,使园区成为集休闲性、观赏性、科技性、展示性、示范推广性于一身的综合型现代农业园区。

二、产业特点

农业养生区总占地面积约16.88公顷,其中规划面积为9.8公顷。地势东高西低,按自然高度分为三个独立地块,根据原有规划从高到低将园区分为观光采摘果园、空中花园、科技农业展示区(其中包括联栋温室区、日光温室区、观赏树木区、露地蔬菜展示区)和景观绿化区。为了满足园区的供暖需求,在联栋温室的西南侧建设锅炉房。在园区东侧建立高档次卫生间供游客使用,并建立一个400平方米的小型停车场,用以解决一些特殊游客开车入园停车的需求。

(一)观光采摘果园

观光采摘果园位于园区东部地势最高的地块,总面积1.13公顷,其中南部一块为1.02公顷,北部一块为0.11公顷。果园所处为园区坡地,土壤为黄土,适宜果树栽培生长,对果品的选择以相互搭配能尽量延长采摘时间、品质味道鲜美,并有较好的经济价值为原则。选择品种有桃、梨、杏、葡萄、樱桃,每种果品中又选用花期、成熟期不同,品质、口味不同的品种,以满足不同时间不同人群的需求。

1. 功能定位

观光采摘果园是阳城县皇城相府养生农业区的重要组成部分,功能定位与园区的整体功能定位相一致。选用优良的果树种类和品种,采用现代的栽培模式,应用先进的栽培管理技术。突出发挥园区新颖、奇特、别致的观赏功能;突出发挥为广大游客提供方便、时尚、内容丰富的采摘功能,建立集旅游、观光、采摘功能为一体的现代园区。

2. 种植原则

根据果树观光、采摘园的功能定位,果树种植遵循以下原则:

① 在果树种类、品种的选用上要注意区域性,必须适应当地的土壤、气候等环境条件。品种要纯正,苗木要健壮、标准。

② 果树种类要丰富,品种选择上要名、特、优、稀。同一种类内配置不同成熟期的品种,拉长采摘期。在考虑优质品质的同时,要注意观赏性。

③ 选用易于栽培、易于管理、具有较成功栽培技术的种类和品种。

④ 种植模式要新颖、奇特,栽培管理技术要先进,简便易行,具有可操作性。生产的产品要优质、无公害。

3. 功能分区

(1) 优质精品葡萄园

① 建设思路:种植早、中、晚熟不同成熟期的葡萄品种,突出大粒、果实不同颜色的特殊商品要求。葡萄园要建造得规范、整齐、标准,采用不同栽培模式和不同架式,使其更具有观赏性。采用现代技术,让有些品种一年两收,二次结果。

② 推荐优良品种:

京秀:欧亚种。果穗大,果实椭圆形,鲜紫红色,外形美观,品质优,7月下旬成熟。

粉红亚都蜜:欧亚种。果穗大,果实长椭圆形,紫红色,多汁味甜,品质优,7月下旬至8月上旬成熟,二次果9月下旬成熟。

京玉:欧亚种。果穗大,果实椭圆形,绿黄色,果肉脆,味甜,品质优,8月上旬成熟。

维多利亚:欧亚种。中早熟品种。果穗大,果实长椭圆形,绿黄色,果肉硬而脆,味甜爽口,品质优,8月上中旬成熟,丰产抗病。

红地球：欧亚种。果穗、果粒大，果实圆形或卵圆形，暗紫红色，硬肉，耐贮运，外形美观，品质优，9月下旬成熟。

峰后：欧美杂交种。果穗圆锥形，果实短椭圆形或倒卵形，紫红色，果肉硬，质地脆，甜度高，品质优，9月上旬成熟。

③ 种植安排：面积：1 110 平方米（上部单独的地块）；定植沟大小：深80厘米，宽80厘米；苗木数量：立架苗木640株，棚架苗木130株。2/3面积栽植京秀、粉红亚都蜜、京玉、维多利亚，采用单篱架栽植，品种等量栽植，株行距为0.5×2.5米；1/3面积栽植红地球和峰后，采用小棚架栽植，株行距为0.8×（4~4.5）米；葡萄栽植后第二年结果，第三年丰产，2.7×10^4公斤/公顷左右。

（2）优质精品梨园

① 建设思路：优质精品梨园应注意早中晚熟品种搭配，拉长采摘期，早中晚熟兼顾，不同类型并存，以奇、稀、特见长。

② 推荐优良品种：

绿宝石：我国培育新品种。黄金梨的授粉品种，果实近圆形或扁圆形，黄色，果面洁净，外观美丽，风味浓，有香气，优质，丰产，7月中下旬成熟。

圆黄：韩国品种。果实圆形，浅褐色，果面洁净，外观美丽，果个儿大，风味浓，有香气，优质，丰产，8月中下旬成熟。

黄冠梨：我国培育新品种。果实椭圆形，黄色，果面洁净，外观美丽，风味浓，有香气，优质，丰产，8月中下旬成熟。

黄金梨：韩国品种。果实圆形或扁圆形，黄色，果面洁净，外观美丽，果个儿大，风味浓，有香气，优质，丰产，9月中旬成熟。

③ 种植安排：面积：2 540 平方米；行株距：3米×5米；定植行向：南北行向；定植穴大小：80厘米×80厘米；苗木数量：190株。梨第2年开始结果，第4年丰产，每公顷产3.7×

10^4 公斤左右。

(3) 优质早熟精品樱桃园

① 建设思路：樱桃是目前发展都市农业，观光、采摘的首选树种。果实成熟早，外观美丽，品质优良，深受观光旅游者的欢迎。

② 推荐优良品种：

红灯：果实为肾形，果面红色，早熟、丰产、品质优，5月下旬成熟。

红蜜：果实为宽心脏形，阳面有红晕，早熟、丰产、品质优，5月下旬成熟。

红艳：果实为宽心脏形，阳面有鲜艳红霞，早熟、丰产、品质优，5月下旬成熟。

那翁：果实为长心脏形，阳面有红晕，早熟、丰产、品质优，6月上旬成熟。

③ 种植安排：面积：2 540 平方米；行株距：3 米 × 5 米；定植行向：南北行向；定植穴大小：80 厘米 × 80 厘米；苗木数量：190 株。樱桃 4～5 年结果，第 6～7 年丰产，每公顷产 1.8×10^4 公斤左右。

(4) 优质精品桃园

① 设计思路：配置早中晚熟品种，注意优质蟠桃、油桃和普通桃搭配，采用矮密栽植，不同栽培模式，不同树形，不同修剪方式，增加观赏性，满足不同观光采摘者的需求，拉长采摘期。

② 推荐优良品种：

早露蟠桃：果实扁平形，黄白色具玫瑰红晕，早果，早熟，丰产，品质优，6月中旬成熟。

瑞蟠 4 号：果实扁平形，黄白色具暗红晕，早果，丰产，品质优，8月下旬成熟。

瑞光 22 号：油桃，果实短椭圆形，全面着红色晕，色泽艳丽，丰产，品质优，7月上旬成熟。

瑞光7号：油桃，果实近圆形，深红色，外观亮丽，丰产，品质优，7月下旬成熟。

大久保：果实近圆形，有红色条纹，离核，外观亮丽，丰产，品质优，7月下旬至8月上旬成熟。

③ 种植安排：面积：2 540平方米；行株距：2米×5米；定植行向：南北行向；定植穴大小：80厘米×80厘米；苗木数量：300株。桃结果早，通常栽植第2年结果，第3年丰产，每公顷2.7×10^4公斤左右。

(5) 优质早熟精品杏园

① 建设思路：杏成熟期早，营养丰富，品质优良，病虫害轻，满足观光采摘者的要求。

② 推荐优良品种：

金太阳：早果、早熟，外观黄色，丰产，5月下旬至6月上旬成熟。

金皇后：早果，早熟，个儿大，金黄色，丰产，品质优，6月上旬成熟。

串枝红：果实圆形，黄色有红霞，7月上中旬成熟，骆驼黄的授粉品种。

骆驼黄：早熟品种，果实圆形，金黄色，丰产、品质优，5月下旬成熟。

③ 种植安排：面积：2 540平方米；行株距：3米×5米；定植行向：南北行向；定植穴大小：80厘米×80厘米；苗木数量：190株。杏通常第2年结果，第4年丰产，每公顷产2.25×10^4公斤左右。

(二) 空中花园

空中花园位于园区西南部，地势低于观光采摘果园，占地约1.15公顷，以木本和草本花卉相互搭配分成不同区域，用不同色的花卉组成不同的图案，颜色多彩，种类多样，做到"四季花不同，月月有变化"。区域设计新颖独特，增加观赏性和趣味性。同时可根据不同季节组织花展，如"五一"前后郁金香展，九月重阳节菊花展等，使这些有特色的花展成为吸引游客的一个亮点。品种选择以互相搭配延长花期又延长观赏时间为原则。花卉品种如下：茉莉花4 000平方米，可以采摘花茶原料又可观赏；各类不同品种菊花2 000平方米；各种不同品种月季2 000平方米；虞美人、风信子、郁金香、三色堇1 500平方米；其他花卉为串红、万寿菊、鸡冠花、矮牵牛，各500平方米；大礼花：占地1 000平方米；木本花卉：腊梅、含笑、香水月季以及金橘、柠檬、佛手等，占地面积1 000平方米；草木花卉：如藿香、洋薄荷、鼠尾草、百里香、晚香玉、风信子、月见草等占地500平方米。

（三）科技农业展示区

科技农业展示区是园区内占地最大、地势最低的地块，占地约7.33公顷。此联栋温室群分为4栋，两两相连，依东向西依次为芳香养生园、热带风情园、奇特果蔬园、珍奇花卉园。

联栋温室主体采用热镀锌钢骨架，整体性好，承载力、抗风力强，在潮湿环境中不易生锈；为了美观并兼顾当地地质情况，温室顶部、北部采用双层PC阳光板覆盖，东、西、南三侧采用双层玻璃；由于该地区地下多为采空区，因此，基础在设计时采用整体圈梁结构，以保证温室的整体性；温室备有外遮阳系统、内遮阳保温系统、湿帘-风机降温系统、机械开启天窗系统、灌溉系统（喷灌、滴灌等）、供暖系统、电器控制系统、给排水系统。

1. 联栋温室区

（1）芳香养生园　该温室总体面积1 536平方米，园内利用人工营造四季如春的环境，以矮篱形式种植各种芳香类植物，如藿香、洋薄荷、百日香、香水月季、金橘、柠檬、风信子等，将养生园分成不同的芳香小区并配以小桥流水、观赏鱼池、绿植等景观，形成一种舒适、温馨的休闲环境。温室以品味植物芳香、休闲养生为主，可在多处设计茶吧、咖啡台及休闲书屋等设施，同时在多处摆放摇椅、茶座、棋台、秋千等，供游人使用，使游客在这里看香草、走香路、闻香气，并且可以品茶、饮咖啡、下棋看书，感受芳香文化，净化身心。

采用典型的中国园林式建筑风格，旅游线路力求蜿蜒曲折，以达到增加游程的心理作用。道路以鹅卵石进行铺垫，让游人在其间行走的同时，可以发挥对足部的按摩作用。道路两侧以芳香植物作绿篱，每种作物小规模成片种植，使之形成不同的隔离小区 13~15 个，并在整个温室内设计水景 2~3 处，放养少量观赏鱼。

（2）热带风情园　园内借鉴植物工厂的环境控制技术，营造出南方特有的潮湿温暖的气候，进入园中就会置身于湿润宜人的环境中。在温室内种植各类南方水果，如香蕉、木瓜、火龙果、番石榴等，营造逼真的南方果林环境，使身处北方的游客领略到如诗如画的南国风情。

（3）奇特果蔬园　园内引进各种新、奇、特瓜果蔬菜品种，如彩椒、迷你黄瓜、球茎茴香、网纹甜瓜、流星瓜等。为了吸引游客，增加观赏性，园内还建设几个主题园，如南瓜园（内有各种大小、色彩、形状的南瓜）、番茄树园（内有占地近 10 平方米，结果上万个的番茄树）、高新技术种植园（包括水培种植区、无土栽培区、立体栽培区等），使游客在园中充分体会现代农业科技的神奇，既达到了观赏的目的，又学到了知识。

① 作物种类：以种植各种形状、极具观赏价值的南瓜为主，同时少量间作丝瓜、葫芦等作物，并种植番茄树 4 棵，设置马铃薯雾培展示区 1 处。所有瓜类作物及番茄树均采用棚架式栽培模式，棚架下空间适当摆放观赏茄子、观赏辣椒、观赏番茄等。

② 功能设计：本温室以展示农业生产高科技、观赏、采摘等为主。其中各种观赏瓜类蔬菜均采用棚架式栽培，主要用于增加室内景观和观赏、采摘的功能；番茄树生产则采用基质栽培模

式,可以为游人提供有关蔬菜无土栽培的相关知识;马铃薯采用雾培方法生产,让游人能够简易、直观地看到马铃薯块茎生长膨大过程。

③ 景观设计:温室内道路以鹅卵石铺垫。道路两侧以作物棚架作绿篱,棚架设计成拱形、方形、拱圆门形等多种形状,并采用不同高度设计,各种蔬菜果实尽量下垂、触手可及,可以让游人切实产生如同置身生态公园的感受。其他矮生观赏茄子、观赏辣椒、观赏番茄等植物则采用盆栽方式,摆放在棚架之下,主要用于提高景观丰度,同时可以方便对游客进行销售。

(4) 珍奇花卉园 园内种植各种高档花卉,如蝴蝶兰、红掌、卡特兰、名贵仙人掌、万年青、白芷鹤、百合竹、绿萝等。主要采用盆栽方式,其中植株较大的,摆放在露地上,其他则摆放在苗床上。根据不同季节可更换不同的花卉品种,使游客常来常新,每次都可以看到不同的花卉品种。同时向人们介绍各种花卉的名称、习性、栽培特点,使人们在观赏的同时了解到多种花卉知识。

珍奇花卉园在联栋温室内主要种植一些国内外珍奇花卉和观叶植物,供游客游览参观,不受季节限制,并且随时对游客出售一些高档花卉。栽培方式采用盆栽。通过观赏增加游客的花卉知识和鉴赏能力。

① 观花植物及面积:中国著名传统十大名花:牡丹、菊花、梅花、兰花、月季、山茶、荷花、芍药、杜鹃、水仙。此外,再种植一些火鹤、凤梨系列、百合、马蹄莲、君子兰、一品红等。占地面积500平方米,约4 500棵(盆)。

② 桌面型观叶植物:万年青、白芷鹤、绿巨人、美人铁、竹芋系列、青苹果等,占地约50平方米,约450盆。

③ 落地型观叶观花植物:散尾葵、百合竹、绿萝、绿宝石、红宝石、发财树、巴西木、富贵竹、龟背竹、龙血树、滴水观音等,占地面积300平方米,约1 100盆;盆景品种:梅花、五针松、石榴、雀梅、榕树等,占地50平方米,种植200盆;仙人

球、仙人掌系列，占地 50 平方米，种植 200 盆；西红柿树（王），占地 40 平方米，种植 4 棵（株），采用沙培，直接种到地上，浇灌营养液。

2. 日光温室区

建设 18 栋日光温室，占地 3.2 公顷。其中 3 栋温室种植花卉，其余种植反季节瓜果蔬菜。

温室主体结构采用热镀锌钢材骨架；覆盖材料采用三层复合聚乙烯薄膜，采用湿帘－风机降温系统、集中供暖系统、保温被自动卷帘系统及自动监测系统。

花卉温室主要种植草花，为园区提供景观装饰素材。瓜果蔬菜温室种植反季节蔬菜可以外销和供游人采摘，以及解决园区内自用蔬菜供应。

3. 露地蔬菜展示区

主要种植原产地在我国的蔬菜品种，向游客展示并向游客介绍其特点、栽培技术等，供游客观赏并达到科普教育的目的。

（1）作物种类　白菜、芥菜、大豆、长豇豆、山药、萝卜、韭菜、茄子、葫芦、丝瓜等。生产作物的具体种类及规模可以根据栽培季节作适当调整。

（2）功能　在露地蔬菜展示区选择有代表性的蔬菜品种，并向游客介绍各类蔬菜的特点、生长区域及栽培技术等农业知识，使游客在观赏的同时又得到了科普教育，一举两得。

4. 露地观赏树木区

观光树木园规划面积较小，在规划中应与观光采摘果园、中国原产地蔬菜园、空中花园形成一个整体，在发挥整体效果和功能的同时，突出发挥园区新颖、奇特、别致的观赏功能。结合园林设计，分层次种植不同种类、不同色彩的观赏价值较高的树木，供游客观赏。观光树木园分为三部分，面积分别为 2 739 平方米、322 平方米和 1 033 平方米，总计 4 094 平方米。

根据观赏树木园观赏、美化的功能，观赏树木种类选择上要注意区域性，必须适应当地的土壤、气候等环境条件。选用苗木要健壮、标准。观赏树木种类要丰富，注意乔灌木结合，观果、观叶和观树兼顾，突出观赏性。选用容易栽培、容易管理、具有成功栽培技术的种类。

（四）景观绿化区

1. 奇林园

（1）占地面积　2 739 平方米。

（2）主要内容

① 树木造型：特别是利用常绿树造型，如动物造型、人物造型、建筑造型等。

② 一树多品种：利用嫁接等技术，培育一树多叶片颜色、一树多花色类型、一树多类型果实等。

③ 藤本植物园：按照园区总体布局，种植葡萄、猕猴桃、藤木等藤本植物。

④ 奇木花艺园：种植龙爪槐、龙枣、龙榆等，突出龙爪槐造型奇异的观赏效果。

⑤ 药用乔木园：选种10种左右的药用乔木（如杜仲、枸杞、山茱萸、金银花、凌霄花、红瑞木等），增加园区的特色，更加强调养生效果。

⑥ 苗木名单：银杏9株，白蜡9株，桑树7株，杜仲11株，泡桐12株，枸杞12株，山茱萸4株，白桦6株，沙棘19株，龙柳7株，银芽柳10株，红瑞木3株，龙爪槐5株，紫藤6株，金银花6株，铁线莲5株，凌霄花6株。

2. 观赏树木园

（1）占地面积　1 355 平方米。

（2）主要内容

① 木本花卉园：在较小的地块上，选择几种木本树木，根据地形划分3个小地块，中间小路分开，树木交错栽植，高低错落有致，美化、绿化、观赏相一致，突出观赏性。

② 秋色园：在较小的面积上，选择树种上注意树体和秋季的观赏效果，在突出秋季观赏效果的同时，其他季节也有较好的美化和观赏效果。

③ 观花园：在较小的面积上，选择树种上注意突出观花效果，注意花形的变化、花期的错开、开花时间的长短，在考虑整体效果的同时，突出不同季节的观花效果。

④ 观果园：在较小的面积上，选择树种上在考虑整体效果的同时，注意突出观果效果，注意选择容易结果、果实美观、结果时间长、观赏价值高的树种，突出不同季节的观果效果。

⑤ 香花园：在较小的面积上，选择树种上注意突出发挥香味效果，注意花颜色的选配、花期的错开、开花时间的长短，在考虑整体效果的同时，创造香气浓郁的环境。

⑥ 苗木名单：银杏3株，白蜡3株，枣树3株，栾树5株，合欢3株，金银木5株，无花果2株，柿树3株，石榴2株，槐树6株，暴马丁香，腊梅、元宝枫、鸡爪槭4株，海州常山4株，月季16株，牡丹12株，锦带花20株，木槿10株，紫丁香14株，珍珠梅19株，绣线菊24株，棕棠15株，海棠9株。

三、规划特点

园区以农业设施和园艺精华为表现手段，创新相府文化领域，实现市场、产业与科技的有效链接。设计强调"三个突出"的战略思路（突出科技、突出文化、突出景观），注重"三大效益"目标的实现，构建"两园两区"的建设格局，高水平设计、高质量建设、高标准运作，差异化发展，以农业为核心特色、以农业的创新发展为动力源泉，打造晋城现代农业产业示范中心和相府特色的农业养生名园。

1. 以农业为特色，营造现代养生文化景观

整个设计以农业为主题、科技为支撑、文化为主线，营造与阳城相府自身的自然条件和旅游优势相结合的现代养生文化景观，形成相府文化氛围下的农业养生名园。

2. 抢占科技制高点，搭建现代农业的展示示范平台

设计以抢占晋城现代农业制高点为目标，用科技武装全园，对现代农业科技的成果技术进行集中展示，形成旅游资源的同时搭建起现代农业的展示示范平台。

3. 以现代设施园艺为支撑，建设创新产业中心

设计将利用高科技势差，以农业设施及园艺产品为核心内容，建成设施农业的示范基地、新技术的推广基地、农业人才的培训基地，并逐步向全市辐射，使周边地区逐渐形成"一村一品"、"一镇一品"的不同农业产业集群，改变晋城的农业产业结构，提升农业整体效益，促进农民大幅增收。

4. 以农业创新发展为动力，形成新的经济增长点

设计将努力创新农业的多功能性，形成以农业产业为基础、农业旅游服务为核心盈利点的产业体系。同时利用自身科技资源、物质资源和品牌优势形成农业科技企业孵化器，为其他企业提供科研、生产技术、信息咨询、推广培训等全面的支持，培育新的经济增长点。

第五节　鄂尔多斯市生态农业科技园

一、项目区概况

鄂尔多斯市生态农业科技园是以现代设施农业为基础，集观光采摘、商务办公、休闲娱乐、旅游住宿为一体的生态农业科技园区。以改造项目区生态、绿化环境为目标，定位于高档生态旅

游，运用先进的科学技术和产业化思路，满足了鄂尔多斯市人民农业休闲观光的需求，增强了项目建设单位的企业知名度，提高了鄂尔多斯市综合竞争力和科技发展水平，从而推进鄂尔多斯市农业经济实现又好又快发展的步伐。

（一）地理位置与园区现状

本项目位于内蒙古鄂尔多斯市东胜区罕台镇，距市中心10公里，地理位置优越。园区现有土地面积200公顷左右，山地部分绿化，品种以油松、杨柳为主。水、电、灌溉设施齐全。园区南面已建成8栋日光温室，2栋拱棚，主要用于草莓、水果黄瓜、樱桃番茄的生产；1吨和2吨锅炉各1台。西面水库1座，面积0.33公顷，水深2.5~3米；蓄水池2处，每个80立方米；高压水井1眼。园区西部已建蒙古包9座、餐厅一个和二层办公楼一座。园区果树种植品种有葡萄、李子、海红果。

（二）自然条件

项目区属于典型的温带大陆性气候。年日照3 100~3 200小时；无霜期短，为115~135天；降水稀少，年均降水量300~400毫米，且主要集中在7~9月；年蒸发量2 200毫米，蒸发量较大；气温-25~31℃，年均气温5.5℃。地貌为丘陵沟壑区，地表自然植被覆盖度在25%左右。

（三）交通和通讯状况

项目区位于鄂尔多斯市东胜市郊区罕台镇，距包头到西安的高速公路10公里，距鄂尔多斯市飞机场28公里，预建成的包头到西安的铁路也从园区南面通过，交通十分便利。中国移动、中国联通、中国电信等运营公司的服务网络已全面覆盖，可以提供迅捷的通讯和网络服务，通讯便捷。

（四）社会经济状况

1. 经济总量

2006年，鄂尔多斯市经济稳健发展，七大主要经济指标创造"五个增速"（GDP、财政收入、固定资产投资、城镇居民人均可支配收入、农牧民人均纯收入增速居内蒙古第一位）；"一个总量"（财政收入总量）第一，超过包头和呼和浩特市，领跑内蒙古自治区。经济发展呈现出持续健康的发展态势，鄂尔多斯市经济总量迈上新台阶。据初步核算，2006年鄂尔多斯市地区生产总值（GDP）达到800.0亿元，同比增长24.0%，增长率高居全区第一位。其中，第一产业实现增加值42.6亿元，同比增长4.6%；第二产业实现增加值439.6亿元，同比增长29.7%，其中工业实现增加值367.7亿元，同比增长28.0%；第三产业实现增加值317.8亿元，同比增长19.8%。经济结构继续优化，三大产业比例由上年的6.8∶52.5∶40.7调整为5.3∶55.0∶39.7。三大产业对GDP增长的贡献率分别为0.9%、62.0%和37.1%。

东胜区近年来经济发展迅速。2006年地区生产总值186.87亿元，同比增长23.7%，占鄂尔多斯全市生产总值的23.36%。其中：第一产业完成增加值1.61亿元，同比下降3.2%；第二产业完成附加值73.56亿元，同比增长25.3%；第三产业完成增加值111.70亿元，同比增长23.1%。全区生产总值中第一、第二、第三产业比例为0.9∶39.3∶59.8（图5-2）。人均地区生产总值达到52 382元。

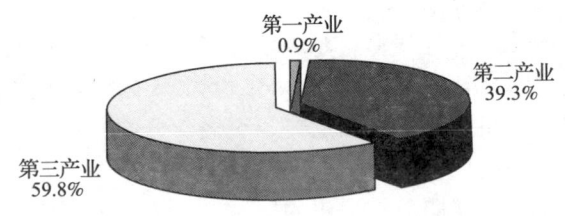

图5-2　东胜区2006年三大产业比例

2. 人民生活、消费水平

2006年鄂尔多斯市城镇居民从业人员平均劳动报酬为26 988元，同比增长25.2%；城镇单位在岗职工平均工资为27 074元，同比增长25.2%。抽样调查资料显示,城镇居民人均可支配收入达到13 002元,同比增长17.9%。其中工薪收入10 259元,同比增长15.3%;经营净收入1 748元,同比增长32.2%。城镇居民人均消费性支出10 356元,同比增长16.6%。

东胜区城乡居民生活水平进一步提高。2006年城镇单位在岗职工平均工资为28 103元,同比增长26.9%。据调查资料显示,城镇居民人均可支配收入14 091元,比上年增加2 272元,同比增长19.2%;人均消费支出11 370元,同比增长27.8%;其中交通和通讯、医疗保健、教育文化娱乐服务人均支出分别达1 596元、523元和1 782元,分别同比增长17.7%、25.1%和21.6%。城镇居民家庭恩格尔系数为25.8%。全年农民人均收入5 430元,比上年增加714元,同比增长15.1%,其中:工资性收入为2 380元,占农民人均纯收入的43.8%,同比增长27.8%,成为东胜区农民增收的一大亮点。农民人均生活消费支出4 184元,同比增长30.7%。农村居民家庭恩格尔系数为42.0%。城镇居民人均住房建筑面积33.42平方米,农民人均住房建筑面积37.70平方米。

3. 旅游业发展

东胜区旅游业呈现快速发展势头,全年共接待游客98万人,全年实现旅游收入7.30亿元,创汇235万美元,接待人数、旅游收入分别比上年增长25.6%和92.0%,旅游收入位居鄂尔多斯市第一。

二、规划特点

该规划概念规划思路清晰,起点高,主要表现在以下几方面。

(一) 主题定位

幽静、清新的人居环境成为人们的重要需求,城市人对观光采摘农业的热情不断升温。鄂尔多斯市生态农业科技园利用距离目标市场近的优势，立足于生态农业旅游优势产业，发展都市型生态农业，突出景观功能，强化生态功能，拓展体验、教育功能。

1. 农业旅游功能

鄂尔多斯市生态农业科技园主要体现在通过城市旅游业向农业延伸，开发设施观光农业、花卉展示、果品采摘等特色农业旅游产业，展示浓郁的农业文化，丰富旅游资源，为城乡居民观光、休闲、度假提供宁静、清新、优美的风景和生态环境，满足与适应人们回归自然、享受宁静、安逸生活的心理和多元化、高层次的消费需求，提高城乡居民的生活质量。

2. 生态示范功能

生态功能是指发挥都市型现代农业"洁、净、美、绿"特色，通过荒山改造、扩大绿化面积、建设生态农业科技园等农业景观，发挥都市型现代农业在绿化和美化城乡环境、净化空气、涵养水源、调节气候等方面的作用，建立人与自然、都市与农业和谐发展的生态环境，为城乡居民提供幽静、清新的人居环境，使都市型现代农业成为城乡园林景观和城乡生态体系的重要组成部分。鄂尔多斯市生态农业科技园运用农业循环经济的理念，走生态节约型农业的发展道路，建立人与自然、都市与农业高度和谐统一的生态环境，以生态农业进一步净化生态环境。

3. 休闲体验功能

鄂尔多斯市生态农业科技园应适应城乡居民商务、休闲和娱乐等精神文化需求，不断拓展农业内涵，充分利用优质果品以及傍依的果园风光，以常青园、白桦林等天然氧吧吸引众多城市游客，一起体味大自然的绿色健康，丰富市民们果品采摘、室内垂钓、商务娱乐的需求，并通过特色主题和花卉观赏、特禽展示，使人们享受农业文化的乐趣。

4. 和谐居住功能

和谐居住所体现的是生态的优美、富庶、兴旺、和谐，所展现的是人与自然和谐发展的魅力，所凸显的是鄂尔多斯人的和谐与品位。通过建设老年公寓、四合院和别墅生态型幽雅社区，使人们居住在具有田园风光的环境中，呼吸着泥土的芳香，远离城市的喧嚣，让情感、智慧和理想纳入一片宁静平和之中。

（二）指导思想

鄂尔多斯市生态农业科技园以科学发展观为指导，立足当地实际，以生态农业资源综合开发、利用、改造及保护为前提，以高科技农业技术为依托，以可持续发展的循环经济为方向，利用现代先进的农业设施装备与时尚的理念相结合，建造一个具有特色休闲、特色娱乐、特色餐饮、特色居住的人与自然和谐交融的现代都市型农业新型园区。

（三）规划原则

1. 因地制宜、注重生态文明

根据项目所在地的丘陵沟壑土地现状，充分利用当地丰富的煤炭能源，在保护生态文明的基础上，发展娱乐休闲旅游、高档花卉繁育与展示、生态农业观光。整合资源，改变单一的农业生产功能，重点开发农业观光、休闲娱乐，集种植、观赏等多功能于一体，实现经济效益与生态效益的双赢，将资源、区位等优势转变为经济优势。

2. 统筹规划、分步实施

充分发挥项目区交通、区位、土地等资源比较优势，在建设布局上，将各功能区有机地结合在一起，形成园区特有的、完整的功能集合群。对园区发展目标、建设内容与规模、主导产业发展、生态环境建设、劳动力就业与培训、基础设施建设、保障措施等进行统筹规划，对重点建设任务和项目提出分步实施程序，以增强规划的指导性和可操作性。

3. 以现代农业技术为支撑

大力发展高效设施观光农业、休闲旅游产业，采用节水灌溉的方式，发展农业产业化经营，以优势产业的培植和发展促进和带动全面发展。同时，坚持以项目支撑促发展，以国家相关政策为依据，加强项目设计、编制，并向国家、省、市有关部门积极申请，通过项目建设推进园区的发展。

4. 可持续发展

以人的和谐生态文明为基础，利用循环经济理念指导发展，严格履行环保要求，以现代化农业技术与设备为手段，把保护环境和资源的可持续利用贯穿到园区建设的各个方面和各个环节，延长服务链条，拓宽盈利渠道。在项目布局、空间变换、配套设施、视觉感受等综合方面都充分考虑人的需求，项目建设时充分考虑后期运营管理问题，避免建设与管护相脱节，保持并增强园区的可持续发展能力。

（四）规划目标

鄂尔多斯市生态农业科技园以实现经济、生态和社会三效统一为目标，做到高起点规划、高标准建设、高效益运作，充分发挥园区的区位优势和资源优势，发展设施生态农业休闲观光，坚持可持续发展，维持项目区生态平衡。两年内，园区基本实现空间布局合理、功能多元表达、产业优化发展、市场目标明确、经济效益显著、生态环境安全、人与自然和谐的阶段性目标，建成园林式示范生态农业科技园。

三、分区规划及整体布局

（一）特色主题观赏区

该区位于商务楼东侧，共建 5 栋联栋温室，每栋 3 018 平方米，总占地面积 4.2 公顷。以"揽天下奇花异草，集世间珍稀树木"为宗旨，建设成为集观赏娱乐、休闲购物、科普教育于一体的北方地区独具特色的主题公园。建设钢结构全透明大联体式植物温室，采用先进环保节能型供暖系统、智能化的通风、遮阳、降温、加湿、恒温、滴灌等技术及设备，营造出适宜植物生长的环境，开发植物观光旅游。同时景区还将采用先进的植物生长监测系统和电脑显示屏展示的方式，使得游人一进入景区便与现代高科技农业亲密接触，领略现代农业科技的魅力。

1. 热带风情园

热带风情园内有珍稀的水松，形态各异的高大榕树，高大的木棉、大王椰子、华盛顿椰子、刺桐、紫荆树、雪枫、香蕉树，造型优美的鸡蛋花，神秘的菩提树、佛肚竹等数十种高大植物，郁郁葱葱、树影婆娑，让人尽情领略热带风韵、南国情调，令人目不暇接、流连忘返。热带风情园内峰峦叠翠，云雾缭绕，银河飞泻，泉水叮咚，鸳鸯戏水，鸟语花香，使人宛如进入人间仙境，一瞬间把游人从寒冷干旱的塞外带到了数千里之外温暖潮湿的热带雨林。

2. 奇异瓜果园

奇异瓜果园以高新技术为依托，凭借现代科技和转基因技术，引种国内外多种特、新、优蔬菜品种，开发名、优、新、奇植物供游人观赏，品种有七彩甜椒、荷兰乳黄瓜、樱桃番茄、观赏葫芦、观赏南瓜等。瓜果区还设立农业发展史展览，以电脑显示触摸屏、文字说明、图片、实物、模型等形式展示我国古代农业、传统农业和现代农业发展的历史，重点介绍我国农业的种植技术、园艺作物技术的发展，以及农业生产工具和生产设施，突出知识性、趣味性、观赏性和教育性，对市民、青少年、学生具有较强的科普教育意义。

3. 沙生植物园

沙生植物园内汇集数百株珍奇的沙生植物，有不生绿叶的光棍树、开花时如同地面涌出金色莲花的地涌金莲、酷似卵石的生石花等，别有一番景观和风味，可使人们充分领略沙漠植物通过人工营造的全封闭干热气候环境别具特色的风韵。在园内设置荒草地、盐碱地等，建立沙生灌木资源培育示范区。对沙生植物采取科学化、规模化繁育，以探索技术、生态示范为主，充分发挥沙生植物优越的防沙、固沙生态作用，为荒漠化生态治理提供适应性强的优质种源。

4. 温室垂钓区

温室垂钓区设有假山、奇石、小桥流水、红花绿柳等园林景观，在各种绿植环绕中静心垂钓，既可修身养性又可享受垂钓之乐。垂钓区设有普通垂钓区，主要是青鱼、草鱼、鲤鱼、鲫鱼及花鲢等一般鱼种。同时设有高档垂钓区，内有虹鳟、罗非、武昌等珍贵鱼种，以及为儿童设立螃蟹和虾垂钓区。在垂钓区除普通休息室外还设有贵宾休息室，以满足不同档次的要求。另外设有小卖部、餐厅、停车场，并出租、出售渔具、饵料及各种观赏鱼等。垂钓区的餐厅主要以活鱼和精品农家菜为特色。

5. 生态餐厅

生态餐厅以微缩园林景观，加上小环境气候控制，以联栋式大型温室为保护设施，采用阳光板覆盖的自动化控制智能温室设计，内部配有假山、奇石、小溪、雾景等场景，创造出一个清新雅静的就餐环境。餐厅经营的食品全部来自基地自养自种，从蔬菜到畜禽都采用安全、绿色生产，在源头上保证了食品的绿色新鲜。在这里，游客可以吃到由山鸡、珍珠鸡、鹌鹑等组成的八珍火锅，还可以直接采摘棚里的新鲜蔬菜，现采现吃，真正体味一下从菜地直接到餐桌的生态乐趣。

(二) 设施农业示范区

该区位于现有日光温室附近，占地面积9.2公顷，在现有8栋日光温室的基础上，加建42栋日光温室，使日光温室规模达到50栋。主要种植草莓、葡萄、桃、杏、樱桃番茄、水果黄瓜。以绿色果品为发展目标和特色，精心选择安排温室采摘品种，发展反季节果品的种植，形成以现代农业技术支撑的生态、和谐的采摘精品，突出发挥新颖、奇特、别致的功能，打造鄂尔多斯市"绿梦苑"礼品水果蔬菜的品牌。种植内容和品种如表5-1、表5-2所示。

表 5-1　　　　　　　设施农业示范区种植内容

种植内容	栋数	每栋种植数量（株）
草莓	12	5 000
桃	5	168
杏	5	168
西瓜	5	1 300
甜瓜	5	1 300
樱桃番茄	5	2 000~2 200
水果黄瓜	5	2 200
七彩椒	8	2 000

表 5-2　　　　　　　设施农业示范区种植品种选择

种植内容	推 荐 品 种
草莓	枥乙女、甜查理
桃	超红珠、丽春
杏	金太阳、凯特
西瓜	春茬：京秀、红小玉、黄小玉；
	秋冬茬：京秀、红小玉、黄小玉、黑美人
甜瓜	京玉2号、伊丽莎白
樱桃番茄	绿宝石、京丹6号
水果黄瓜	京研迷你二号、戴多星

（三）花卉种植繁育区

1. 草花种植区

草花是装点庭院、美化居室的上好材料。目前园区已经建成一栋面积为2 800平方米的联栋温室，主要种植草花，供应城市和办公环境美化的需求。草花既可以悬挂在花篮里，也可以栽种在花坛里，用于装点政府机关、企事业单位的庭院。依靠其自身的特点，在园林绿化上的应用非常广泛。目前草花的立体化应用是它的流行趋势，在欧美等发达国家非常普遍。种植品种主要有矢车菊、金盏菊、雏菊、矮牵牛、福禄考、三色堇、羽衣甘蓝、诸葛菜、虞美人、石竹、飞燕草、五色草等。

2. 高档花卉种植区

蝴蝶兰是世界上栽培最广泛、最普及的热带兰之一，由于其花形美丽别致，如蝴蝶翩翩飞舞，深受人们喜爱，百赏不厌，被誉为"洋兰皇后"。其色泽鲜艳，开花期可长达数月，生长势强，易于栽培，目前主要用于切花生产和盆栽观赏。在园区新建一栋 44 米 ×68.6 米 = 3 018 平方米的联栋温室，种植以蝴蝶兰为主，兼有部分生长条件相近的高档花卉，如红掌、彩色马蹄莲等。温室依据蝴蝶兰生长环境要求配备降温、加温、遮阳、补光、通风和可移动式苗床等设施条件，同时为满足蝴蝶兰生长的水质条件配备水处理系统。

(四) 露地果品采摘区

该区规划总面积约为 20 公顷。对原有果林进行改造，增加游览性，聚集各种果树代表品种和奇花异果，营造田园景观，集趣味性、休闲性、知识性、新奇性为一体，形成游客生态观光、增长农业知识的场所。主要种植葡萄、苹果、李子等树种，品种以国内外优新品种为主。在果树花期和成熟期，让游人观花、赏景，置身于田园风光，从果园的美中感受自然之美。

(五) 商务旅游休闲区

1. 绿梦苑商务休闲楼

在园区建设一占地面积 1.33 公顷的绿梦苑商务休闲楼，服务对象为中外旅游者及政府机关、企事业单位等商务贵宾。绿梦苑商务休闲楼包括商务会议中心、养生保健中心、美容美体中心、中西餐厅、客房等，可以提供商务会议、休闲娱乐等服务。

(1) 商务会议洽谈中心 设立规模不等、设施齐全的会议室及多功能厅，配有同步视频、无线上网及电话会议系统等多媒体网络设备，可以满足各种商务会议、洽谈的需要。

(2) 养生保健中心 养生保健中心开展多种适合不同人群

的药浴方案,例如具有解毒止痒、振奋精神的功用,并且能产生解痉、降压、抗菌功效的,用苓苓星、白檀、木香等药材制成香汤沐浴;可令肌肤光滑、有防病、抗衰老作用的枸杞药浴;有疏风寒、驱瘴气、活血脉功效,利用桑枝、槐枝、桃枝、柳枝、麻叶制成的五枝汤沐浴;具有明目、醒脑、消热、解暑的功效,利用菖蒲、菊花、艾叶制成的制汤沐浴;可使人皮肤沁凉、神志舒畅,有消暑提神之功效的仁丹浴等。

(3) 植物美容美体中心　植物美容美体中心提出纯植物健康护肤概念,所有护肤产品采用纯植物产品,由园内自产的玫瑰、薰衣草、黄瓜、西瓜等花卉和瓜果蔬菜等植物加工制成,新鲜、绿色,不含化学成分,可达到内调外敷、以内养外的功效。来园区观光的爱美女性还可以在优雅的环境中享受到植物按摩、推拿的乐趣,体验植物护肤的效果。

(4) 健身中心　设有瑜伽馆、健美操馆、现代舞馆等,并结合鲜榨果汁、鲜花、果蔬美肤等服务,为健身者提供一个放松身心、美容保养的场所。常年开设常温瑜伽课、高温频谱瑜伽课以及洁肠排毒等特色瑜伽课,课程编排常变常新。此外,瑜伽馆还针对不同年龄和身体状况的人群,如公司的白领、常年站立的工作人员、中老年人等,编排出具有不同侧重点的特色瑜伽。瑜伽馆落地窗外是大片的果林和树林,呼吸着大自然的清新空气,伴随着淡淡的香气和幽雅的乐曲萦绕在空中,与别具匠心的装饰、雅致平和的色调相得益彰。瑜伽房华丽而不失简约,时尚中透露着古朴,使人愉快地进入瑜伽的美妙世界。

(5) 品茗苑茶社、绿梦咖啡屋　绿梦咖啡屋内采用西式设计,环境幽雅别致,座位宽敞舒适。室内颜色设计以橘色、咖啡色两种色调为主,令人感觉豪华但又不失自然,同时设有雅座、厢房。在门口附近摆放着书柜,上面放满了流行杂志,可供客人阅读。室内还播放着悦耳的轻音乐,在这里进餐是贵宾式的享受。咖啡由进口咖啡机制作而成,卫生,快捷,口感纯正。西餐菜肴采用进口原料制作而成,以意大利式、美式、法式为主,从头盘、汤到沙拉主食、甜品等五大菜式一应俱全。

品茗苑茶社环境清雅,闲趣盎然。古典清雅的明式家具、名人字画,配以古老传统的民族音乐,充分体现出中国传统茶文化的精髓和理念。茶社备有多种茶饮、茶点及怀旧游戏,可根据客人的个性化要求安排活动及饮食。

(6)"同一首歌"俱乐部　设立不同规格、风格各异的KTV包厢、音乐酒吧和Party房。采用先进的灯光、音响系统,五星级的服务、丰富的中西式免费自助餐饮,打造高贵典雅的环境,满足不同年龄层次享受音乐、漫步舞池、聚会娱乐的需求。

(7)餐饮、住宿服务中心　餐饮服务部包括中餐厅和西餐厅。中餐厅经营有特色淮扬、精品川菜、粤菜海鲜以及各式家常菜系。西餐厅定期举办室外烧烤自助活动,美食的乐趣不仅是一个人的大快朵颐,更是呼朋唤友小聚一起的心有灵犀。同时建设不同档次的客房,包括高级客房、豪华套房、豪华复式套房。所有酒店客房及公寓房间均可以宽带上网,并依需求设置个别户型配有厨房并厨具齐全,有冰箱、电磁炉、炒锅、炒勺等;客厅配置茶几、沙发、桌椅、柜橱、电话等;卧室配备卫星电视、空调,卫生间配备热水器、淋浴间及浴巾等。

2. 户外娱乐区

户外娱乐区占地面积10公顷。整个场区用园林造景手法,利用绿色灌木、高矮搭配等手段营造场区整体环境,体现场区的层次美感。

(1)蒙古风情园　在原有九个蒙古包的基础上进行改造,紧邻儿童娱乐区,建设蒙古风情园。蒙古包可提供餐饮、住宿,餐饮采用源自内蒙古草原育肥羊为主要加工原料,推出烤全羊、蒙古族风味手把肉等别具特色的餐饮项目,使游客坐在蒙古包中就可领略到奶茶飘香、哈达传情、马头琴奏响的民族乐章这些真正的草原风情。夜幕下还可以观看篝火晚会及具有民族特色的大型现代舞表演和草原民歌，使人们领略到无限的塞上风情，是朋友欢聚、商务谈判、家庭聚会的良好场所。

（2）跑马场　跑马场位于特色主题观赏园的东南侧，占地约3.33公顷，包括工作房及马厩等必要设施。跑马道修建成土路，宽8米，设计为椭圆形，设施齐全、安全，并且有专业教练陪护。为增加娱乐性，跑道四周绿树环绕，使游客体验到在树林中骑马驰骋的痛快感觉。

（3）溜冰场　溜冰场位于园区的大水系南端，总面积为2000平方米，能同时容纳300多名爱好者，并且聘请了经验丰富且优秀的教练员为顾客做现场指导。在冰场边设立救治医务室，配备专门的急救医生，建立快速救护通道。同时，还开设多种形式的滑冰培训班，以便满足滑冰爱好者们的不同需求。

（4）实战拓展区　该区位于跑马场北侧，占地面积为3.33公顷。主要由对抗射击区和拓展训练区组成。设施具备返璞归真、新颖独特、安全方便的特点。对抗射击区，利用园区所在的丘陵地形，在树林中建设射击场、掩体、障碍，用彩弹射击模拟野外战斗，为喜欢射击及野外活动的游客提供一个休闲娱乐的项目；拓展训练区，游戏项目可以设置清除地雷、寻宝比赛、钻蛛网等。

（5）儿童户外娱乐区　儿童户外娱乐区位于商务旅游休闲区西侧，占地面积1.47公顷。包括童子军训练营、亲子营和儿童游乐中心三部分。

① 童子军训练营：童子军训练营教授中小学生野外生存技能、应急能力，例如，如何在野外生火做饭，如何在迷路时辨别方向，如何辨别水源是否干净及如何在受伤时进行急救等。可以组织学校、社团等在此培养学生的独立性和生存能力，组织各种夏令营和冬令营。结合园区特点，教学生认知各种植物，了解农业科技知识。寓教于乐，使学生学到更多课本外的知识，锻炼身体，磨砺意志品质，可以将其发展成为青少年培训基地。在训练

营外围种树木,中间区域用于搭建帐篷、建立营地等。

② 亲子营:由孩子和家长一起参与活动,通过全家配合完成活动,增进家庭感情,使家长与孩子的沟通更加畅通。活动项目可设立两人三腿赛跑、比赛搭帐篷、家庭障碍接力等。

③ 儿童游乐中心:以传统特色儿童活动项目为主,使其在游乐的同时受到身心的教育。设立儿童娱乐设施,同时建立传统游戏区,如打弹弓、推铁圈、跳皮筋、跳房子等。区域建设要充分体现趣味性,结合各种绿植,设计新颖。

3. 特色长廊

沿园区入口的综合服务中心广场及游览道路两侧分别建立特色葡萄长廊、特色瓜果长廊。特色葡萄长廊,采用棚架的形式,选取国内外多种葡萄品种,供游人采摘。从颜色上看,有红的、黄的、蓝的、绿的、黑的;从口味上,分有清香型、玫瑰香型、菠萝香型等,使人仿佛置身于"葡萄联合国"。

4. 园林小品

利用地形改造技术在原有水塘的基础上,通过挖湖堆山形成大小水系各一个,面积分别为8公顷和2公顷,分别位于园区西侧及和谐生态度假区内。主要水面用岛屿分割,划分为大小不一、形态各异的水体空间,营造岛屿、半岛、河道、湖面等各具特色的水体景观。

(六) 畜禽科普展示区

畜禽科普观赏区位于园区优质苹果园西南部,占地面积约1.47公顷,建设畜禽舍。该区包括两部分,一部分为观赏区,设置观赏走廊便于游人参观。养殖不常见的各种观赏禽类,品种主要有火鸡、鸵鸟、孔雀、白鹅、番鸭、鹌鹑、中国黑凤鸡、白凤鸡、贵妇鸡等,体现观光欣赏、科普教育功能;另一部分为生产区,养殖七彩山鸡1 000只、柴鸡2 000只、珍珠鸡500只、乌鸡500只。建设鸡舍250平方米。养殖的特禽可以作为园区餐厅的原料供给,增加餐饮特色,吸引游客。

（七）和谐生态度假区

1. 老年公寓

该区位于园区南侧，总占地面积 5.47 公顷，建筑面积 15 000 平方米。包括两栋建筑面积 6 300 平方米的公寓和四栋建筑面积 600 平方米独栋公寓。坚持高品位、高素质、高境界的理念及注重现实的硬件设施和以人为本的规范管理，将老年公寓打造成为集保健、医疗、康复、休闲、娱乐为一体的风景秀丽、环境优美、空气清新、绿树成荫、鸟语花香的享受型养老机构，为老年朋友提供高品质、全方位的综合性服务，创造温馨、美满、和谐、幸福的生活家园。

公寓房间设有二人间、夫妻间、单人间等各档次套房，床位 500 张，每个房间都设有适于老年人使用的卫生间、高档家具及全套生活用品。公寓同时设有：

① 餐饮服务中心：根据老年人营养需要进行一日三餐的调配，保证老年人吃饱吃好，营养健康。

② 康复保健中心：聘请经验丰富的医护人员 24 小时服务，定时到房间内查房，给老人测体温、脉搏、心率、血压及检查身体等，提供综合医疗、治疗、理疗、保健按摩等服务项目，并建立健康档案。

③ 老年人活动中心：设有娱乐厅、健身房、乒乓球室、沙弧球室、棋牌室、阅览室、医疗室、会议室、接待室等，同时还设网球场、门球场、音乐喷泉、室内健身等活动场所。组织教老年人唱歌、跳舞、扭秧歌等娱乐活动。满足老年人休闲娱乐的精神需求，让老年人生活得更舒适、更安逸。

2. 欧式别墅区

该区位于园区南部，占地 1.34 公顷，设置两层别墅 20 栋，总建筑面积 7 000 平方米。设计两种类型别墅，一种建筑面积为 300 平方米；另一种建筑面积为 400 平方米。规划设计以"蓝、灰"相融的基调，灰瓷瓦盖顶、米灰色材料当外墙，外形简练而精于细节,在材料上注重自然素材的利用,展现一种平和朴素的意境。其特色就在于华而不奢,造型柔和。"纳田园之生气,聚水之灵气",以"绿野、水韵、人文"为主题,营造"众星抱野立,一水环村流"的生态型幽雅社区意境。

3. 四合院

该区位于欧式别墅区北侧,占地面积为 0.67 公顷,总建筑面积 4 000 平方米。设置四合院 10 个,每个四合院占地 0.06 公顷。四合院采用灰砖作为墙体,精雕细琢,建筑风格古朴、典雅,房屋室内装修豪华、各种设施齐全,并充分考虑采光、通风、排水等问题,创意独具匠心。背倚丁香园,侧临水系,与南部的欧式别墅群相呼应,在丘陵地带顺势而建,其环境幽雅迷人,使自然景观和人文观景融于一体,可以满足高档消费人群的居住需求。

(八) 综合管理服务区

综合管理服务区是园区正常运行的枢纽,是对外的直接窗口,承担着为园区创造良好工作环境和生活环境的重要功能。规划占地面积 0.67 公顷,主要包括办公楼、锅炉房、生态停车场、食品加工区等。

① 办公楼:在原有办公楼的基础上进行装修改造,包括会议室和办公室,满足园区工作人员办公需求。

② 职工宿舍:在原有办公楼的东侧,有五间集体宿舍供职工居住。

③ 生态停车场:满足轿车及大中型旅游车的停车需要,并考虑雨水收集问题,要求停车场路面设置一定坡度便于雨水收集。

④ 食品加工区:位于综合管理服务区,建设 200 平方米左右的冷库,主要用于果品、蔬菜的贮藏。建设 400 平方米的初级加工间,对果品、蔬菜进行清洁、分类、包装等初级加工。引进果蔬清洗、保鲜生产线。

四、组织机构设置

园区的组织机构是根据其自身的生产、经营、科研的运行规律的需要所设置。按照职能覆盖完整、职责界限明确、结构科学合理、权力和职责对等的原则组建,确保园区高效、有序的运行。

园区实行总公司领导下的总经理负责制,尽可能地减少管理层次和管理岗位的数量,要求管理人员要做到"多专、多能",以精干求高效。组织机构设置如图5-3所示。

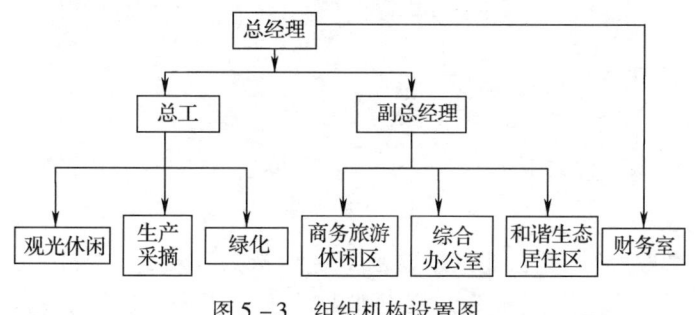

图5-3 组织机构设置图

第六节 北京市蟹岛绿色生态农庄

一、项目区概况

北京市蟹岛绿色生态农庄(以下简称"蟹岛",图5-4)位于北京市朝阳区金盏乡境内,紧临首都机场高速路,距离首都国际机场约7公里,是一家集生态农业与旅游观光为一体的大型品牌企业,占地约220公顷。1996年,付秀平在朝阳区金盏乡长店村租种了220公顷荒芜的土地,创办了北京蟹岛种植养殖有限公司，开始发展有机农业。1998年、2003年、2005年相继投资，并成立北京蟹岛食品科技发展有限公司。2006年，蟹岛与北京天普先行生态高科技有限公司合资成立了北京蟹岛赶海宫餐饮娱乐有限公司，2007年成立了北京蟹岛农业技术咨询公司。

图5-4　北京市蟹岛绿色生态农庄

2000年6月，北京市蟹岛绿色生态农庄被北京市评为现代农业示范园区，并成为北京市朝阳区推动农业产业结构调整的重点示范单位。2000年9月被国家环保总局、中国环境科学学会正式定为北京绿色生态园区基地；2003年8月，蟹岛生产的有机食品通过了国家环保总局有机食品发展中心的有机食品综合认证；2004年4月，经国家旅游局评估考核，成为全国首批"农业旅游示范点"；2006年蟹岛通过ISO 9001国际质量体系认证；2007年被农业部认定为"全国农业产业化重点龙头企业"。蟹岛食品科技发展有限公司、蟹岛农业技术咨询公司、蟹岛生物质能源科技开发有限公司共同为蟹岛有机农业技术、农业产品加工技术、能源循环利用的提升提供支撑。蟹岛为内蒙古赤峰蟹岛龙凤农产品有限公司提供技术支持和产品跟踪监测，采用"大放养、大撒播"的"野生、野养"模式，建立了1.22万公顷的有机种植业、有机畜牧业、有机生态湿地水产业基地。蟹岛与当地农牧户签订生产协议，产出的全部有机食品由蟹岛回购后进入北京市场。

二、规划特点

（一）经营理念明确

1. 以农为本发展旅游业

蟹岛农庄明确提出以农为本发展旅游业的经营理念，就是通过农业观光、采摘、农机展示、农业科普、乡土人情展示以及农村活体验，将农业与旅游有机结合，既延伸了农业的产业化发展，又构建了个性化的特色旅游。蟹岛特别打造出都市旅游农业大全的理念，向游客充分展示农业文化，回顾农耕历史，再现农村风貌，集现代都市旅游农业之大成。2008年蟹岛又投入巨资建设了"三点钟"农业园（用时三个小时左右的休闲旅游模式），是蟹岛都市旅游农业大全的核心构成部分。农业园主体建筑为集生态农业生产、农业展示、农业设施产业化经营等功能于一体的3.2万平方米现代化连栋温室大棚。整个大棚采取"园中园"的布局形式，在瓜果菜粮等农作物的自然分割下，形成了拥有1 800个餐位、集合农家菜、粤菜、火锅、日餐等四种风味的"浓农菜园"，20余片乒乓球和羽毛球场的"农健园"，室内垂钓的"蟹宫"，聚集欧洲300余个顶级品牌的"欧洲商品城"等四大区域。蟹岛"三点钟"农业园在展示农业文化、追忆农耕历史、体现农村风貌的同时，还开创了"三点游"的全新旅游模式，游人在三个小时内，可购物或垂钓、或打球、或采摘、或参观实践，然后再根据口味享受一顿丰美的大餐。

2. 综合产业化经营

北京蟹岛种植养殖集团有限公司作为北京蟹岛集团公司的母公司，是集团的主要支撑点和基础，是蟹岛循环经济模式的核心。公司总占地面积220公顷，包括大田种植区、蔬菜种植区、苗木花卉种植区、养殖区和后勤保障区等，形成了农、林、牧、渔综合发展的循环系统，其中大田作物种植区占地93公顷，蔬菜种植区占地20公顷，苗木花卉区占地13公顷，水产占地20公顷，年产值达到5 000万人民币，是全国农业产业化重点龙头企业。

（二）生态、环保、可持续意识强

集团以生态农业为轴心，依据生物链原理，将种植业、养殖业、水产业、微生物工程、再生能源、水资源利用、有机农业技术开发、农产品加工、销售、餐饮住宿、旅游会议等产业，构建成为相互依存、相互转化、互为资源的循环系统。例如，建造了两口2 400米深的温泉井、日处理能力达450立方的沼气池和日处理能力2 000吨的污水处理厂，构成了园区内生态良性循环的核心——"可再生能源利用区"。"可再生能源"的利用在园区内已发挥了杠杆作用。地热取代了燃煤或燃油锅炉为园区内供热、供暖，从根本上杜绝了使用矿物能源所产生的环境污染。沼气发酵把园区内每天产生的10多吨种植、养殖和人生活排放的废弃物变成清洁、环保的能源和无害的有机肥料。因此，园区内无污水、无烟尘、无生活垃圾、无农药残留、无化肥使用，实现了零排放，使有机农业生产在全封闭式运营状态下得以良性循环，并且有效地节约了能源、保护了环境。

以种植促养殖、以畜肥促园艺、促水产形成一条完整的生态链。以蟹岛水稻种植为例，采用稻蟹混养，每667平方米稻田中投放600只螃蟹，水稻为螃蟹提供了植被环境，螃蟹可以驱除害虫、疏松土壤，使水稻在生长过程中杜绝了农药、化肥的使用。水稻收割后，利用稻草制作蔬菜大棚冬季保温草帘。生产出来的有机大米供食用，稻壳、稻糠加工成醇酒，酒糟喂猪，猪的粪便生产沼气，供园区做饭、取暖。沼气渣用于温室种菜。螃蟹每年可产1.75万公斤，由于蟹的饵料全在园区内解决，每500克成本在16元左右，垂钓后卖每500克60~100元，降低了成本，提高了收益。

（三）重视有机食品的开发

在实现能源多级利用、环保生产的基础上，蟹岛绿色生态农庄以生态链为载体，大力发展有机农业，形成有机食品种植、养殖、加工、销售一条龙的完整体系。蟹岛获国家环境保护总局有机食品发展中心（OFDC）有机食品认证。

目前园区有机食品生产基地种植粮、油、豆、林、果、菜、花等作物，养殖猪、牛、羊、马、驴、骡、鸡、鸭、鹅等十余种家畜家禽及鱼蟹等十余种水产品，进行规模化加工生产，成功开创了"蟹岛"有机食品品牌。并在内蒙古自治区赤峰市海金山草原创立"蟹岛有机食品生产基地"。

（四）"前店后园"的村庄特色

蟹岛农庄以"回归大自然"式的生态旅游环境和独特的"村容"、"村貌"特色为卖点，把现代、舒适的度假酒店置于绿树成荫、稻麦飘香、六畜成群、蟹肥鱼跃的田园风光之中，使农业生产与酒店经营、都市文明与乡土感受、开发受益与生态保护都在自然的生物链结构中循环运转和持续发展。来此休闲度假的客人不仅能体验吃农家饭、住农家院、过农家生活的情趣，还能在蟹岛的田园"超市"中亲自动手选购健康安全的各种有机农副食品，并获得了农业实践的机会，与大自然、动物亲和的机会，以及接受环保、科普教育的机会。

第七节　北京顺义三高科技农业试验示范区

一、项目区概况

北京顺义"三高"科技农业试验示范区是1995年经北京市政府批准建立的市级科技农业示范区，占地5 000公顷，分为科技管理服务中心、高科技农业试验示范、粮食"三高"示范、农林牧渔生态农业示范、农副产品加工和旅游农业度假6个功能区。示范区以国内外市场为导向,以加快农业科技成果转化为动力,走种、养、加、贸、游相结合,销、供、产一体化的农业发展之路。目前已有北京兴绿原生物技术中心和北京三益生物科技中心以及北京顺鑫长青蔬菜有限公司等一些高科技含量的农业项目落户科技示范区。

示范区先后被国家科委、科技部、财政部和北京市政府评为"现代农业综合应用示范基地"、"国家级持续高效农业示范区"、"工厂化高效农业示范区"、"高效农业示范区"、"现代农业示范区"和"北京市青少年科普教育基地"。利用示范区现有的资源,2000年开始接待参观者。

示范区有七个农业观光景点供游人参观游览,分别为空间花园:各种草、木本花卉的展示,总面积2 000平方米,可一年四季参观;蝴蝶兰观赏区:兰花的组织培养及兰花十几个品种的展示,以蝴蝶兰为主,总面积2万平方米,可一年四季参观;水培蔬菜生产车间:总面积2 000平方米,一年四季可参观;精品牡丹生产观光园:总面积8公顷,露天栽培牡丹,有100多个品种,花期在5—6月份;胖龙园艺温室:温室栽培仙客来、红掌、凤梨等新品种花卉及彩叶树木,总面积16.7公顷;观光采摘园:种植了50多个品种的葡萄、树莓、油桃、苹果、杏、梨及各种蔬菜,四季采摘,总面积20公顷;神笛陶艺村:参观陶瓷艺人精湛的表演,还可以亲身感受拉坯、手捏、刀刻、浮贴、肌理、着色等制作工序。陶艺村采用景德镇纯正泥土,拥有从泥变瓷完备的景德镇设备和一批专业景德镇师傅,可亲手制作陶瓷。

二、规划特点

该园区充分整合了各方面的资源,发挥了科技的巨大支撑作用,为京郊农业注入了活力,具有以下特点。

(一) 实现了各种要素资源的聚集

① 集成了中国农业大学、北京农业科学院、北京农学院等单位的科技资源,为项目提供了技术保障。科研单位的参与不但带来了多项新的成果,而且为基层生产单位解决了很多技术难题,实现了科技资源的有效整合。

② 发挥了顺义区种植业、畜牧业、林业、农机等相关各经济职能部门的作用,为项目的实施提供了保证,有利地推动了顺义区整体农业的发展,实现了管理资源的有效利用。

③ 成立了农民专业合作组织服务中心,指导、促进顺义区各农民协会、合作社等基层农业合作组织发展成为科技成果应用、推广和带动农民增收的主体,实现了推广资源的聚集。

④ 争取到了财政部、北京市发展改革委员会、北京市农业委员会的支持,实现了资金的聚集。

(二) 为都市型现代农业的发展提供了强大的科技支撑作用

三高示范区种羊产业化工程项目引领了肉羊品种改良的未来,积累了丰富经验,促进了农业产业结构的发展,带动了农民增收;农民专业合作组织建设项目,采取"龙头企业+农合组织+农户"的运作模式,依托龙头企业,带领农户开展订单农业,组织农民培训,引领农民致富;熊蜂授粉项目,建立了熊蜂工厂化生产车间和授粉示范推广基地,实现熊蜂周年工厂化生产,标准化推广;淡季草莓优良品种开发和推广项目,建立了开发和推广基地,科研成果推广到京郊和广东、新疆等全国各地;园区信息化建设项目,建立了三高农业示范区数字化平台。

(三) 提供了面向社会服务的公共品

三高示范区充分整合管理、技术、资金、推广等要素资源,做到出思路、出理论、出模式、出人才,为顺义区乃至全国的农业发展提供借鉴。

模式上:一是形成产学研紧密型合作模式。建立产学研基地,既强调技术成果的研究、开发和转化,又兼顾人才的培养和企业研发队伍的建设,在种羊产业化实施中,为中国农业大学、北京农科院等院校和科研单位的专家和研究生提供了非常到位的科研平台,既解决了种羊生产、推广过程中的难题,又培养和锻炼了科技人才,做到产学研相结合。二是形成市场主导型科研体制探索模式。由以往科研院所先研究科研成果,再去寻找市场开发的传统思路,转变为由项目方根据市场需求提出课题、政府提供各方面支持、科研院所提供技术支撑,再由项目方利用市场推广科研成果的新模式。三是形成以农民专业合作组织为主体的科技成果孵化、转化模式。农民专业合作组织是政府与农户、科研院所与农户、龙头企业与农户相互连接的重要载体,在组织培训、订单生产、市场销售等方面起到的主渠道作用日益显著,通过农业合作组织建设平台,将科技成果推广到千家万户,是促进科技成果孵化、转化的重要手段。

机制上:建立了符合市场经济要求的园区经营管理机制、符合顺义区农业实际的科技成果引进机制、符合农民需求的服务机制以及与科研院所的合作机制,形成"政府引导、企业运作、科研院所合作、农业合作组织参与、产业化经营、利益对接的运行机制",探索出了一条农业科技园区发展之路。

(四)进行了与项目相关的对接

1. 与企业对接

通过与企业合作,为农民提供技术咨询、技能培训等方面的服务,积极倡导企业参与到带动农民增收队伍中来。

2. 信息对接

成立三高网站,完成顺义三高数字智能化系统、种羊场电脑管理系统、远程教育系统等信息化工程建设,形成互联网,实现信息互动。

3. 与农民对接

在农业园区率先成立了农民专业合作组织服务机构,规范指导带动农民形成合作组织,提高农民的组织化程度,引领农民进入市场，成为带动顺义区农业产业升级的有效手段。目前全区已有76家农民合作社。

4. 与科技对接

与科研院所等技术源头开展广泛合作，推动首都科技成果转化。

5. 与市场对接

项目内容的实施与市场紧密结合，增强了项目的实用性和延续性。

第八节 上海孙桥现代农业开发区

一、项目区概况

上海孙桥现代农业开发区成立于1994年9月，是浦东规划建设的第五个产业功能开发区，国家首批21家科技园区之一（图5-5）。其宗旨是通过现代农业的开发，不断完善浦东产业结构布局，带动郊区城乡一体化发展。园区面积12.3平方公里，累计投资超过了5亿元，入驻企业和研发检测机构60余家。园区先后被批准为全国科普教育基地、全国青少年科技教育基地、全国农业产业化重点龙头企业、全国百家工农业旅游示范点、国家引进外国智力成果示范推广基地、全国农业科普示范基地、上海市高新技术企业等。并已获ISO 14001环境管理体系国内、国际双证书。孙桥现代农业开发区是浦东新区政府直属机构，是一个独立运作的企业。

园区观光娱乐项目有：参观农业展示厅，如荷兰引进的自控玻璃温室、自行设计建造的自控玻璃温室等；参观孙桥龙根犬业馆，可与宠物亲密接触，以及观看军犬表演等；参观巴西昆虫馆，如巴西及南美产世界名蝶标本和各种昆虫标本等；参与农事活动，如做农家饭、用石磨磨豆粉、脚踩水车、橘园采摘、蔬菜采摘等。

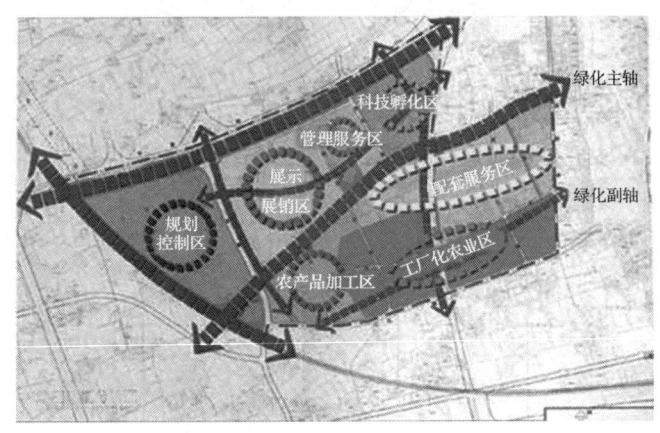

图 5-5　上海孙桥现代农业开发区规划图

二、规划特点

(一) 理念前沿、定位明确

园区发展指导思想是"国外先进农业与中国农业接轨、传统农业向现代农业转变",具有前瞻性。孙桥现代农业园区未来十年的发展主线是:围绕都市型现代农业的定位,坚持超前性、国际性、高科技性和实用性的发展导向,在科技农业、服务农业、农业产业化经营上实现突破和创新,进一步用现代工业武装农业,用现代科技支撑农业,用现代信息管理农业,用现代市场引导农业,积极融入全球经济,成为上海乃至全国的现代农业的典范。

(二) 发展战略明确

1. "一业特强、三业兴旺"的产业融合战略

开发区重点发展六大主导产业:以蔬菜、花卉为主体的种子种苗产业;以绿色蔬菜、食用菌、花卉为主体的设施农业产业;农产品精深加工产业;利用细胞工程、微生物工程和基因工程的生物技术产业;温室工程安装制造产业;与农业相关的物流交易、休闲居住、观光旅游、会展培训等第三产业。

以"农"为主是本园区的特色和使命。以"农"为主,主要指以现代农业为主,现代农业不只是指现代农业生产形态及所需要的现代农业科技与装备,还指现代条件下农业的全面发展。"农业为主,全面发展"是孙桥现代农业开发区未来发展的基本方向。

2. "科技先导、服务创新"的产业支撑战略

目前园区内已有 70 余家农业企业,6 家经认定的高新技术企业。在 2005—2015 年孙桥现代农业开发区现代农业产业发展规划中,建立以生物技术为主的研发创新平台被列为今后 10 年开发的重点。孙桥现代农业开发区要把更多自主创新的农业科技企业整合起来,形成核心区,进行现代农业科技研发,引进、消化、吸收、提高并推广国际上最尖端、最先进的农业科技成果,将科技先导作为园区未来产业发展的重中之重。

2005 年起,孙桥现代农业开发区创立了自主品牌"孙桥牌"蔬菜,以精品小包装进入香港的连锁超市。比原来同样的散装产品价格翻了几番,还供不应求。

3. "功能互动、区域协调"的产业服务战略

孙桥现代农业开发区是张江功能区一体化发展的重要组成部分,它的新一轮发展必须树立大局观念,结合张江区域的功能定位与发展规划,与张江高科技园区形成良性互动,实现整个区域的协调发展。

4. "专业发展、链式延伸"的产业扩张战略

农产品门类众多、品种丰富,在资金、土地有限的条件下,孙桥现代农业开发区要对自身产业基础和未来市场需求进行科学分析和合理预测,选择重点行业、重点领域、重点产品,走专业化发展、产业链延伸的扩张道路。

5. "生态优先、资源节约"的可持续发展战略

(三) 发展战略有保证措施

为了实施上述发展战略,孙桥现代农业开发区提出四大发展重点:建设以生物技术为主的研发创新平台、农业科技产品的国

际展示展销中心、工厂化农业的示范推广基地和以观光休闲为主的生态旅游农业。

1. 建立以生物技术为主的研发创新平台

以基因工程、细胞工程、酶工程、发酵工程为代表的现代生物技术，是世界性农业科技革命的标志，也是21世纪世界农业竞争的热点。面对越来越激烈的国际竞争，孙桥现代农业开发区要大力加强生物技术的研究与开发，加速实用化、商品化、产业化，以生物技术为核心搭建科技农业的研发创新平台，推动孙桥农业的快速发展。孙桥现代农业开发区要依托研发创新平台，促进科技农业发展，推进科技农业创新，建立与我国农业大国地位相适应的、具有世界先进水平的科技农业创新体系。到2015年，将孙桥现代农业开发区基本建成以农业高科技"产学研"一体化为基本特色的、全国一流、世界著名的农业高科技研发基地，使之成为上海乃至全国的科技创新区域中心和辐射中心。

2. 建立农业科技产品的国际展示展销中心

农业科技产品的国际展示展销中心是科技农业和服务农业平台的实际载体，经过十年努力，孙桥现代农业开发区要依托科技农业发展，大力推进农产品的交易、展示、展销，促进农业高科技的交流推广，确立以下四大主要功能：农产品、农用资料及农业技术的展示交易功能；农产品的认证和订单服务功能；农业科技信息的交流服务功能；农业会议论坛的组织功能。

3. 建立工厂化农业的示范推广基地

工厂化农业包括设施农业和农产品精深加工两方面。前者能够有效地将外界环境的影响控制到最低程度、提高农业生产效率，后者则可以通过产业链延伸大幅提高农产品附加值和经济效益。未来十年，孙桥现代农业开发区要以工厂化农业为特色，大力引进国外先进设施和先进技术，在设施农业和农产品精深加工领域，充分发挥连接世界先进农业与中国农业、连接现代农业与传统农业的桥梁作用，进行工厂化农业的示范和推广。

4. 推进以观光休闲为主的生态旅游农业

以生态化农业为标志,孙桥现代农业开发区要进一步促进农业与旅游业的结合发展,注重形成孙桥特色,打响孙桥品牌,到2015年,基本建成长江三角洲著名的农业旅游景区,形成上海旅游产业新亮点,确立世界旅游农业新品牌。

第九节 山西省潞城市翟店镇现代农业示范基地

一、项目区概况

山西省潞城市翟店镇现代农业示范基地位于山西省潞城市翟店镇,在西天贡村、东天贡村、南天贡村和羌城四村的村域围合内,距潞城市8公里,离长治市区11公里。西距长北火车站21公里,南距长治飞机场仅7公里,东临邯长公路,崇南路和园区路从基地穿境而过,交通便利快捷。

基地地势平坦,属暖温带气候,四季分明,气候宜人,年均温度9.5℃,降雨量503.7毫米,日照时数2 434.9小时,无霜期176天。主要分布有碳酸盐褐土,有机质含量为1.2%~1.5%。自然条件非常适合农作物的生长,发展高效农业条件优越。

二、规划特点

(一)功能定位准确,发展目标明确

1. 功能定位

(1) 高效生产功能 高效生产功能仍然是现代农业的一个基本功能,是指采用现代生产、加工、营销方式,为周边城乡居民提供优质、安全、卫生以及丰富多样的农产品,以满足不同层次城乡居民的消费需求。基地主要以果蔬生产为主,重点发展冻

干蔬菜和食用菌农产品深加工项目，满足市民对于安全优质农产品的需求，并通过示范辐射带动周边区域农业产业发展。

（2）现代农业示范功能　基地利用现代农业高新科技成果和设施装备，高标准建设蔬菜生产基地，采用现代农业设施技术，选用新、优、特品种，从播种、育苗、定植、病虫害防治、肥水管理到果蔬的采收包装等一系列过程均采用标准化、规范化生产，应用滴灌技术、平衡施肥、防虫网覆盖、遮阳网覆盖、杀虫灯、黄板、生物农药、熊蜂授粉等技术。设施果蔬种植业的产业化、规模化、市场化给翟店镇农业发展带来新的发展动力，提高了蔬菜、瓜果等产业的生产效率，高效农业示范核心区的建成将带动周边乡镇设施种植业的有序发展，为全国设施种植业提供成功典范。

（3）农民培训功能　"农业发展靠农民"，基地将面向翟店镇、潞城市农民提供集约化的技术示范，建设成为科研成果转化与农业新技术服务基地的科技培训中心，带领翟店镇及周边乡镇广大农民依靠科技走上致富之路，为建设社会主义新农村做出应有的贡献，成为科技成果与农民生产之间重要的纽带。

2. 发展目标

以构建高效现代农业示范基地为目标，以现代农业技术为支撑，引进新、优、特品种，采用现代种植设施设备、种植技术和现代加工设施设备、加工技术，依据圈层模式发展，重点建设高效农业示范核心区，通过辐射带动促进周边科技成果转化及翟店镇农业设施水平整体提升。大力发展循环农业、生态农业、有机农业，树立翟店镇绿色、有机果蔬及农产品品牌。以立体深化服务获得持续盈利，形成支撑现代农业示范基地发展的巨大科技势差驱动效应、产业功效放大效应和网络增值效应，促进市场、产业与科技的有效连接，使基地成为现代农业示范成功典范的同时，也成为经济效益和生态效益的样板。五年内基本建立具有全国影响力的现代农业示范基地，年经济效益达 4 614.4 万元。

（二）总体布局层次清晰，分区规划特色鲜明

1. 高效农业示范核心区

高效农业示范核心区位于基地的中央位置，占地面积 30 公顷。该区包括工厂育苗示范区、设施果蔬示范区、休闲观光采摘区、农产品加工物流区和综合管理培训服务区。该区是整个基地高效现代农业的核心示范区，利用工厂化、规范化和标准化生产模式，示范、展示果蔬新品种和栽培新技术；通过高效优质生产的示范作用，培训当地农民，辐射、带动周边果蔬和食用菌产业化发展，同时扶持和培育一批具有影响力的高效现代农业生产龙头企业。

（1）工厂育苗示范区　包括占地面积 5 000 平方米的联栋温室和 20 栋节能日光温室用于蔬菜育苗，利用工厂化、规范化和标准化生产模式，示范、展示育苗的新品种、新技术。

（2）设施果蔬示范区　建设日光温室 112 栋，主要用于无公害瓜果蔬菜种植与新技术、新品种示范。选用新优品种，果蔬从播种、育苗、定植、病虫害防治及肥水管理等过程均采用标准化、规范化生产。应用滴灌、平衡施肥、防虫网覆盖、遮阳网覆盖、杀虫灯、黄板、生物农药、雄蜂授粉等技术，使产品达到绿色食品标准。

（3）休闲观光采摘区　占地面积 11 公顷，主要种植葡萄、樱桃，品种以国内外优新品种为主。营造田园景观，集趣味性、休闲性、知识性、新奇性为一体，形成生态观光、增长农业知识的场所。

（4）农产品加工物流区　占地面积 2 公顷，用于基地及周边乡镇果蔬的加工。主要包括果蔬初级加工区和深加工区两部分。随着人们生活结构的不断变化和城市市民工作节奏的加快，净菜、冻干类蔬菜也进入普通百姓家庭。基地采用标准化、规范化的加工方式，重点开发食用菌、果菜类等具有特色的产品。主要有净菜类：以叶菜、芽菜类为主，免洗、感官好，透明包装；

果蔬汁类：以各种蔬菜、水果为原料，榨汁后分为即饮用型和短时间储存型，可适应不同的客户人群；拼盘礼盒：各种蔬菜、水果的小型整果或切块制成各种水果拼盘，适宜即食或馈送亲友；冻干方便食品类：蔬菜汤、蔬菜干颗粒、冻干蔬菜等。

（5）综合管理服务区　该区是基地正常运行的枢纽、对外的直接窗口，承担着为基地创造良好工作环境和生活环境的重要功能。拟建设一栋占地450平方米，建筑面积900平方米的办公楼，办公楼内设置基地管委会、农业科技培训中心、职工宿舍及食堂。另外建设面积为5 000平方米的生态餐厅，满足基地培训人员、游客和潞城市、长治市及周边城乡人们回归自然、融入自然的餐饮需要。

2. 设施果蔬生产辐射区

设施果蔬生产辐射区是指在高效农业示范核心区外，包括西天贡蔬菜大棚在内的四周围合的116平方米农业用地，分别建设1 000栋和500栋日光温室，发展果蔬种植以及食用菌标准化生产。采用循环经济理念指导生产，利用玉米芯、醋糟发展食用菌，食用菌的肥料可作为果蔬种植的有机肥料。

该区主要利用靠近高效农业示范核心区的优势，接收来自核心区的辐射。果蔬及食用菌标准化生产，强调现代农业的科技辐射功能，促进及鼓励高效农业示范核心区的科技成果转化，实现果蔬产业高效生产功能，对接长治市和山西省消费市场，辐射带动全镇及周边乡村农业产业经济发展。

3. 设施果蔬生产带动区

设施果蔬生产带动区是指设施果蔬生产辐射区以外、基地边界以内的农业用地，占地228公顷，分为大田作物种植区和露地蔬菜种植区两部分。该区重点发展规模化、科技化、专业化、标准化的优质粮食生产、高效设施蔬菜种植。通过核心区及辐射区的带动，逐步带动周边农民，发展果蔬产业，实现周边农民增收致富。

第十节　内蒙古准格尔旗水镜湖现代农业观光园

一、项目区概况

园区位于内蒙古鄂尔多斯市准格尔旗布尔陶亥苏木前鸡儿沟村，与达拉特旗接壤，北部是库布其沙漠，南部为梁峁山区，属半农半牧区，其土质多为沙土。园区距离准格尔旗政府薛家湾镇约100公里，紧挨大路新区；距鄂尔多斯市、包头市车程约一小时。通往园区的县级公路畅通，随着布尔陶亥至薛家湾之间公路的建设，将形成薛家湾—大陆新区—布尔陶亥—薛家湾之间的闭合交通系统，将园区与旗政府薛家湾和大陆新区连接起来，交通将更加便利。2009年底，鄂尔多斯市至呼和浩特市之间的高速公路即将建成，该高速路位于园区西南部，届时园区距鄂尔多斯市和呼和浩特市之间的车程将大大缩短，交通条件将相当便捷。

二、规划特点

（一）功能定位明确

该规划依据项目承担主体及社会参与主体、区位环境主题对观光园建设和发展的需求、观光园总体目标实现要求及领域分析与选择的最终结果，在广泛借鉴国内外都市型现代农业观光园在生产、科普、休闲、旅游、景观等功能定位方面经验的基础上，确定观光园的功能定位为"设施园艺生产与现代休闲旅游的融合"，并满足以下三个方面的主导功能：

1. 休闲体验功能

游客能亲近原始劳作形态，体验农业生产习作技艺的乐趣，增进农业知识，品尝时鲜的农副产品，感受古朴的民风民俗，从而给游客增加奇趣、异趣、野趣、土趣、尝趣、乐趣、买趣,并集观赏、参与、习技、健身、阅历等多功能于一体。

2. 旅游观光功能

"水、沙"是园区得天独厚的自然特征,在干旱少雨的光秃大沙漠里,一汪清泉在沙漠中蜿蜒盘旋,周边水草丛生、绿树成荫,一派生机勃勃的绿洲映入眼帘,给游客一种心旷神怡的感觉。同时,游客还可以体验到与城市生活截然不同的乡村生活,贴近自然和泥土,感受淳朴、恬静和悠闲,领略到乡村的自然之美与田园之美。

3. 生产功能

园区应用先进的科学技术,选用优良的种植品种,实行科学化管理、工厂化生产,采用高新技术控制花期,常年供应市场,同时供游人观赏,使农业的生产功能得到最大限度的发挥,实现产业、效益最大化。

(二)指导思想把握准确

以产业发展、环境优化和经济增长作为园区规划建设的立足点;坚持生态优先及可持续发展为规划原则;以"生产观光、旅游休闲"为主体,突出"水、沙"的先天优势;以建设高效现代农业观光园为目标;以实现经济、生态和社会效益为发展方向;以改善生态、建设农村、提高效益为宗旨,优化、整合农业区域资源,综合开发农业的生态、经济与社会功能,体现"观光、休闲、旅游、娱乐、品尝、居住"等功能,将园区打造成为集花卉繁育与展示、果品采摘、生态旅游、休闲度假、拓展训练等功能于一体的高标准、高效益现代农业观光园。

(三)规划理念新颖

主要表现在:展示国内外名、优、稀、特品种和先进栽培技术;充分发挥园区优势,实现农业与旅游业的产业融合;强化科技培训服务等方面。

在布局上,充分研究了准格尔旗水镜湖现代农业观光园区地形条件，并综合考虑对景观生态性的保护，确定沿纵贯园区的水线构成整个园区的主线，结合八大功能分区形成"一线连八区"的规划布局结构。沿主线而行，既能欣赏到设施花卉与蔬菜的农业生产景观，又能体验到休闲旅游项目的快乐，并且能方便到达其余各景区景点。在具体布局结构中，以汽车营地休闲区和生态餐饮娱乐区为核心，向设施园艺生产区、嬉水乐园、沙滩动感地带、生态水产养殖区和特禽与民俗工艺展示区辐射，辐射重点为嬉水乐园和沙滩动感地带，形成核心区拉动放射点的整体格局。

三、园区存在问题分析

准格尔旗水镜湖现代农业观光园项目建设与后期可持续发展的实践经验表明，在今后类似的观光农业园区项目中，需要注意以下问题。

1. 旅游开发与生态保护间协调的问题

园区生态环境逐年恶化，水土流失与沙化面积逐年增加。随着治理力度的加大，生态恶化与水土流失虽然有所减缓，但仍对当地的发展带来一定的生态挑战。同时，发展旅游业也会对园区的生态环境造成一定的破坏，因此，旅游开发也面临着如何治理环境的问题。本次规划建设的重点是在保证旅游开发的同时，重点解决生态循环与旅游开发协调发展的问题，保证生态循环与旅游资源的可持续发展。

2. 淡旺季产业间转换的问题

园区所在地季节温差变化大，冬季温度较低，结冰期时间较长，因此，如何实现淡旺季产业转换、保证客流量、使园区资源得到充分利用是目前规划需要重点研究的问题。造浪池在冬季结冰后可用作溜冰场，聘请经验丰富且优秀的教练员为顾客做现场指导，并开设多种形式的滑冰培训班，不仅可满足滑冰爱好者的不同需求，而且还促进了产业布局的优化和升级。

第十一节　蔡家洼设施农业生态公园

一、项目区概况

蔡家洼村位于北京市密云县东南部，该村距离县城约 4 公里，位于密云水库主坝下游区域，同时位于潮河东岸下游地段，因此拥有丰富的水资源储备。蔡家洼村地理位置优越，依山傍水，环境幽雅，西临潮河，东依大马峪山，南依黎祖山，北至密云至河北兴隆公路，是密云县林果观光发展基地。村域范围为东至丰各庄山界分水岭，西至东邵渠镇黑窝村山界分水岭，南至河南寨镇提辖庄村山界分水岭。该村交通条件便利，距密云县长途汽车站 1 公里，距北京至承德高速公路出口 500 米，距密云县火车站 5 公里。

园区规划中，以东西向主干道为界，分为两大区块，北部地区主要种植热带果林，南部地区以有机蔬菜、高档花卉为主，同时在空间上形成七大功能区，由北到南分别为特色南果观赏区、水上餐饮区、南果采摘区、设施蔬菜体验区、高档花卉体验区、农产品加工区和综合管理区。置身于整个园区内，游客沿着行车路线不仅可以领略优美的湖光山色、寄情于大自然的返璞归真，休闲心身，释放情怀，同时还可以亲身参与体验农事劳作，品尝时鲜的瓜果蔬菜，体味异国风情，收获奇趣、异趣、野趣、土趣、尝趣、乐趣和买趣。

二、规划特点

（一）功能定位明确

1. 农业旅游功能

蔡家洼设施农业生态公园的旅游功能主要体现在通过城市旅

游业向农业领域的延伸，开发花卉展示、果品采摘、休闲农业等特色旅游产业，展示浓郁的农业文化、丰富的旅游资源，为城乡居民观光、休闲、度假提供宁静、清新、优美的田园风景和生态环境，满足人们回归自然、享受宁静、安逸生活的心理和多层次、多元化的消费需求，提高城乡居民的生活质量。

2. 和谐生态功能

生态功能是指发挥都市型现代农业绿化和美化城乡环境、净化空气、涵养水源、调节气候以及减轻城市"热岛效应"等方面的作用，建立人与自然、都市与农业和谐发展的生态环境，为城乡居民提供幽静、清新的人居环境。蔡家洼设施农业生态公园运用农业循环经济的理念，走生态节约型农业的发展道路，充分发挥都市农业洁、净、绿的特点，以生态农业进一步净化生态环境。

3. 高效生产功能

生产功能仍然是都市型现代农业的一个基本功能，其采用现代化生产加工工艺，为城乡居民提供安全、无污染的农产品，以满足不同层次城乡居民的消费需求。北京是一个农产品消费大市，密云农业承担了向北京市民提供优质安全农产品的任务，蔡家洼应充分利用现代农业高新科技成果和设施装备，发展高科技设施农业，高标准建设热带水果、蔬菜、花卉产业，满足北京市民对于优质、卫生农产品的需求，并通过示范辐射带动周边区域农业产业发展。

4. 现代科技展示与示范功能

园区发展将以前沿农业科学技术为依托，选育名、优、特种植品种，突出特色，建设现代化日光温室、联栋温室等工厂化农业生产设施，应用立体栽培、无土栽培等先进生产技术，实施标准化田间管理模式，以期生产出低污染、无公害的绿色有机产品，供应首都市场。高标准的建设条件必将使园区成为农业高新科技的汇集地与集散源，促进农业科技的推广与扩散，成为现代农业科技的展示与示范平台。

5. 科普教育功能

这一功能与农业旅游功能相衔接，主要针对处于成长阶段的城市青少年。这一群体由于长期居住在城市，缺少接触农事活动的机会，对其身心的成长产生了很多不良的影响。参与体验式农作劳动，可以提供给青少年更多接触自然和实践劳作的机会，寓教于乐，边旅游边学习，不仅使其增长了先进农业生产方面的知识，开阔了视野，同时将我国古老传统的农耕文化得以传承和发扬光大。

（二）具有前瞻性

园区建设以科学发展观与构建社会主义和谐社会为指导思想，以提升农业产业层次、拓展农业新功能、实现农村经济快速增长为核心，立足项目区良好的生态环境优势，应用前沿科学技术，引进现代化管理理念，优化产业结构，整合优势资源，合理规划，科学布局，力争将园区建设成为以旅游、观光采摘、休闲娱乐为主体功能，生产加工业为发展基础，第二、第三产业带动第一产业高速发展的都市型现代农业的典范，同时探索建设设施农业生态公园的模式。

（三）创意新颖

结合园区各元素空间结构特征与发展定位，确定该园区的主题形象为"化蛹成蝶"与"蝴蝶效应"。位于园区西北部的四个温室构成了一只振翅飞舞的蝴蝶形象，上部两座温室为蝴蝶的前一对翅膀，下部两座温室为蝴蝶的后一对翅膀，中间的绿化景观带为蝴蝶身体主躯干。在第一只蝴蝶的下方，另一只翩翩起舞的雨蝶与之相呼应，两座温室分别为蝴蝶的两片叶翅，规划中的电瓶车停车场为蝴蝶的头部，电瓶车通道为蝴蝶的躯干和触角。

从高空俯瞰，几座温室建筑犹如两只如影相随、互相嬉戏的蝴蝶，为园区带来一片生机。

本方案的总体结构在充分利用现状要素的前提下，引入蝴蝶形态，期望京郊设施农业生态公园的建设发展能"化蛹成蝶"，成为北京农业经济起飞的重要支点，进而形成"蝴蝶效应"促进北京都市圈乃至整个华北地区设施、经济和文化的全面发展，实现北部地区腾飞的目标。

上述主题形象表现出项目区景观生产性、生态性、观赏性、娱乐性、文化性的五大特征。

（四）指导原则性强

1. 高起点、高标准、高档次、高效益

农业设施公园是知识密集、技术密集、价值密集、功能密集的经济实体，其宗旨是推进农业现代化进程，提升农业产业层次，拓展农业产业价值，增加农业产业经济效益，其集农业生产、观光采摘、休闲娱乐、科普教育、示范带动等功能于一身，是都市农业发展的高级阶段。因此园区的建设必须要在创新思维引领下，达到品种最新、品质最优、技术最精、功能最全、结构最佳、效益最好，充分发挥前瞻性和先导性作用，满足"高起点、高标准、高档次、高效益"的要求，以实施科技成果的转化、示范和服务为先导，以引进现代农业科学技术为突破口，以现代经营管理和现代工业物质装备（设施和设备）为支撑，全面提升园区整体科技含量，促进园区的发展。

2. 因地制宜、和谐统一、特色发展

园区在建设过程中从园区的自然地貌特点、土地利用现状、社会经济发展条件等实际情况出发，坚持因地制宜、综合利用的原则，兼顾北京城市发展以及密云县未来发展的需要，从延长农业产业链和保护生态环境出发，依据循环经济的原则，进行合理布局，各功能区既要相对独立又能相互关联，形成各功能区在空间分布上的不同优势，达到前瞻性、包容性、和谐性的有机统一。

同时园区在建设过程中必须突出特色，从自身的实际情况出发，发掘自身的资源、市场、文化、区位优势，立足特色资源，

面向特定市场，实现特色发展。

3. 统一规划、三效并重

园区要全面搞好规划，严格按规划组织实施，确保园区建设有序进行和可持续发展。园区在规划建设过程中，必须根据其功能定位，在增加农业总产值的同时调整农业产业结构，在促进农业产业化的过程中扩大就业，同时充分考虑资源与生态环境的承载能力，发展循环经济，坚持节约发展、清洁发展、安全发展，增强市场竞争力。同时在安排农业产业项目时要有层次性和有机性，各项目之间相互衔接、互动发展，实现生态、社会、经济效益的有机统一。

三、园区建设需要解决的两个问题

（一）温室设施在本地区的适应性

园区内部有大面积的山坡地，为了保证园区的整体建构形式，很多温室设施需要依山而建，而温室设施对于土地平整度的要求是非常高的。同时，该地区的光照条件有限，各个温室受光不均，这将对农作物的生长产生重要的影响。为了有效应对以上这些问题，温室设施在建设的过程中需投入更多的科技要素，主要体现在架构材料的采用、配套设施的设计、农作物种植安排、田间管理等方面。因此，本规划要做到因地制宜，科学安排。

此外，园区以南方果树、有机蔬菜和高档花卉为其主导产业，需要大量的科技投入作为支撑，如何有效依托首都的科研优势、利用好专家系统，同时不断加强自身的科研能力建设等问题是园区在今后发展过程中需要重点解决的问题。

（二）如何与京郊其他观光旅游园区错位式发展

本园以农业观光采摘、休闲娱乐为主要经营项目，如何凭借风景秀丽的生态自然风光、别具风格的园林景观设计、南果北种的创新理念，以及现代化的农业设施来吸引城市居民，是园区能否树立品牌、占领北京市场、实现可持续发展等方面需要重点考虑的问题。

第十二节　安徽滨湖现代农业综合开发示范区

一、项目区概况

包河区处于合肥市滨湖新区的前沿阵地和核心区域。在"十一五"和滨湖新区建设的新时期，包河区政府围绕"因湖作为"，狠抓项目带动发展，扩大投资拉动发展，提出打造"安徽浦东"、"中部第一城区"、"全国最美的湖区都市田园"的战略目标。安徽滨湖现代农业综合开发示范区就在这样的环境背景和省、市、区三级政府领导的重视关怀下孕育而生；它是立足农业综合开发，既要解决农业生产能力提高、农业产业化经营等问题，又要满足城乡一体化和人们消费水平提高对农业多功能的要求；它是安徽探索农业综合开发的开发方式、投融资模式、治理措施及综合效益等，打造国内领先的示范样板，引领全省现代农业发展、推进新农村建设和城乡统筹发展的需求；它是安徽农业综合开发改革的起点，也将是一条探索全国农业综合开发的创新之路。

示范区位于安徽省合肥市包河区烟墩镇牛角大圩，总占地面积为 1 000 公顷。北临滨湖新区，南临派河下游，东接徽州大道，西连合肥经济技术开发区；区内涉及牛角、横城、新街、保兴、鲍岗 5 个村。东部为徽州大道及规划的环湖西路，北部靠近未来深圳路，规划的玉龙路紧邻示范区西部。示范区南部的派河未来通航能力将达到货运 1 000 吨，也将成为示范区河运交通方式之一。示范区内已建有一条水泥路，路面宽 5 米，长 14.8 公里，将圩内村庄连接起来。示范区到合肥市中心有公交车通过，全程约需 20 分钟。

二、规划特点

（一）概念规划思路明确，站位高

该规划的概念规划思路明确，站位高，表现在以下几方面。

1. 战略思想站位高

功能定位：与现代化滨湖大城市相匹配，滨湖新区重要的生态文化板块，安徽省乃至全国旅游休闲农业的知名品牌，国家级都市型现代农业综合开发的优秀典范。

产业定位：休闲观光农业，绿色设施园艺种植业，高端服务业。

生态定位：安徽的生态板块，合肥的生态屏障，滨湖新区后花园。

2. 规划原则简明

（1）高起点、高标准、高档次、高效益　示范区是知识密集、技术密集的经济实体，其宗旨是推进新的农业科技革命，肩负着农业高新技术创新、示范、转化和推广的任务，是先进农业技术的聚集地和开发源，是科技成果的扩散源和转化器。因此，示范区的建设必须要在创新思维的引领下，达到品种最新、品质最优、技术最精、功能最全、结构最佳、效益最好，充分发挥前瞻性和先导性作用，满足"高起点、高标准、高档次、高效益"的四高要求，以实施科技成果的转化、示范和服务为先导，以引进现代农业科学技术为突破口，以现代经营管理和现代工业物质装备（设施和设备）武装为支撑，全面提升示范区整体科技含量，促进示范区的发展。

（2）因地制宜、城乡一体、以人为本、特色发展　示范区在建设过程中应从农业综合开发现状出发，从自然地貌特点、土地利用现状、社会经济发展条件等情况出发，坚持因地制宜、综合利用的原则，兼顾合肥城市发展以及滨湖新区未来发展的需要；从延长农业产业链和保护生态环境出发，依据循环经济的原则，进行合理布局，各功能区既要相对独立又能相互关联，形成各功能区在空间分布上的不同优势，达到前瞻性、包容性、和谐性的有机统一。

同时示范区在建设过程中必须以人为本、突出特色，从自身的实际情况出发，发掘自身的资源、市场、文化、区位优势，立足特色资源，面向特定市场，体现区域特色，项目设置和具体建设设计中必须符合人的生活习惯、心理需求和精神需要。只有突显自身特色，才能形成核心竞争力，才能支撑示范区的长远发展，才能在竞争中立于不败之地。

（3）以开放促开发、以创新促发展　示范区要开放性吸纳社会资源，无边界创新运营网络，实现跨越式发展。中国改革开放的经验说明，任何一个区域要发展，必须实行对外开放，尤其是随着经济全球化的不断推进，对外开放就显得尤为重要。同样示范区只有实行对外开放，才能引入外部资金；只有实行对外开放，才能引进先进的技术；只有实行对外开放，才能吸引高素质的人才和先进的管理经验。这样一来，示范区才能形成"以开放促开发，以创新促发展"的良好局面，从而实现示范区又好又快的发展。

（4）统一规划、分期实施、滚动开发、三效并重　示范区要全面搞好规划，严格按规划组织实施，确保示范区建设有序进行和可持续发展。示范区在规划建设过程中，必须根据其功能定位，在增加农业总产值的同时调整农业产业结构，在促进农业产业化的过程中扩大就业，同时充分考虑资源与生态环境的承载能力，发展循环经济，坚持节约发展、清洁发展、安全发展，增强市场竞争力。同时在安排农业产业项目时要有层次性和有机性，分期开发建设，各项目之间相互衔接、互动发展，将生态环境治理与经济社会发展相结合，实现生态、社会、经济效益的有机统一，构建良好的人居环境和生态环境。

3. 规划特色

（1）一条线索——景观主体与休闲功能整合　运用线性布局方式，串联示范区各功能区及景观节点，为游人提供连贯、流畅且富于变化的游览体验。同时，此种布局方式还能有效控制人为建设对生态界面造成的侵扰，为后续发展预留充足的弹性空间，并为示范区的分期开发提供诸多有利条件。

（2）两个园区——农业产业区与田园景观区衔接　将蔬菜、花卉、苗木、林果、农作物及水产等各产业门类与大田景观和谐融合。对场地现状及规划功能要求进行系统考量后，在示范区内部各布置几处特色景观区。滨湖新城与农业示范区之间的衔接区域，是人工界面与生态界面的有机融合。

（3）三重网络——步行系统、自行车系统及水路融合　针对不同的游览需求，构建步行系统、自行车系统及水路相结合的道路交通体系。在有效减小机动车对行人及自行车影响的同时，增强内外部交通之间的联系，提高区内各功能区及景点的可达性。

（4）多项设施——休闲设施与农业产业叠加　将休闲运动设施的建设与农业自身特点相结合，最大限度地减小建设规模，控制开发强度，以确保建成后的示范区拥有完整、连续的田园景观生态界面。同时，为游人提供亲近自然的户外运动空间。

(二) 主题新颖、形象鲜明

规划在对示范区的环境氛围与人文气息进行深度挖掘与高度概括后，提出了明确的示范区形象定位方案，即："生态洲岛，水上田园"，使人们从这8个字能立即想象出园区的整体景貌。

第十三节　廊坊市聚龙现代农业休闲观光园区

一、项目区概况

廊坊市位于冀中平原中部偏东，地处京津两大城市之间，环渤海腹地。园区所在的安次区，属于京津走廊上一颗璀璨的明珠——廊坊市的城郊，具有发展都市型农业得天独厚的条件。西北距首都北京、东南距天津各60公里；北邻廊坊市主城区，东与天津武清区接壤，西与永清县、西南与霸州市相连。园区对内对外交通方便，安次区位于京津塘高速公路的中段，距北京50公里、天津60公里、塘沽港90公里；区内有京哈、京沈、京沪、京福等多条铁路和津保、京津塘高速公路穿境而过，半个小时即可到达首都国际机场，1个小时即可到达中国北方最大的港口——天津港；园区所在地距廊坊市区5~7公里，约15分钟的车程。园区内部有一条由西南到北部、宽约22米的二级公路将于2009年建成，该公路穿越园区，横跨北田庄村和祝马房村；西南端与廊大公路相连，北端与京郊快速路相连。

二、规划特点

（一）功能定位明确
1. 和谐生态功能

生态功能是指发挥都市型现代农业"洁、净、美、绿"特色，绿化和美化城乡环境、净化空气、涵养水源、调节气候以及减轻城市"热岛效应"等方面的作用。建立人与自然、都市与农业和谐发展的生态环境，为城乡居民提供幽静、清新的人居环境，是都市型现代农业成为城乡园林景观和城乡生态体系的重要组成部分。聚龙现代农业休闲观光园区应运用农业循环经济的理念，走生态节约型农业的发展道路，充分发挥都市农业洁、净、绿的特点，建立人与自然、都市与农业和谐统一的生态环境。

2. 高效生产功能

生产功能仍然是都市型现代农业的一个基本功能，其采用现代生产、加工、营销方式，为城乡居民提供优质、安全、卫生以及丰富多样的农产品，以满足不同层次城乡居民的消费需求。园区应充分利用现代农业高新科技成果和设施装备，发展高科技设施农业，高标准发展水果、蔬菜、花卉等产业，满足廊坊和周围京津地区市民对于安全优质农产品的需求。

3. 现代科技展示与示范功能

园区发展要以前沿农业科学技术为依托，选育名、优、特种植品种，突出特色，建设现代化日光温室、联栋温室等工厂化生产设施，应用立体栽培、无土栽培等先进生产技术，实施标准化田间管理模式，生产出低污染、无公害的绿色有机产品。高标准的建设条件必将使园区成为农业高新科技的汇集地与集散源，成为农业科技的推广、展示与示范平台。

4. 科普教育功能

这一功能与农业休闲观光功能相衔接，主要针对处于成长阶段的城市青少年。这一群体由于长期居住在城市，缺少接触农事活动的机会，通过参与体验式农作劳动，可以提供给青少年更多接触自然和实践劳作的机会，寓教于乐，不仅使其增长了先进农业生产方面的知识，开阔了视野，同时将我国具有古老传统的农耕文化得以传承和发扬光大。

5. 农业休闲观光功能

聚龙现代农业休闲观光园区的休闲功能主要体现在通过城市向农业领域的延伸，开发花卉展示、果品采摘、休闲农业等特色观光产业，展示浓郁的农业文化，为城乡居民观光、休闲提供宁静、清新、优美的田园风景和生态环境，满足人们回归自然、享受宁静、安逸生活的心理和多层次、多元化的消费需求，提高城乡居民的生活质量。

（二）主题形象及分区规划体现新思维

园区凭借原老河道新设计了一条水系，呈蛟龙戏珠状。不但契合了聚龙河的"龙意"，更是打造了一条风景优美，生态优先，含观光、休闲等旅游功能的"龙河"。同时，通过整合上位规划道路并结合园区地形地貌，园区内自然形成了一个凤状路径；它通过自然生长，不仅从功能上联系了园区各个地块，将它们紧密联系成一个整体，保证了园区的交通畅通，并且创造性地产生了具有象征意义的"凤"之路径。她和"龙河"交相辉映，共同形成"龙凤呈祥，水润聚龙"的主题形象。

在充分研究园区现状地形条件并综合考虑对景观生态性的保护的基础上，确定沿纵贯园区的老龙河构成整个园区的主线，在园区内，既能欣赏到花卉、果树与苗木等农业生产景观，又能体验到休闲旅游项目的快乐。在具体布局结构中，由休闲区域和产业区域共同构成八大功能区：休闲区域以田园休闲区、休闲垂钓区、观光采摘果园、农家小院为主；产业区域以设施园艺种植区、高档苗木种植区、特色水产养殖区和精品养殖区为主。

（三）重点研究、解决几个问题

1. 园区各功能区之间互动与整合的问题

当前，园区粮食作物种植比例过高，效益略高的蔬菜、花卉和林果等还没形成规模，农业附加值偏低，产业结构不合理。故本规划在充分研究园区现状地形条件、结合园区田园美学布景要求和农作物适应性要求的基础上，确定了沿纵贯园区的水线构成整个园区的主线，结合九大功能分区形成"一线连九区"的规划布局结构。一方面选用经济效益高的蔬菜、花卉、果品和水产品种，提高农业的生产功能；另一方面拓展农业的功能，延长产业链，发展休闲体验及旅游观光等第三产业，促进农业产业结构的优化和升级，推动区域农业现代化发展。

2. 园区辐射带动功能的发挥问题

目前，园区规划布局凌乱，产业布局分散，没有形成产业集群，从而导致园区年产值欠佳，因此，如何实现园区对周边地区和各经济带的辐射带动，转变其改革发展模式势在必行。本规划在充分研究了园区的现状及其产业优势的条件下，重点考虑了园区对周边地区及城市的辐射带动功能，一方面将其零散的产业进行集群，另一方面将农业园区建设与农村经济社会发展规划结合起来，按照"集中规划、分步建设、持续发展"的思路规划建设农业园区，并注重发挥农业园区的示范、辐射、服务农民的独特社会功能，让更多的农民收益，真正实现园区对周边地区，乃至周边各省市的带动功能。

3. 园区开发与生态循环间协调的问题

目前，园区的生态环境面临很大的挑战，因园区内农田所用的农药化肥、居民的生活垃圾及畜禽养殖的粪便均会对园区的生态环境造成巨大压力。本次规划必须重点解决园区开发与生态循环间的协调问题，减少农药化肥的使用，及时处理生活垃圾，利用生态湿地、秸秆沼气等加强区内的自然净化能力，消纳、降解一些有害物质，努力使示范区的空气、水质等符合国家标准，同时防止和减轻外界对生态环境的破坏与危害，促进园区农业的可持续发展。

4. 管理理念与模式创新的问题

目前我国现代观光旅游农业园区的管理模式有待创新，如何协调政府、企业、农民的关系，如何提高运营管理园区的水平，将是园区今后需考虑的问题。

园区要立足国内外农业园区理论总结和实践探索，以创建现代观光旅游农业园区创新管理的理论体系为支撑，围绕创新方法的学习—总结—应用—推广培育知识型服务价值链，将创新绩效目标制定、创新要素集成、创新组织机制设计、创新环境营造纳入创新管理体系，促进园区成本、差异、网络比较优势，融合互促，科技、产业、服务价值循环衍生，提高园区的核心竞争力和可持续发展能力。

第十四节　中国台湾地区现代农业科技旅游园区

一、台湾简介

台湾的地理范围除了台湾本岛之外，还包括澎湖群岛、福建外海的金门县、马祖列岛，以及南海中的东沙岛与南沙群岛的太平岛，总面积约3.6万平方公里。因东濒太平洋、西隔台湾海峡与中国大陆相望、南临巴士海峡、北濒东海，位居东亚岛弧的中央，地扼国际重要航道之台湾海峡，因此具有重要的战略地位。

截至2008年7月，台湾人口总数达到2 300多万人，其中1 593万人集中在都会区，占总人口70%。台湾的人口密度为每平方公里632人，而台北、高雄两市的人口密度，更高达每平方公里近一万人。

从生物与生态环境的角度而言，台湾的特色就是小而多样；以地形复杂的程度而言，台湾的中央山脉可比拟欧洲的阿尔卑斯山、北美的内华达山脉、亚洲大陆的喜马拉雅山、日本的纵贯山脉、南美的安第斯山脉等著名山脉。台湾因板块推挤地势高耸，且高低起伏具有褶皱的山形，山高3 000米以上的有200座，是冰河期北半球古老生物的避难所。台湾生态环境自高山寒原到热带雨林以及零散的海岸生态等，形成横跨十个区域的气候生物带。台湾森林茂密、古木参天，16世纪葡萄牙人到台湾时，惊奇台湾景致之美，赞誉为美丽之岛——福尔摩沙（Formosa）。

现代观光旅游农业在台湾称为"休闲农业"。休闲农业在台湾扎根大约有40余年的历史，目前整个台湾有逾200家较具规模的休闲农业园区，投入的人力逾 3 000 人。根据 2004 年全面调查的结果，当时台湾地区休闲农业全年游客人数，旺季每月约 589 万人次，淡季每月约 230 万人次，合计全年的游客人数约为 4 913 万人次。综合台湾休闲农业产业每年创造的经济产值，全年营运规模约为新台币 45 亿元（约为 10 亿元人民币）。

二、台湾休闲农业发展简介

1965 年台湾成立第一家观光农园，是农民自发性地尝试以观光农园型态经营，借着开放农园供人采摘节省劳力并吸引游客，达到增收的目标，例如苗栗县大湖观光草莓园、彰化县田尾公路花园等。有 33 家休闲农业的先驱者在这段时期开始营运。

1980—1989 年为观光果园起步与发展期；1990—1999 年为休闲农业、民宿与生态旅游萌芽成长期；2000 年至今，观光休闲农业进入高峰，并开始转型为体验农业期；预估在 2010 年以后将逐步发展为知识体验型的经营模式，以满足消费者心灵层面提升的期待。期间各项发展简述如下。

（一）1980—1989 年是观光果园起步与发展期

由观光草莓园、柑橘、葡萄、莲雾、番石榴、杨桃、甜柿、水蜜桃、梨、苹果、向日葵、莲花等水果与花卉开始陆续推广，目标是提高农民所得，提供消费者接近自然与采果的乐趣。

这段时期休闲旅游的内容主要为传统的观光果园采果；走访风光明媚的景点、领略自然生态或民俗文物；到主题乐园游玩或参拜庙宇佛寺等区域式的旅游型态。而观光果园，尤其是草莓、甜柿与水蜜桃一直拥有消费者高度的兴趣和人潮。此外，台湾原住民农村的自然环境、地形地势景观也是消费者感兴趣的地方。本阶段休闲农业场家数增至 141 场。

(二) 1990—1999 年是休闲农业生态旅游的萌芽成长期

观光果园逐步转型为休闲农业与民宿产业的结合发展方式，利用农业、农村的自然资源、田园景观、生态环境、产业与文化等资源，提供消费者吃、住、玩、购物与体验等综合形态的休闲旅游方式。本阶段休闲农业场家数增加 600 多场。

(三) 2000 年至今是观光休闲农业与生态旅游的高峰期，并且朝着农业体验模式发展

农场的各项设备、体验活动与相关信息逐渐充实丰富，也越来越吸引消费者。2004 年度的调查显示，运用农业资源、自然资源、景观资源、文化资源，投入观光休闲旅游产业的场家休闲农场总计为 1 102 场，而观光休闲农场与民宿等合计约有 7 000 家。政府政策鼓励创意开发、参加国际旅展、试办长宿休闲等方式协助提升休闲农业与生态旅游的质量，将休闲农业推向另一个高峰，打下永续发展的基础。

(四) 未来（2010 年以后）的发展趋势预估

(1) 停留住宿期间延长　目前以当天往返或两天一宿者居多，未来将朝延长至 3～7 天的目标发展。

(2) 休闲农场规模扩大　区域间同业与异业的策略联盟及资源整合，可以降低经营成本与风险，强化业务开发与议价能力。

(3) 农渔产品通路扩大　生产安全安心、生产过程看得见全貌、味美且具有文化感的食品，建立品牌、产地直销、邮购宅配、网络营销或直销通路，以及农产品或民俗节、季庆典展示销售活动等。

(4) 农渔业体验活动深化　设计多样性的体验活动包含农渔产业、民俗、手工艺、娱乐、教育、审美与逃避体验等。

(5) 迎接知识与心灵经济时代　透过故事、品牌、空间环境、媒体，创造生活美感，体验感官、知识与心灵的享受。

三、台湾休闲农业产业分析

2004年的数据显示,台湾地区投入休闲农业的土地总面积6 590公顷(约为98 850亩),平均每场6.0公顷(约为90亩)。有149家(13.5%)休闲农场未达0.5(约为7.5亩)公顷之面积规定,有9家超过100公顷(约为1 500亩)。平均每场投资金额1 164万元。不包括土地价值,合计全台休闲农业总投资金额共约128亿元新台币,大约相当于28.7亿元人民币。

台湾休闲农场提供综合式的体验活动或营运项目有下列方式:教育解说(953场,86.5%);教学体验(703场,63.8%);风味餐饮(650场,59.0%);乡村旅游(620场,56.3%);生态体验(568场,51.5%,体验项目包括昆虫生态、溪流生态、赏鸟、渔业生态、赏鲸豚等);果园采摘(532场,占48.3%);农作体验(484场,43.9%,包括水稻、花卉、茶园、香草、药草、菇类、咖啡等栽培体验);农庄民宿(349场,31.7%);蔬菜采收(328场,29.8%);农业展览(256场,23.2%);民俗技艺体验(200场,18.1%);林场体验(167场,15.2%);牧场体验(165场,15.0%);渔场体验(123场,11.2%);农村酒庄(101场,9.2%);市民农园(55场,5.0%)。

四、台湾休闲农业案例分析

台湾的休闲农业园区基本上可以分为休闲农场、教育农园及观光农园。台湾的休闲农场具有休闲、教育、生态、生活及生产功能,不但为转型的农民创造生机、也为游客提供休闲的去处,同时让孩子经历宝贵的生态及教育之旅。目前一些农场甚至成为新加坡及马来西亚小学生的户外教学教室，让在城市快速发展过程中失去众多农田的都市学童来一场时光倒流之旅，让孩子们学习更珍惜地球的环境与生态。

台湾的休闲农场具有浓厚的乡土味，提供游客亲切、熟悉、较易取得认同的旅游体验。其中让人印象较深刻的有将5星级酒店建在稻田中的香格里拉休闲农场、结合偶像剧置入营销的飞牛牧场、犹如金庸笔下情花谷的台一生态教育农园以及台湾面积最大的欧风花莲新光兆丰农场等。

（一）香格里拉休闲农场

香格里拉休闲农场位于宜兰大元山山麓之中山休闲农业区内，属于冬山河流域上游。海拔高度约76m，年均温摄氏25℃，总面积55公顷（约为825亩），属于典型的农村风貌。区内以种植茶树及果树为主，风光雅致秀丽，是由天然涌泉形成的自然景观。当地水量丰富水质佳，为台湾著名食品公司制作矿泉水之水源地。早年种植玉米、甘薯、高粱等杂粮作物，1988年开放成为观光果园，1991年转为休闲农场。结合旅游需求规划了农业体验区、森林保护区和休闲度假区3大区域成为一个兼具采果、休闲、度假、生态等多样化的生态休闲农业游园区。

走进农场，循小路前行有一片茂密的相思树林，林间凉亭散布，可以在此享受森林浴。果树区栽种大百香果、番石榴、柚子、柑橘、金枣、莲雾等各类果树，一年四季轮流开放采果，果园占地约10公顷（约为150亩），按种类分区种植，并且设立广告牌解说其特色和成长过程。

森林游乐区配合地势及原有林木，在林荫处设置秋千、吊床、简易山训活动场、烤肉区等，供游客在享受采果尝鲜之余，也能在森林里烤肉或打盹发呆，享受另类的农村悠闲。

沿着森林浴步道漫游园区，大约需要1个小时，步道最高点的观日楼，是观赏兰阳平原旭日初升的好地点。占地4公顷

(约为60亩)的森林生态丰富,有猕猴、树蛙、萤火虫、蝴蝶和各种植物及蕨类,还能看到萤火虫复育工作。每年四、五月间的夜里只见满园萤光闪烁飞舞,蔚为奇观。

除了游览森林区和果园之外,农场也依季节为客人规划安排了丰富的DIY"体验"活动(图5-6),例如大自然彩绘T恤、木烙、叶膜书签、彩绘陀螺、搓汤圆等活动,其中最浪漫的,就是在晚上玩烟火和亲手做一个祈福天灯。放天灯、看萤火虫让夜间的香格里拉分外的浪漫。

图5-6 香格里拉休闲农场的体验活动

香格里拉休闲农场年接待游客约5万人,来自台北地区60%、台中地区20%、台南及高雄地区20%,还有来自中国香港、新加坡和法国等国家和地区的游客。收入结构是住宿50%、餐饮30%、体验活动15%、观光果园5%,是台湾休闲农场成功的经营范例。

(二) 苗栗通霄飞牛牧场

位于平稳山坡上的飞牛牧场绿草如茵,景观优美(图5-7),利用地形原貌整建,孩子们可以轻松愉快地在草地上、树荫下翻滚。飞牛牧场吸引很多学校来此地进行户外教学,体验农村生活。

图 5-7 安静的飞牛牧场

飞牛牧场的前身是由 17 户青年农民组成的专业奶牛养殖示范区"中部青年酪农村",在 1985 年转型为休闲牧场,结合了日本牧场与美国的景观设计,造就了今日的美景。主要的自然生态资源为奶牛及蝴蝶,所以设计以"飞牛"二字作为结合,更以天空、草原和牛奶的颜色调和出"飞牛牧场"独特标志。在 1995 年正式对外开放营运,提供游客一个具有乡野气息的游憩场所。林间草原虫鸣鸟叫,另有蝴蝶生态屋、鸭池、鸡舍、白兔之家、山羊牧场、奶牛牧场、小型马骑马场,小水渠水生态,资源丰富。兼顾游憩冲击与生态保育两者的平衡,飞牛牧场的所有工程,包括步道、建物、游憩设施平台等都尽量采用石头、枕木类的自然材质,使用兼顾生物多样性的生态工法施作。此外,为了让场区的废污水能循环再利用,特别在水域生态区设计多个湿地水塘,广植可净化水质的水生植物,并利用野溪、水车、瀑布及蜿蜒的梯阶式水渠等自然净化的方法,让处理过的水在园区内作为景观及灌溉再利用,让此处成为注重生态的自然牧场。

牧场营业面积约 50 公顷(约为 750 亩),酪农业及牧草种植总面积约 120 公顷(约为 1 800 亩)。员工 43 人,周末、假日增加雇员约 20 人。牧场经过精心规划设计,细心营造牧场风光。

目前规划完成的区域有蝴蝶园、草原活动区、有机农园区、童玩区及牧场区。在这里可充分体验酪农生活,并了解奶牛的生态。在榨乳区可以亲自体验牛乳的生产过程。利用牛只排泄物改良土壤后广泛地种植有机蔬菜。在3公顷(约为45亩)的有机园区里,目前种植一般家庭使用的绿叶蔬菜及香草植物,供园区内的餐厅使用。同时,还开发项目繁多具有特色的乳制食品与纪念品,展现休闲牧场的魅力。

这里,曾经是偶像剧《薰衣草》的主要外景地点。这部创下高收视率的电视剧在海内外市场的影响遍及全球四大洲,剧中斥资数百万搭建的薰衣草花坊(图5-8),至今仍是众多观光客指名的参观景点,是一次成功的置入性营销活动。

图5-8 斥资百万搭建的《薰衣草》电视剧花坊场景

飞牛牧场年均游客约50万人,台北地区50%、中部地区35%,南部及其他地区15%。时间分布为周休及假日70%、平常日30%。收入结构分为门票收入40%、住宿收入10%、餐饮收入15%、乳制品与纪念品收入25%、体验活动与户外教学10%。目前飞牛牧场已成为台湾中部地区强调自然生态的大众化休闲牧场,提供游客全方位的休闲生活服务,并针对学校户外教学设计套装行程。此外,牧场的DIY体验活动也每年推陈出新。

未来将以生产、生活、生态（三生）为主轴，针对喜欢牧场的目标社群，提供客制化、精致化的产品与服务。

（三）台一生态教育休闲农场

台一种苗场成立于1990年，主要提供蔬菜种苗和草花。总公司位于南投县埔里镇，生产经营面积由最初的0.45公顷（约为6.75亩）扩增至23公顷（约为345亩），场地分布于埔里镇、仁爱乡及鱼池乡三乡镇，员工人数由原先的6位增至近百位，拥有100栋自动化栽培温室和营销全省的运输车队。台一生态教育休闲农场位于南投县埔里镇埔雾公路（台14线省道）埔里往雾社途中。南投县的观光资源得天独厚，大陆游客最爱的日月潭就位于南投县。这里气候温和，适合从事花卉生产及推广观光。1991年起台一种苗场开始将观光与生态教育的构想纳入经营体制，至今结合生产、生活、生态"三生一体"，期使农业永续经营。9·21地震受损造成的裂缝，也在农场里转化成为有纪念价值的印记，经过几年来的努力，农场的经营比地震之前更好。

农场主人张国珍先生曾经任职于台湾大学附属实验农场。以他个人独到的见解，开创了这一片"花的精致农业"，从小规模的苗圃到多元化发展，将休闲与生态融入他一手打造的花园仙境中。农场里的各处园区都可发现他的用心以及对花朵的细心呵护，用心的打造出这一座可让人沉淀心灵、远离尘嚣的百花仙境。有些媒体更以金庸笔下的情花谷来形容台一休闲农场，吸引不少人慕名而来。

台湾的埔里地区是生产高质量花卉的花乡。花卉是台一种苗经营项目中最重要的产品。在台一休闲农场里到处都是由台一种苗生产的高档花卉，不论是花柱、花墙、花屋的景观设计或水上餐厅的花卉特色餐饮，都可以看见业者对于花卉培育的用心及对质量的要求。农场配合生态资源的设计理念，以木、竹及农村惯用的自然材料为主，定期更新维修成本耗费较大，但是可以达到游憩不破坏生态环境的基本原则。除了赏花、参观蔬果花卉的培育外，亦可选择购买自己喜爱的幼苗回家栽植。园内栽培有30种以上的各类草花，如玛格丽特、康乃馨、孔雀草、仙客来、大岩桐、海棠等依节令轮流绽放，四时呈现不同风姿。台一生态教育休闲农场核心面积占地13公顷（约为195亩），可以远眺埔里盆地，视野辽阔。农场里的特色主题园区有花神庙、雨林风情馆、悦鸟园、蝶舞馆、绿雕公园、绿茵广场、花卉迷宫等。除了欣赏园区的优美景观，这里也设计了让游客亲身体验的活动，DIY课程如押花钥匙圈、押花纸扇、组合盆栽以及青蛙黏土蜡烛等体验教学，让游客在动手学习的过程中，更进一步认识农业生产、生态和生活的关系，并启发游客对自然生态环境保护及复育的认知及省思。

踏入农场，首先映入眼帘的是全台唯一的花神庙，约有186平方米。仿西洋神话的主神佛劳拉及四季花仙子，还有12星座许愿孔，用10元硬币投入池中许愿，就会有美妙的歌声伴着阵阵轻雾响应，十分有创意。9·21地震后，在现在花神庙的土地上出现一条裂缝，填土后长出许多花草，运用一年生草花、多年生草花、铁制材料及喷灌系统在这里盖了一座供奉花神的庙，让大家来到这里可以看见许多美丽的花草。

雨林风情馆这栋温室是台一休闲农场最早期用来生产花卉种苗的温室，可以说是创业元老。利用自然材质、热带植物、蕨类植物、雨林植物、天南星科植物、漂流木、喷灌系统赋予这栋力霸式温室新的生命，打造原始风味的热带雨林，用漂流木设计步道打造1 800平方米范围神秘的氛围。

埔里早期是蝴蝶王国，但因为人类的滥捕及食草、栖地被破坏而逐渐减少。这里利用有机质并且种植了许多蝴蝶喜爱的食草及蜜源，建立极富生态教育意义的自然教室。港口马兜铃是黄裳凤蝶幼虫的食草，所以引来了保育类黄裳凤蝶在此产卵及羽化成蝶。数百只蝴蝶翩翩飞舞及羽化成长的过程，让游客可以近距离观察蝴蝶生命的发展历程。此外,特别选用木本花卉筑起的花卉迷宫,也吸引很多成人及小朋友。

农场的"水上花园餐厅"有3 000平方米,建筑在湖水之间的小木屋,宾客在独立的包厢或浪漫的花丛里用餐,园内水舞不定时演出。餐厅内提供很有特色、分量很足的"乡村风味餐"以及"花之飨宴"花餐,墙面上以花卉诗词设计的玻璃及屏风,相当有质感。种类繁多的特色农特产伴手礼有埔里米粉、健康醋、植物精油皂、梅子蜜饯等,让到此一游的旅者可以和亲朋好友一起分享,还可以用电话或网络下单增加购买渠道,经营得很用心。

(四) 新光兆丰农场

坐落于风景秀丽花东纵谷内的新光兆丰休闲农场位于花莲县凤林镇,北倚寿丰溪、邻花莲溪、西面为台九线花东公路,距花莲市区约30分钟车程。新光兆丰农场所在地是由花莲县凤林镇寿丰溪和花莲溪汇合处产生的河川新生地,东西两侧有海岸山脉及中央山脉为屏障。1970年,台湾当局积极开发东部地区成立兆丰农场。由于农场为石砾密布的河川新生地,水土保持不易,所以在开垦期间曾遭受三次严重的台风侵袭,开发过程十分艰辛。历经试种水稻、甘蔗都不理想后,转向休闲农场发展。引溪水入场开辟四座灌溉用的蓄水池、兴建欧式宫廷风格的景观花园、凯旋门、皇宫大厅、露营区、果园、牧场之后,又兴建"荷兰村"度假木屋区,并于农场西侧深凿地层一千五百公尺挖到美人泉,进而开辟SPA温泉休闲区,终于完成花东纵谷中休憩的乐园。1980年被台湾当局指定为东部地区首座休闲农场。总的来说,新光兆丰休闲农场是一个结合农、林、畜牧、景观、鸟园、住宿及温泉SPA等功能的大型观光农场。新光兆丰休闲农场入口位于凤林镇林荣里公路边,入口处矗立一只站立的大奶牛雕塑,十分醒目。休闲农场园区广阔,占地两百余公顷,最佳的游览方式是租辆电动车、或骑自行车慢慢逛,或是搭乘免费的游园小火车。车辆出租价目见表 5-3。

表 5-3　　　　　　　　　车辆出租价目表

车种	价格	备注
电动车	500 元/2 小时	续租 250 元/小时；需具备汽车驾照 于票口右侧租用
VIP 电动车	2 000 元/次	于住宿柜台办理
自行车	100 元/次	于票口右侧租用
协力车	150 元/次	于票口右侧租用
悠游车	4 人座：500 元/4 小时 2 人座：350 元/4 小时	于票口右侧租用
小火车：30 分钟一班，在游客中心后方免费搭乘		

　　四季繁花盛开的欧式花园、风光明媚的四秀湖、充满童趣的侏罗纪公园，还有全台湾最大的生态鸟园区是新光兆丰休闲农场的特点。深具异国风情的欧式花园配合当地人文风情，以台湾九族原住民及农场开辟垦荒者的塑像为主题，结合欧洲宫廷式的景观花园、万坪大草原（约 3.3 公顷）和四秀湖，共占地 18 公顷（约为 270 亩）。农场内花草景观美丽，大多数的花卉都在场内自行培养，因此有几座大型温室与苗圃及大型天堂鸟花田，让游客流连忘返。

　　四秀湖原来是农场灌溉用的蓄水池，规划扩大后成为现在的翠影、龙鱼、曲桥、柳波四个湖，有天鹅悠游于湖面，游客可以踩脚踏船游湖，在凉亭内乘凉、赏景、喂锦鲤，沿着环湖小道漫步欣赏湖光山色，也可以在大草原放风筝、玩飞盘、喂鸽子，享受一段台湾花东式的悠闲时光。

　　免费的果园也是这里的火红景点。兆丰休闲农场迄今已开辟 60 公顷（约为 900 亩）果园，园内种植二十三种果树，以酪梨最具特色。园内水果免费招待游客品尝，并配合季节开放给游客亲自入园享受采果的乐趣。利用牛只排泄物制成有机肥料作为果树的堆肥，一年四季盛产的泰国番石榴，春季的金橘、枇杷，夏季的红番石榴、无子柠檬，秋季的酪梨、文旦以及冬季的甜橙等是这里的特产。游客可以在果园区的贩卖部内免费无限享用当令水果。由台东区农业改良场协助规划的药用植物区，在一排排规划整齐的小苗圃内种植药草，有抗癌植物、清肝解毒的保健植物等数十种，在每种药草前都有解说牌，介绍该药草的疗效和特性，有寓教于乐的功能。

兆丰休闲农场的另一特色就是奶牛区，位于农场的中央位置，开放挤乳作业供游客参观体验，并有专人解说奶牛的生长习性及饲养方法。1987年，自美国进口100头荷兰种奶牛以来，发展到目前500头牛只的规模，并且种植了70公顷（约为1050亩）优质的盘固拉种牧草确保生产鲜乳质量的稳定。每天清晨及下午四点钟开放游客参观榨乳作业，当巴哈音乐响起，几百头牛妈妈排队等待进入榨乳室，是兆丰的招牌情景。一次生产约1 500公斤的新鲜牛奶，大部分生乳由统一公司收购，是台湾售瑞穗东部牧场鲜乳的来源之一。此外，还自制鲜奶冰淇淋、鲜奶酪等特色产品，原味、菠萝、桑葚和酪梨等口味很受到游客的欢迎。

除了牧场和果园以外，拥有动物园执照的兆丰休闲农场还设有生态鸟园及鹦鹉园，引进世界各地的观赏鸽、黑天鹅、鹦鹉和孔雀等，共饲养了200多种鸟类及百余种鹦鹉。鸟类以台湾原生鸟类为主，农场提供详细的解说牌为游客导览。这里也是台湾雉鸡协会东区推广教育中心，雉鸡种类有20余种。来访的游客可以喂食野放的白鸽、孔雀、火鸡和上百只的珠鸡。园内还有一个可爱动物区，养殖了台湾山羊、巴贝多黑牡绵羊、梅花鹿、迷你马、川马、种猪、山羌、水鹿、骆驼、骆马及天竺鼠，吸引许多家长带着小朋友来此参观体验。

2000年6月，新光兆丰休闲农场邀请日本探勘专家，费时近两个月时间，于地底 1 500 米处成功凿出 pH 7.1、呈微碱性、属碳酸氢钠温泉的铁磺泉。温泉源泉为二指山之水脉，其特殊疗效为滋润肌肤、改善肤质，有美人泉之称。以地热温泉提供泡汤池、大小冲疗池三座及一座大游泳池，设有休憩园区、室内汤屋等设施提供高档的洗浴服务。室外的戏水区是夏日游客的最爱，可在椰影下享受度假的乐趣，还有滑水道供小朋友玩耍运动。

花莲新光兆丰休闲农场已经开发了超过200公顷（约为3 000亩）的面积。农场园区内有果园、植物园、奶牛区、温泉区、鹿苑及迷你马骑马场等好玩的去处，也规划有许多不同主题区，如森林游乐区、农业体验区、可爱动物园区、水生植物生态区、赏鸟区等。自 2008 年夏天开始推出"星光吧"，在灯光美、气氛佳的户外空间，享受不同于白天的农场风情。花莲县居民在傍晚 5 点 30 分以后可免费入场。炎炎夏日的夜晚在户外吹着徐徐微风，观星畅饮真是一大享受。这个以"大"著称的花莲新光兆丰休闲农场每年接待游客约 40 万，已经成为台湾花东地区转型休闲农场的成功经营范例（图 5-9）。

图 5-9　花莲新光兆丰农场

第十五节 国外典型现代观光旅游农业园区

1970年，美国未来学者艾文·托佛勒（Alvin Toffler）在《未来的冲击》著作中指出："服务业最终会超过制造业，体验生产又会超过服务业"。他同时预言：农业经济、工业经济、服务经济的下一步是走向体验经济。演进的过程可以用母亲为孩子过生日、准备生日蛋糕的过程为例来说明：在农业经济时代，母亲会拿自家生产的面粉、鸡蛋等材料亲手做蛋糕，从头忙到尾，成本不到1美元；到了工业经济时代，母亲到商店里花几美元买混合好的盒装蛋糕粉回家自己烘烤；进入服务经济时代，母亲会向西点店或超市订购蛋糕，需要花费十几美元；到了今天，母亲可以花一百美元将生日活动外包给专业服务公司，请他们为孩子筹办一个难忘的生日晚会，这就是所谓的体验经济。体验经济的情境可以说是为消费者创造了一种独特的氛围，用一种令人感到赏心悦目的方式提供服务，消费者为了获得这种体验而愿意付费。

2002年体验经济的研究获得了诺贝尔经济学奖，由具有美国及以色列双重国籍的普林斯顿大学心理学教授丹尼尔·卡尼曼进行的这项"体验经济"研究指出，体验包括娱乐、教育、逃避、审美体验4大类。通常，让人感觉最丰富的体验，是同时涵盖四个层面，即处于四个层面交叉的"甜蜜地带"。体验经济是依客户心理提供难忘的体验，探讨如何通过满足用户的精神需求，实现产品与服务的增值；以服务为舞台，以商品为道具，创造值得消费者回忆、感动的高附加价值。以美国赌城拉斯维加斯的营运为例，就是经过精准设计的体验经济活动。机场的投币老虎机，主题酒店、饭店、歌舞、马戏和魔术表演，重现古罗马辉煌的复合式商场及游乐园，刺激的赛马及吸引青少年与孩子们的各种游戏项目等，包罗万象丰富的活动与美食，满足全家不同年龄层的需求，刺激了消费，也创造出这个沙漠不毛之地的经济奇迹。

《体验经济时代》（The Experience Economy）一书作者约瑟夫·派恩也指出："农产品是可加工的，商品是有实体的，服务是无形的，而体验是难忘的"。越来越多的消费者愿意花时间享受企业提供的一连串身临其境的体验。世界旅游"新田园主义时代"来临的最新趋势，也从以往的"绿色旅游"、"山林旅游"、"古迹旅游"，逐渐演变成停留时间拉长的"田园定居"模式。这种发展趋势值得中国各地的观光旅游业重视，并且发展出有特色的田园定居旅游项目与配套的服务。除提供商品及服务外，还要提供顾客个人化"眼、耳、鼻、舌、身、意"感受的难忘体验。以服务为舞台，商品为道具，与消费者同台演出，创造出值得回忆的活动。

以下将分别介绍日本、法国观光旅游农业的发展历程、欧洲的新兴观光旅游农业度假型态及花卉王国荷兰将农业科技与旅游结合的一些成功案例。

一、日本

（一）日本观光旅游农业的转型

日本的观光旅游农业是指城市居民在农村交流过程中，与农业有关的吃喝、采购、观赏、体验与学习等相关活动。日本观光旅游农业自开始推动以来，大约可分成四个时期：1970年至1979年适逢高度经济成长期，都市化发展使农村劳力开始不足，所以观光旅游农业的发展有农家劳力不足及剩余农田现象之强烈色彩，以增加农民所得为目标；第二时期自1980年至1989年间，国民所得扩大、休闲风潮兴起，是提倡充实休闲活动的丰收时期；第三时期自1990年至1999年，为泡沫经济幻灭之挫折与转型期，观光旅游农业开始重新发现农村资源进行活化与转型；第四时期自2000年迄今，为发现新价值之时期，不再追求所得扩大，重点置于与农业结合之生态与文化教育，农户不再以赚取都市与农村交流之利益为核心目标，开始转型为共助共存、思考地区之永续发展。

日本观光旅游农业相关活动的发展分别简述于下。

1. 吃喝方面

从现场采摘之收获喜乐，发展到租赁或购买小块土地进行体验式耕作；从一般蔬果品尝，演变到地方特色食品与安全食品之品尝，其中农家主妇与老人团体扮演重要角色。

2. 采购方面

从亲手采摘或向农家购买农产品演变至在田间或农家庭院前之无人贩卖货架购买，进而发展到使用电子邮件或宅配直接销售农产品给都市消费者的方式。近来，农家不必再烦恼销售问题，由农协或乡镇公所等团体设置大型直销店，年营业额已超过10亿日元（约6 272万元人民币）。

3. 观赏方面

过去流行农村传统艺能观赏活动，最近则转为恢复没落传统艺能或文化的新兴形态，例如茅草屋民宅保全、休耕田转种波斯菊、向日葵，建造花园型态的旅游地点及卖场等；此外，偏僻地区不利耕作而被废弃的梯田也重新找到舞台，吸引喜爱摄影或远眺美景的游客；住房设施也从当初农舍式的民宿发展成择地新建旅馆或建设供都市居民避暑、避寒的长期田园民宅，受到不同层次游客的欢迎。

4. 体验方面

从一般市民农园发展到老人农园、学童农园，并于山地偏远地区发展出居住型态的市民农园。农业体验方面，从原来的农业观光发展成农家支持形式，成为有组织之援农体制；此外，都市居民到山区从事森林体验、烧炭体验；年轻人追求乡间小居，及退休后回归农村、开启第二人生的人们也逐年增加。

5. 学习方面

早期利用废弃农舍或学校进行乡土历史怀旧活动，设置住宿、体验学习或体能设施，并没有被广泛的接受。目前，在大自然中由农家协助了解农作物、饮食与农业相关议题的深度学习却广受欢迎。

未来日本的观光旅游农业将跳脱以经济收益为主的发展模式，农家与能够接受农村生活型态的都市居民相互扶持、持续进行都市农村交流、共同追求永续发展的可能性将是今后观光旅游农业的最大课题。

（二）富良野（Furano） 观光旅游农业园

富良野位于北海道岛的中心，是东北亚值得学习的成功观光旅游农业园。由于此地雪水多，土壤肥沃，因此也是重要的农产品产地，是北海道的营养中枢。而北海道最为人所熟知的薰衣草，主要就是种植在富良野地区。

提起富良野，大家脑海中第一个浮现的画面一定是盛开的彩虹花田。其实，这里不仅可以赏花，还可以从事各种户外活动、体验农作物收获、享受温泉洗浴放松筋骨等。大自然环绕下的富良野，四季各有不同的风情，是深受国际游客喜爱的观光旅游胜地。富良野就像是为了创造人们美丽回忆而产生的地点，除了可以观赏原始的美丽花田，还可以感受到花田带给人们的安定力量，使得烦躁的情绪瞬间一扫而空。事实上，住在富良野并不是很幸福的事。北海道最冷的地方不在北部，而是在中部旭川与富良野一带。冬季大雪来袭，富良野曾有过 -30℃ 的记录。一直要等到4、5月后才是百花盛开、气候怡人的季节。或许就是因为太冷、雪太白，让富良野人心中累积了无穷无尽的热情与色彩。50年前富良野从法国引进薰衣草品种，除了希望借由薰衣草的种植来开发精油、香水等产业外，也希望借此为富良野增添色彩，现在证明当时的做法确实是聪明的。由于纬度相当、气候适合，因此种出来的薰衣草格外芬芳且色泽优美，连其他的花卉都非常娇艳。

富良野有奶酪工房、Ice Milk 意式冰淇淋工房与富良野手工体验工房，均位于起司公园内。游人可以参观制作过程与试吃以富良野鲜乳所制成的美味产品。森林精灵的阳台（NINGURU Terrace）是仓本聪监督设计的森林手工艺品村，沿着森林里的步道有很多手工艺品店，独特的作品精致可爱，是很好的旅游纪念品。日落以后，森林里的小木屋点上灯光后增添许多异国风情。

在日本，一定要谈谈温泉。这里的十胜岳温泉区有很多温泉旅馆。位于标高1 280米的凌云阁是北海道地理位置最高的温泉旅馆，邻近富良野岳及上富良野岳登山口，夏季会涌入大批的登山客，露天温泉池畔的红叶美景更是秋季不可错过的美景。山坡上有葡萄酒工场，以富良野栽培的葡萄酿酒也开放旅客参观制作过程，并提供多种葡萄酒供游客试饮。这里也是远眺十胜岳连峰及富良野盆地的最佳地点。每年9月举办富良野三大祭典之一的"富良野葡萄·葡萄酒祭"，吸引很多游客。

富田农场是富良野人气最高的花田。富田农场（日文：ファーム富田）位于日本北海道空知郡中富良野町北星地区，是一个种植花卉的农场，以大面积的薰衣草花田闻名。1975年日本国铁JR看上富田农场的花田色彩，于是拍照作成月历赠送给客户，没想到客户纷纷开始询问"这到底在哪里？"。农场开始涌入大批观光客，声名甚至远播欧美，让薰衣草一举成为北海道的代名词。富田农场的苦心经营与坚持，除了带来观光人潮外，也让原本奄奄一息的天然精油产业再度受到重视，更让现在的富良野薰衣草花田重新一家家开张，但人气最旺的还是富田农场。富田农场除了薰衣草，也种植罂粟、大波斯菊、向日葵、牡丹等多样花卉，彩虹花田的面积相当广阔且颜色鲜艳美丽，从5月上旬到9月上旬之间都能赏花，但若要观赏一望无际的薰衣草，就要在7月中旬到7月底之间造访。温带地区的花卉十分准时，时候没到，不开就不开，时间一过，说谢就谢，不会拖泥带水，时间没有配合到恰恰好，就只能期待来年了。

免费入场的花田24小时开放，全年无休，还可以通过网站查看花田现况的影片或照片，看见一天当中游客最多的时候和清晨时花田的不同面貌，看见天气、云雾在花田造成的光影变幻，就算不能马上坐飞机到北海道，这种贴心的高端技术应用服务，也充分显示出日本观光农业旅游业界的用心，他们的成功绝对不是侥幸。

这里有以薰衣草制成的各式产品，如干花、香水、香皂等，还有配合富田农场的薰衣草与邻近地区的名产，如薰衣草、哈密瓜（夕张名产）及牛乳（北海道名产）等口味的雪糕、弹珠汽水、零食与饮料。为了便于游客采购琳琅满目的特色纪念品，农场还特别设计了十大人气商品排行榜推荐旅客购买。农场的网站有简体及繁体中文、英文、韩文及日文等语言版本，对于农场本身的历史、发展、现况、交通及附近景点等都有详细的资料。

除了富田农场之外，整个富良野、旭川与美瑛等地区的植物与其他花田也非常多样，到富良野的游客最主要的目标是遍地的薰衣草田，因此种有薰衣草的地方自然成为此处的热门景点。富良野町营薰衣草田是一家不亚于富田农场的薰衣草田，坐火车前往中富良野，在抵达火车站前可以看到用薰衣草堆砌出"中富良野"的山坡，如此醒目的地标正是富良野町营薰衣草田的招牌。游客可在此搭乘缆车前往山顶，观赏一望无际如海洋般辽阔的薰衣草田，或到展望台眺望整个中富良野町的街景。这里是富良野视野最佳的瞭望地点，在这里观赏日本最浪漫的美丽风景，仿佛置身于法国普罗旺斯。

二、法国欢迎莅临农场

法国"欢迎莅临农场（Bienvenue a la ferme）"是近年来广受欧洲及国际游客欢迎的旅游形态（图5-10）。1988年，法国农会常设大会（Assemble Permanente des Chambres d'Agriculture，APCA）设立农业暨观光联合服务处（Le Relais Agriculture et Tourism），结合法国农业经营者工会联盟（FNSEA）、国家青年农人中心（CNJA）、法国农会与互助联盟（CNMCCA）等专业农业组织，为法国农场规划明确的定位并设计研发"欢迎莅临农场（Bienvenue a la ferme）"网络，连结法国各区域农场，成为法国农场强有力的营销平台。

图 5-10 法国"欢迎莅临农场"及道路指示标志

"欢迎莅临农场"组织网将法国农场区分为三大类型：美食品尝、休闲与住宿。按照属性区分为九种不同特色的农场，包括农场客栈、点心农场、农产品农场、骑马农场、教学农场、探索农场、狩猎农场、民宿农场、露营农场等。想加入组织网的农场必须向地方农业暨观光联合服务处提出申请，经委员会审核及实地勘查批准后才能成为组织网成员，并使用法国农会常设大会所颁发之盾形标志证照及道路指示标志。九种农场各有其规范法规与执行条例，农业暨观光联合服务处会委托省或区域监督委员会对各农场执行年度突袭检查，监督委员会具有随时撤销农场资格之权限。此外，还严格规范不得贩卖或采买远方农场之特定农产品，严重违规者将取消资格。某些具有建筑特色的区域，还详细规定农场建筑必须符合当地特色，并且使用具有当地特色的餐具等方式来凸显各农场经营特色，有效区隔市场而不形成恶性竞争。接待客人的最大规模与食材来源也清楚地加以规范。在每年缴纳年费时必须提出下年度经营变更事项，包括接待人数规模、服务人力与食物等项目的变更计划，否则会被取消会员资格。总的来说,法国政府为了维持质量及特色而采取的管理方式相当严格,是管理农村旅游组织行为的一个成功模式。

法国政府每年会办理"欢迎莅临农场"二日博览会,让大众接触农民进而推广农场旅游;两周发行一次会讯是政府与地方农场信息沟通的平台。法国农会常设大会每年发行"欢迎莅临农场"手册,为法国休闲农业进行整体营销,为传统农场找出创新的经营之道。在产品策略方面,每年持续推出新农场与新产品,直接提升农场竞争力;在质量策略方面,严格执行规范条文,一旦检查发觉异状即撤销经营资格,对农场质量实行紧密控管;在养成素质方面,由法国农会常设大会为农场提出养成策略及训练,提高农家服务之专业程度。这种具有特色的田园定居旅游项目与配套的严格管理规范,提供顾客个人化的体验服务,从如何在法国市场选购绿色蔬菜导览服务一直到提供法国料理烹饪教学课程,完整地将产地与旅游及生活结合,游人在此不但学会了法式烹饪手艺,也获得了一个终生难忘的回忆。法国"欢迎莅临农场"是值得学习的农业休闲旅游深度体验模式,其他类似的组织也深受法国本地及欧洲游客的喜爱。他们将古老的农舍改建,提供有特色的农业旅游服务。要注意的是,某些农场可能只提供素食,出发之前要先确认。

三、有机度假——欧洲的新兴休闲度假形式

有机度假(Organic Holiday)源起于欧洲的新兴休闲度假形式,结合绿色农业、度假农场与乡村旅馆协力推动乡村旅游事业。所谓有机度假,指以有机农业及其产品为基础的乡村休闲型态,并辅以有机农场特有的自然资源与田园景观,进而发展出有益身心休养与健康的休闲度假行程。根据英国有机度假网站的统计,全世界55个国家或地区以营销有机旅行为诉求的旅馆从业者总计有1 348家,其中以英国的569家有机旅馆居冠。与有机度假相关

的休闲产业类型还包括以自然生态为主的生态旅游（Ecotourism）；以农场经营为基础的度假农场（Holidays on Farm）、农业旅游（Agrotourism）、乡村民宿（Rural Accommodation）等。

奥地利民宿业者于 2000 年提出生态旅馆（Bio - Hotels）的经营构想，生态旅馆的经营基础是大部分的食材与配料必须通过欧盟绿色农业与有机食品法第 2092/91 号规章（EUVO 2092/91）的检验。奥地利 Schweitzer Hotel 是世界第一家经 EUVO 2092/91 有机验证的旅馆，也是首次将生态标志（Eco - labelling）应用于餐饮与旅馆经营（图 5 - 11）。2005 年有机旅馆的加盟业者已增加至 25 家，包括奥地利 13 家、德国 9 家、瑞士 2 家与意大利 1 家，其签约的有机农场总面积已超过 1 000 公顷。

图 5 - 11　世界第一家生态旅馆——Schweitzer Bio - Hotel

Schweitzer 生态旅馆是世界上第一家绿色旅馆,目的在于创造全方位健康(wholistic health)、生命喜悦(joy of life)与生活品质(life quality)的休闲场所。通过提供有机饮食、心灵粮食(food for soul and mind)及为个人量身设计的健康计划,达到为度假游客提升活力(vitality)的目标。

Schweitzer 生态旅馆的经营规划有三大支柱,分别是身心灵放松、有效运动及均衡营养的膳食。该旅馆所规划的全方位健康活力计划分别说明如下:

(1) 第一支柱　身心灵放松提供 11 项,包括瑜伽、桑拿、按摩、禅坐冥想、芳香疗法及咨询等保健服务。

(2) 第二支柱　有效运动强调的是游客积极参与身体锻炼的休闲活动,如爬山、竞走、弹跳、高尔夫球、网球或冬季滑雪等。值得一提的还有身心灵净化活动,例如体内环保(Internal cleansing)、健身课程、排毒保健药草浴等服务。这里提供的服务价格参考表 5-4。

表 5-4　Schweitzer Bio-Hotel 休闲商品服务价格一览表

休闲服务项目	价　　格
全套按摩	53 欧元/50 分钟
半套按摩	27 欧元
脚底反射按摩	53 欧元/50 分钟
	27 欧元/25 分钟
纾压全身按摩(Sensitive Gestalt massage, SGM)	89 欧元/90 分钟
手足按摩	24 欧元/20 分钟
颈背足部按摩	53 欧元
头皮与脸部按摩	27 欧元/25 分钟
整脊按摩(Dorn-Breuss Method)	119 欧元/120 分钟
颈背按摩	42 欧元/40 分钟
淋巴循环促进按摩(Lymphdrainage)	53 欧元/50 分钟

续表

休闲服务项目	价　　格
Breuss 式按摩（Breuss massage）	55 欧元
印度传统药草养生放松按摩（Ayurveda relaxation massage）	89 欧元
日式指压按摩（Shiatsu massage）	59 欧元／50 分钟
身体分区按摩（Segment massage）	51 欧元
足浴（Orgon footbath）	15.5 欧元
净化浴（Orgon cleansing bath）	22.5 欧元
生物碱浴（Orgon Alkabath）	9 欧元／剂
脉搏控制运动（含教练指导）（Pulse controlled exercise with coaching）	50 欧元
基本平衡摇动训练（Orgon shake for basic balance）	7.5 欧元
全套尿液状态评估（Big urine status incl. evaluation）	27 欧元
体脂测量与评估（Body-Mass Index）	40 欧元
健康与活力指导（Health-and vitality coaching）	82 欧元／1 小时
西藏第五修炼（5 Tibetans）	12 欧元
个人山区爬山导游（合格登山向导）	131 欧元／次
虹光（真空色彩）疗法（Vacu Color treatments from）	45 欧元
足浴（Orgon foot bath）	16 欧元
排毒浴（Orgon detoxication bath）	23 欧元
生物碱浴（Orgon Orgon Alkabath）	9 欧元
新鲜药草浸泡（fresh herbal infusion）	23 欧元
单人浴（Sole bath）	23 欧元
熏香浴（Conditioning bath）	23 欧元
芦荟再生浴（Aloe Vera Regeneration bath）	27 欧元
放松浴（relaxation bath）	23 欧元

(3) 第三支柱 均衡营养的膳食。生态旅馆的餐饮服务必须以有机产品为基础。Schweitzer 生态旅馆备餐时所有采用的食材与配料，包括肉品、肉类制品、牛奶、乳制品、谷类、面包、糕饼、蛋、豆腐、马铃薯、水果、香草作物、调味料、蕈菇类、醋、油与干燥食品，都必须通过有机产品的验证程序。有机饮品类的最低标准是业者必须提供五种当地生产的有机葡萄酒和一种绿色啤酒；非酒精类饮料最多只能供应三种市面上的传统饮料；冲泡类的饮料则最少必须有五种绿色生产的茶饮供消费者选择。

传统的有机农场宅配服务直销方式，也可以与生态度假的经营策略联盟吸引游客到生态旅馆或生态农场的生产基地参观消费。生态旅馆的经济效益还可以扩展至按摩、水疗、健康体检、教练指导、运动、禅修、美容及保健等与健康养生有关的休闲商品或服务，蕴含的商机庞大。

四、荷兰特色的观光旅游农业——郁金香花园、风车村

荷兰意为"低洼之国"，位于欧洲西北部，濒临北海，东与德国接壤，南连比利时。国土南北距离最长 300 公里、东西 200 公里，约有 1 600 000 人居住在 40 844 平方公里面积上，平均每平方公里 392 人，是西欧人口密度最高的国家。20 世纪 60 年代起都市地区的需求增加促使农地转为建设用地，70 年代采取行动降低农地变更速率，至今维持了 1/2 的国土作为农地。荷兰农场的平均面积较小，约 60% 在 2~30 公顷之间，有超过 13% 面积属于自然保育区。

荷兰有四分之一的国土低于海平面，有三分之一的土地为运河、湖泊、河川所覆盖；全国有三分之二的居民是居住在低于海平面 6.7 米的低地上。荷兰虽然国土面积较小，天然资源有限，

却在全球经贸体系占有一席重要地位。根据世界贸易组织（WTO）的最新统计资料指出，荷兰2005年的输出、输入总值分别达4 024亿及3 591亿美元，是全球第6大出口国及第8大进口国，占全球约3%的贸易量。农业方面，由于高度资本密集化，并仰赖现代科技，荷兰已成为全球前3大农产品出口国，仅次于美国及法国，尤其在花卉种植、拍卖及物流方面享誉国际。

　　荷兰以海堤、风车和郁金香闻名于世。阿姆斯特丹是荷兰的首都，但是政府、女王的王宫、大多数外国使馆及国际法庭都设立于海牙。阿姆斯特丹（Amsterdam）的名称源于人们曾在附近阿姆斯特尔河（Amstel）上建筑水坝，荷兰文"Amstelredam"意指"阿姆斯特尔水坝"。离阿姆斯特丹约40分钟车程的休闲渔村——佛伦丹（Volendam），原本是个小渔村，但在北海大堤坝兴建完成后转型成一个观光休闲景点。渔村的规模不大，几家餐厅和小铺提供地道传统的鲱鱼料理，纪念品店沿着港口开设，港口停着几艘渔船，似乎仍有少数渔民从这里扬帆出海捕鱼。小镇上的木造房子小巧雅致、各有特色（图5-12），从屋外的花园可以看出主人的创意与荷兰人的生活美学。失去功能的旧北海渔村如何成功转型为民宿休闲观光的热门景点，是重新再造地方经济的成功例子。

图5-12　荷兰北海渔村

荷兰素有"风车王国"的美名。从公元前700年开始,当地人民就懂得利用风车产生动力。到了18世纪末,荷兰有12 000多座风车,在生活中担负各种任务。随着工业的进步,引擎取代了风车的地位,但是在荷兰仍然处处可见矗立于地平线、典雅优美、悠闲转动的风车。风车除了用来排除低地的积水,还被用来进行碾谷物、锯木头、榨油、压毛毡、造纸等工作,是人们生活中不可缺少的工具。在荷兰,无论是民歌、谚语、民间故事或文学作品及生活用品,处处都可见风车的影子。风车从工具变成生活的一部分,更演变成精神文化的象征。每逢节日,风车以花环、国旗和各式造型装饰,有些装饰代表了特殊的意义,形成有趣的风车语言。每年5月的第二个星期六是"荷兰风车日",这一天举国欢庆,全国所有能动的风车都同时转动运作。

目前荷兰仍有900多座风车,风车保留最多的地方在Kinderdijk的"小孩堤坊"及赞斯堡风车村。"小孩堤坊"位于鹿特丹近郊,是荷兰最有名的风车保护区,夏天经常可以看到19座雄伟壮观的风车迎风转动的景象。

赞斯堡风车村在阿姆斯特丹近郊,保留着17、18世纪荷兰风车的原貌,全盛时期此地曾竖立着一千多座风车,连沙皇彼得大帝都曾驾临观摩。这些风车供应动力,也带动当地产业的发展。风车民俗村的建筑极具特色,恬静的自然环境、木头的房舍、小桥和老式风车保留原貌。游客可以观赏风车、购票进入风车内部,参观结构及颜料和粮食的生产方式,或是在风车屋顶登高望远一览荷兰田野风光。此地有荷兰木鞋及奶酪制作过程的现场表演,当然也有许多具有荷兰特色的纪念品供游客选购,赞斯堡风车村已经成功转型成为荷兰旅游的热门景点(图5-13)。

位于荷兰丽丝(Lisse)的库肯霍夫(Keukenhof)是荷兰境内最大的花园,占地达32公顷。15世纪时,库肯霍夫(Keukenhof)

第五章　现代观光旅游农业园区典型案例与分析　·333·

图 5-13　荷兰赞斯堡风车村

这个地方原本是一位女伯爵 Countess Jacoba van Beieren 的狩猎领地，她在后院种植了果蔬草药等烹调食用的植物，所以将这个地方命名为 Keukenhof。库肯霍夫荷兰文的原意是"厨房花园"，也就是"keuken（厨房）"与"hof（花园）"两个字合起来的意思。

1949 年，丽丝市的市长兰布（Lambooy）和 10 位杰出球茎育种者及专家将此地规划成开放式的花卉展览场，第一年便吸引了 40 家公司和球茎育种者及专家参展，并有超过 23 万的民众入园参观。花展持续举办后参展的业者逐年增加，也成就了这个世界最大、最知名的郁金香花园，培育出更多球根花卉新品种。每年 9 月底至初霜来临前，花卉业者会在各自的区域里种下总计约 7 百万颗不同品种的球茎，郁金香的品种就超过 1 000 种。在花农的细心照料下，经过一季寒冬孕育，来年春天花海的壮观美景成为全球瞩目的球根花卉品种展示会场。花卉产业推广与观光结合，展现了荷兰花卉王国的傲人实力。

库肯霍夫公园的原始设计是著名的景观园艺家左贺（Zochter）父子在 1840 年完成的作品，整体景观设计以英式风格为主，园内树木参天，蜿蜒的林径、幽雅的喷泉与河流交织出宁静的世外桃源。数百年后的今天，库肯霍夫公园仍被人们称为欧洲的花园（图5-14）。步道蜿蜒15公里，花香鸟鸣伴老树绿荫和喷泉池塘相互辉映，令人目不暇接的花朵，景色如彩虹般娇艳。公园内有各种不同的主题园区，如音乐园、自然公园、历史公园等，还特别为儿童设计了探险之旅、"Brainbox"迷宫和小朋友们最喜欢的"天线宝宝（Teletubbies）"园。

图5-14　荷兰库肯霍夫公园

　　温室里还展示着最新的花卉品种与花艺设计。公园四周环绕着粉紫、鲜黄、嫩红、纯白等色彩缤纷的花田，这里是花农生产的园区，也是吸引游客的热门摄影地点。除了品种众多的郁金香之外，还有其他种类的球茎花卉绽放美丽的花朵，散发出扑鼻的香气，浪漫的美景让游人心旷神怡，流连忘返。

　　荷兰每年出口超过2兆颗以上的花卉球茎到美国、日本与德国等地，而每天采集的新鲜花卉及盆栽作物在阿斯米尔（Aalsmeer）鲜花拍卖市场里快速地完成交易后会迅速以陆、空运输到世界各地。根据报道，一朵在此地拍卖的玫瑰会在11小时后出现在美国纽约的街头，精准的供应链体系成就了荷兰花卉产业成功的基础。在荷兰看到的不只是庭园角落的花圃，大片大片五彩缤纷如拼布般的花田，带给人们强烈的视觉冲击就是美的现场感受。原产于土耳其的郁金香，在荷兰扬名世界，也成为荷兰的象征。传说有3位少年同时追求一位美丽的少女，这3位追求者分别以皇冠、宝剑和黄金为献礼希望打动少女的心，善心的少女不愿任何一位少年受伤害而迟迟无法取舍，最后，她祈求神将她变成一朵花以求解脱，于是一朵有着皇冠般的花瓣、宝剑般的叶片和黄金般根茎的花朵诞生了，它就是楚楚动人的郁金香！

每年3月中旬后陆续绽放的郁金香与水仙花、风信子及各类球茎花卉为库肯霍夫公园构成一幅人间美景。2008年，库肯霍夫公园以"中国"为设计主题并命名为"库肯霍夫中国年"，有"2008北京奥运会"、"紫禁城花园"、"中国龙"和"奥运五环"等中文及以奥运运动项目命名的花卉造型设计。公园里规划完善，在视野极佳的角落设计了餐饮和纪念品区，受到游客欢迎。园内还提供各式餐点，包含下午茶、郁金香全餐、百合全餐、水仙全餐、兰花全餐及方便携带的野餐组合。绘画工作坊有艺术老师指导参加者在花园内以郁金香等花卉为题材创作，包含午餐、野餐或是下午茶的艺术体验课程含门票在内的价格是49.25欧元。希望体验自行车的惬意旅游者，可以去Noordwijk的游客中心（VVV Holland Rijnland Tourist Office），在公园开放期间，这里规划了一段25公里的自行车路线，穿越绵延的花田终点即是库肯霍夫，包含租车、门票、出发前的咖啡点心，一人费用是16.95欧元。体验经济的旅游发展模式在荷兰可以说是发展得十分成熟，值得我们借鉴学习。

库肯霍夫的花季时间每年只有2个月，公园从3月20日到5月20日的早上八点到下午六点半开放，每年约吸引全球70万人次参观。通常在4月的后两周到5月的第一周是主角郁金香盛开的时节。活动期间还有花艺、绘画、摄影工作坊等体验活动，可以事先报名参加。每年4月22日（周日）有花车游行，20人以上可申请导览（有中文导览）服务，每次费用120欧元。从

1999年库肯霍夫公园50周年庆开始,每年夏末开放的夏季公园(Zommerhof)让无法在春天造访的人们可以欣赏夏天花海的魅力。开放的时间只有一个月,自8月3日至9月17日。夏季公园展出的花种以夏天的花朵为主,如大理花、百合花、天竺牡丹、海棠花等,虽然没有春季花园盛开的壮观,但也值得一游。

参 考 文 献

[1] 农业部课题组编. 现代农业发展战略研究. 北京：中国农业出版社，2008
[2] 张天柱. 现代农业园区规划与案例分析. 北京：中国轻工业出版社，2008
[3] 罗清. 旅游资源开发的原则和方法. 时代经贸，2008（7）：53～54
[4] 陈义彬. 经济欠发达山区农业旅游发展研究. 地理科学，2008（6）：439～443
[5] 林京，周娴. 景观生态学在规划设计中的应用研究. 大众科技，2008（7）：79～81
[6] 金万洲. 景观生态学在森林公园总体规划中的应用研究. 陕西农业科技，2008（2）：142～145
[7] 戴春芳，王志凡. 景观生态学视野下的城郊乡村旅游产品开发研究. 商场现代化，2008（8）：198～199
[8] 陈颖. 景观农业的内涵和构建. 经济学家，2008（3）：124～126
[9] 陈阜. 农业科技园区规划理论与实践. 北京：化学工业出版社，2008
[10] 严凡英. 控制成本从何入手. 中国电子商务，2008，10
[11] 骆中钊，戎安，骆伟. 新农村规划、整治与管理. 北京：中国林业出版社，2008
[12] 郭焕成，孙艺惠，任国柱，吕明伟. 北京休闲农业与乡村旅游发展研究. 地球信息科学，2008（10）：453～461
[13] 郭焕成，任国柱. 我国休闲农业发展现状与对策研究. 北京第二外国语学院学报（旅游版），2007（1）：66～71
[14] 李春艳，王芳. 发展观光旅游农业的经济学思考. 陕西农业科学，2007（2）：130～132
[15] 张晓冬. 观光农业园的景观规划设计初探. 思施职业技术学院学报（综合版），2007（3）
[16] 凌强. 日本观光农业的特点及启示. 农业科技管理，2007（8）：11～14
[17] 孙艺惠，杨存栋，陈田，郭焕成. 我国观光农业发展现状及发展趋势. 经济地理，2007（9）：832～839

[18] 李勇敢. 关于发展观光农业的思考. 现代农业科技, 2007 (20): 231~233

[19] 崔宁波等. 我国城镇化平与县域经济发展相关性的实证研究. 学术交流, 2007 (12)

[20] 严力蛟. 台湾休闲观光农业的发展及对我们的启示. 新农村, 2007 (11): 29

[21] 连漪. 广西旅游城镇化经营的整合研究. 桂林旅游高等专科学校学报, 2007, 12, 16 (6): 148~548

[22] 李斌欣, 闫红伟. 我国观光农业园景观规划设计中存在问题与解决对策. 黑龙江科技信息, 2007 (5): 64

[23] 申庆涛. 论生态农业观光园模式全方位创新理念. 安徽农业科学, 2007, 35 (14): 4257~4258

[24] 任咏梅, 胡灵红. 建设节约型农业实现循环经济的对策分析. 安徽农业科学, 2007, 35 (10): 3106~3108

[25] 杨学峰. 论国内生态旅游农业的发展. 安徽农业大学学报, 2007, 35 (5): 1507~1508

[26] 何志文, 唐文金. 农业科技园区研究综述. 安徽农业科学, 2007 (24)

[27] 任正晓. 农业循环经济概论. 北京: 中国经济出版社, 2007

[28] 刘奇. 多功能农业. 合肥: 安徽人民出版社, 2007

[29] 严贤春. 生态农业旅游. 北京: 农村读物出版社, 2007

[30] 郭焕成, 吕明伟, 任国柱. 休闲农业园区规划设计. 北京: 中国建筑工业出版社, 2007

[31] 周绍健. 游客消费行为视角下的农业旅游市场开发探析. 农业经济, 2007

[32] 王婉飞, 王敏娴, 周丹. 中国观光农业发展态势. 经济地理, 2006 (9): 458~658

[33] 李文荣. 农业观光园发展模式研究. 农机化研究, 2006 (8): 5~10

[34] 长胜. 我国农产品加工业呈现五大趋势. 农民致富之友, 2006 (10): 3

[35] 郑铁. 旅游农业的功能及推进对策. 农业经济, 2006 (1): 76~77

[36] 黄安民. 休闲与旅游学概论. 北京: 机械工业出版社, 2006 (12)

[37] 李健娜,黄云,严力蛟. 理性思考我国生态旅游农业. 经济与科技, 2006 (4): 61~63

[38] 郭盛晖. 论广州市农业旅游发展的问题与对策. 中山大学学报, 2006 (4): 151~153

[39] 牛文,朱永杰. 洛阳栾川重渡沟风景区发展现状及对策分析. 地域研究与开发, 2006 (12): 83~87

[40] 杨瑞文. 农业可持续发展概论. 北京: 中国农业出版社. 2006

[41] 郗春梅. 生态伦理: 可持续发展理论构架的基础. 中国人口、资源与环境, 2006, 16 (1): 9~12

[42] 宽. 新しい観光産業観光・街道観光・都市観光. 東京: 交通新聞社, 2006

[43] 吕军,张立明. 中外乡村旅游研究的比较. 国土与自然资源研究, 2005 (2): 67~69

[44] 李锋,赖勇. 中国观光旅游农业发展探析. 湖南农业大学学报 (社会科学版), 2005, (6): 12~16

[45] 王海勤. 旅游观光农业发展实例研究. 商业时代·理论, 2005 (21)

[46] 李文舒. 浅谈我国旅游观光农业的前景. 中国林业企业, 2005 (9)

[47] 姚昆遗. 发展农业旅游略议旅游科学, 2005 (8): 28~32

[48] 吴忆明,吕明伟. 观光采摘园景观规划设计. 北京: 中国建筑工业出版社, 2005

[49] 魏德功. 现代农业的基本内涵与现代农业园区建设. 改革与战略, 2005 (10): 12~16

[50] 尹衍波. 略谈国外农业旅游的发展. 世界农业, 2005 (8): 14~17

[51] 张放,都市农业与可持续发展. 北京: 化学工业出版社, 2005

[52] 吴忆明,吕明伟. 观光采摘园景观规划设计. 北京: 中国建筑工业出版社, 2005

[53] 杨其光. 浅谈农业循环经济. 安徽科技, 2005 (10)

[54] 褚丽丽,尚杰. 哈尔滨近郊生态农业旅游发展策略研究. 北方经贸, 2005 (5): 67~69

[55] 曾华,徐琪. 南京市农业旅游发展探讨. 南京晓庄学院学报, 2005 (9): 103~106

[56] 张梦. 四川农业旅游开发的问题与对策. 农村经济, 2005

(11): 43~45
- [57] 张放. 生态农庄与生态园区实用技术. 北京：化学工业出版社，2005
- [58] 潘宏，林清. 观光农业的发展与园区规划初探. 中国农学通报，2005（8）
- [59] 汪晓云，杨其长，魏灵玲. 设施园艺与观光农业系列（3）——观光农业园的规划设计要求. 北京：温室园艺，2005
- [60] 李国新. 经济发达地区农业科技园区功能、主导产业规划理论探讨. [硕士研究论文]. 北京：中国农业大学，2005
- [61] 吴卫华. 从农产品初加工起步增加农民收入. 农产品加工，2004（5）：6~7
- [62] 陈文锦. 从农业的游憩化与产业化探讨台湾休闲农园之发展. 台湾农业探索，2004（3）
- [63] 安晓宁，常玲. 现代农业示范园区的功能定位及保障体系. 世界农业，2004（1）：11~13
- [64] 严贤春. 生态农业旅游. 北京：中国农业出版社，2004
- [65] 王璠. 农业产业化内涵探析. 甘肃农业，2004（1）：19~20
- [66] 王钊. 农业企业经济管理学. 中国农业出版社，2004
- [67] 刘茂松，张明娟. 景观生态学——原理与方法. 北京：化学工业出版社，2004
- [68] 李文荣，吉中刚. 旅游观光成农业亮丽风景. 经济论坛，2003，17
- [69] 黎鹏. 旅游观光农业在西部大开发中的重要作用及其开发途径创新. 农业经济，2003，（10）：14~15
- [70] 王浩. 农业观光园规划与经营. 北京：中国林业出版社，2003
- [71] 李红，叶林涛. 农业园区用地状况、问题及对策. 调查研究，2003，10
- [72] 刘军萍. 观光农业：让农业产业走向旅游产业. 国土经济，2001（1）：17~18
- [73] 郭焕成，刘军萍，王云才. 观光农业发展研究. 经济地理，2000（3）
- [74] Agro Tourism in Kenya July 2008 Thursday, July 10, 2008 Thursday, July 10, 2008
- [75] Victororia Safaris and Services Agro-Tourism in Kenya, Agritourism in Africa. http://www.victoriasafaris.com/kenyatours/agrotourism.htm

[76] Bruce E. Wicks, Christopher D. Merrett. Agritourism: An Economic Opportunity for Illinois. Illinois Rural Reasearch Report, 2003, 4

[77] Brittany Russell. Agri – Tourism Workbook Revised, 2003 (1): 18~34

[78] Agritourism: Health and Safety Guidelines for Children. http://www.marshfieldclinic.org

[79] http://www.marshfieldclinic.org/agritourism

[80] Brittany Russell Agri – Tourism Workbook, Revised January, 2003

[81] Perspectives of Operators and Officials in Ten California Counties Number22 AIC Issues Brief September 2003

[82] Yang Yun, Zhang Qingnian. A study on tourist agriculture development in China

[83] Lobo, R. Helpful agricultural tourism definitions. www.sfc.ucdavis.edu

[84] Agriculture http://www.minbuza.nl/en/welcome/Netherlands/general, agriculture.html

[85] http://library.thinkquest.org/26823/agriculture.htm

[86] http://www.moc.gov.cn

[87] http://www.agri.gov.cn

[88] 白琳. 发展秭归农业旅游的对策与思考. 人文地理, 1999 (7): 23~26

[89] 沈悦林, 徐四海, 徐长明, 蔡康. 现代农业园区建设的评价考核研究科技通报, 1998 (6): 11

致 谢

在本书编写中,中国农业大学北京市富通环境工程有限公司全体员工给予了大力支持和帮助,在此表示感谢。

张天柱

中国轻工业出版社食品类科技图书书目
（截至 2009 年 2 月）

食品科学

国家"九五"重点图书　食品工程全书（第一卷）	160.00
国家"九五"重点图书　食品工程全书（第二卷）	160.00
国家"九五"重点图书　食品工程全书（第三卷）	130.00
制粉师工程手册	80.00
乳品工程师实用技术手册	180.00
现代乳品工业手册（精装）	160.00
焙烤工业实用手册（精装）	148.00
FDA 食品法规（2001 版）（精装）	220.00
肉类工业手册（精装）	120.00
果蔬保鲜手册（精装）	72.00
罐头工业手册（精装）	240.00
食品微生物实验室手册（第三版）（精装）	70.00
粳稻品种图鉴（精装）	80.00
农产品无损检测技术与数据分析方法	35.00
中华烘焙食品大辞典——机械及器具分册	50.00
中华烘焙食品大辞典——原辅料及食品添加剂分册	42.00
英汉食品工业词汇（第二版）	80.00
马口铁食品三片罐工艺技术	128.00
保健食品功效成分检测方法（第二版）	38.00
保健食品注册申报实用指南	55.00
保健食品 GMP 实用指南	120.00
香物质的生物法制备	30.00
中国食品产业地图	54.00
中国生物质产业地图	35.00
食品产业集群的创新机理	32.00
中国食品业与食品安全问题研究	30.00
食品行业网络信息资源检索指南	42.00
野生蕈菌生物学特性与栽培技术	28.00
中国农产品加工业发展战略及政策研究	80.00

书名	价格
2007 中国食品工业与科技发展报告	50.00
食品质量与安全案例分析	32.00
肉类产品概念设计	68.00
火腿加工原理与生产技术	40.00
餐饮企业绿色营销管理	30.00
食品功能成分的制备及其应用	26.00
糖醇生产技术与应用	45.00
基于 MATLAB 的化工实验技术（汉－英）	20.00
乳品科学与技术	45.00
碳水化合物功能材料	58.00
淀粉基生物降解材料	32.00
海藻酸	34.00
木糖与木糖醇的生产技术及其应用	32.00
合成香料工艺学	49.00
食品微胶囊技术	24.00
现代食品工程高新技术	80.00
乳品技术装备	90.00
营养保健食品	72.00
食品分析	23.00
新编食品微生物学	38.00
食品质量管理学	21.80
特种食用油的功能特性与开发	16.00
现代食品分子检测鉴别技术	46.00
原料乳生产与质量控制	42.00
液态乳加工与质量控制	54.00
中国传统乳制品加工与质量控制	20.00
乳与乳制品感官品评	39.00
食品酶学导论	18.00
食品冷藏学	38.00
植物活性成分开发	52.00
中国茶叶大辞典——荣获第四届国家辞书奖一等奖、第五届国家图书奖提名奖	380.00
瓶装水生产技术	24.00
饮料和冷饮配方 1800 例	72.00

书名	价格
肉制品配方1800例	95.00
冷饮生产技术	35.00
冷冻饮品生产技术	50.00
软饮料工艺学	36.00
蛋糕裱花基础（上册）——焙烤食品制作教程	32.00
蛋糕裱花基础（下册）——焙烤食品制作教程	32.00
面包制作入门——焙烤食品制作教程	35.00
时尚蛋糕制作精选	32.00
面包制作116款	32.00
食品保鲜技术	48.00
云南名特优果蔬保鲜实用技术	20.00
挤压食品	25.00
儿童食品	18.00
脉冲电场非热灭菌技术	28.00
西式糕点制作新技术精选（修订版）	20.00
现代中西式糕点制作技术	26.00
面粉品质改良技术及应用	20.00
复合调味品生产问答	15.00
大豆制品工艺学（第二版）	36.00
农产品市场营销理论与实践	21.00
农产品干燥理论与技术	32.00
类胡萝卜素化学及生物化学	50.00
现代乳品加工学	42.00
保健茶制作技术	25.00
浓香花生油制取技术	25.00
现代粮食加工技术	45.00
糙米调质技术	24.00
大豆蛋白质生产与应用	24.00
功能性低糖生产与应用	35.00
果蔬贮藏加工及质量管理技术	48.00
果蔬物流保鲜技术	26.00
芦荟活性成分研究及其应用	26.00
食品杀菌新技术	54.00
禽蛋制品生产技术	30.00

书名	定价（元）
功能性大豆食品	25.00
中国腐乳酿造（第二版）	60.00
肉制品加工原理与技术	22.00
肉制品添加物的性能与应用	30.00
零售企业食品安全信息管理	25.00
零售企业食品供应链管理	25.00

国外现代食品科技系列

书名	定价（元）
欧盟食品法典	30.00
食品淀粉结构、功能及应用	42.00
食品微波加工技术	36.00
食物成分与食品添加剂的分析方法	45.00
大豆功能食品与配料	43.00
工业化干燥原理与设备	35.00
食品添加剂分析方法	28.00
食品卫生原理	46.00
安全食品微生物学	35.00
食品化学安全（第二卷·食品添加剂）	35.00
饼干加工工艺（第三版）	50.00
麦芽与制麦技术	68.00
减肥与体重控制	56.00
功能性食品	35.00
食品香精的化学与工艺学（第三版）	42.00
肉制品加工技术（第三版）	39.00
冷冻食品加工技术	32.00
蛋糕加工工艺（第六版）	42.00
面包加工工艺	35.00
素食者膳食指南	47.00
食品加工原理	30.00
食品工业化干燥	32.00
简明临床膳食学	36.00
食品化学（第三版）	98.00
食品分析（第二版）	80.00
食品科学（第五版）	70.00
食品异杂物污染的防范	28.00

食品安全与健康系列

食源性病原微生物及防控	20.00
食品质量安全市场准入指南	23.00
食品安全指南	60.00
国家法定禽病诊断与防制	28.00
国家法定牛羊疫病诊断与防制	48.00
国家法定猪病诊断与防制	42.00
食品安全性	35.00
餐饮业 HACCP 实用教程	28.00
饲料与绿色食品	30.00
安全食品的开发与质量管理	44.00
HACCP 原理与实施	46.00
食品安全管理体系与质量环境管理体系整合实务	42.00
食品质量安全认证指南	46.00
食品安全预警理念、方法与应用	22.00
中国食品业与食品安全问题研究	30.00

服务三农·农产品深加工系列（国家十一五重点图书）

玉米深加工技术（第二版）	20.00
薯类加工技术	12.00
粮食加工技术	12.00
生态农业技术与产业化	20.00
蔬菜贮藏与加工技术	22.00
蛋制品加工技术	22.00
油菜籽加工与综合利用	25.00（估）

农产品深加工系列

农作物秸秆饲料加工技术	15.00
魔芋加工实用技术和装备	20.00
米粉加工原理与技术	18.00
大豆深加工技术	28.00
马铃薯深加工技术	20.00
生物资源开发利用	45.00
大蒜保鲜贮藏与深加工技术	25.00
净菜加工技术	24.00
柑橘加工与综合利用	22.00

蜂产品深加工技术	24.00

新版食品配方

新版蛋糕配方	20.00
新版休闲食品配方	25.00
新版饮料配方	16.00
新版乳制品配方	22.00
新版配制酒配方	20.00
新版果蔬配方	25.00
新版糕点配方	16.00
新版面包配方	25.00
新版饼干配方	25.00
新版调味品配方	16.00
新版酱腌泡菜与脱水菜配方	28.00
新版肉制品配方	20.00
新版冰淇淋配方	16.00
新版糖果巧克力配方	28.00
新版方便食品配方	24.00

食品生产工艺与配方

杂粮食品生产工艺与配方	20.00
龙口粉丝生产工艺与配方	15.00
水生蔬菜加工工艺与配方	26.00
新型饮料生产工艺与配方	38.00
新编肉制品生产工艺与配方	46.00
软冰淇淋生产工艺与配方	18.00
米果生产工艺与配方	20.00
酸奶和发酵乳饮料生产工艺与配方	23.00

食品营养

中国营养工作回顾	85.00
实用食物营养成分分析手册（第二版）	35.00
中国居民膳食营养参考摄入量	68.00
中国居民膳食营养参考摄入量（简要本）	16.00
营养与健康圣典（第五版）	38.00
实用钙补充剂手册	18.00
实用维生素矿物质补充剂手册	18.00

实用维生素矿物质安全手册	18.00
食品营养与卫生	18.80
维生素E的生产与应用	16.00
健康食品资源营养与功能评价	38.00
铁强化酱油技术指南——国家营养改善项目重点图书	14.00
儿科营养手册	80.00

食品添加剂

功能性食品添加剂	52.00
饲料与饲料添加剂	26.00
食品添加剂原理及应用技术（第二版）	42.00
食用胶的生产、性能与应用	25.00
食品添加剂（修订版）	27.50
食品增稠剂（第二版）	52.00
食品添加剂使用手册（精装）	25.00
食品添加剂基础	18.00
食品添加剂在饮料中的应用	20.00
食品色香味化学（第二版）	45.00
天然色素的生产及应用	28.00
食品添加剂手册	130.00
高效甜味剂	52.00

食品安全与营养健康科普丛书

牛奶对你"说"	12.00
食品安全知识手册	3.80
关注身边的食品安全	15.00
益生菌与健康生活	18.80
食品添加剂知多少	12.80
食品污染知多少	12.00
食品标签巧识别	12.00
食品的魔术师——酶	25.00
掺假食品识别300招	18.80
中老年滋补保健酒	28.00
婴幼儿营养与科学喂养	28.00
蜜蜂生生不息一亿年的奥秘——蜜蜂产品食疗养生话题	34.00

社会主义新农村建设实务丛书
现代农业园区规划与案例分析　　　　　　　　　　36.00
农业美学初探　　　　　　　　　　　　　　　　　14.00

购书办法：各地新华书店，本社网站（www.chlip.com.cn）、当当网（www.dangdang.com）、卓越网（www.joyo.com）、轻工书店（联系电话：010-65128352），我社读者服务部（联系电话：010-65241695）。

天津杨柳青果蔬博览园

总平面图

园区大门

园区现状

禄园立体栽培（1）

禄园立体栽培（2）

禄园瓜果长廊

喜园热带风情展示

内蒙古乌海市海勃湾区高效农业示范园

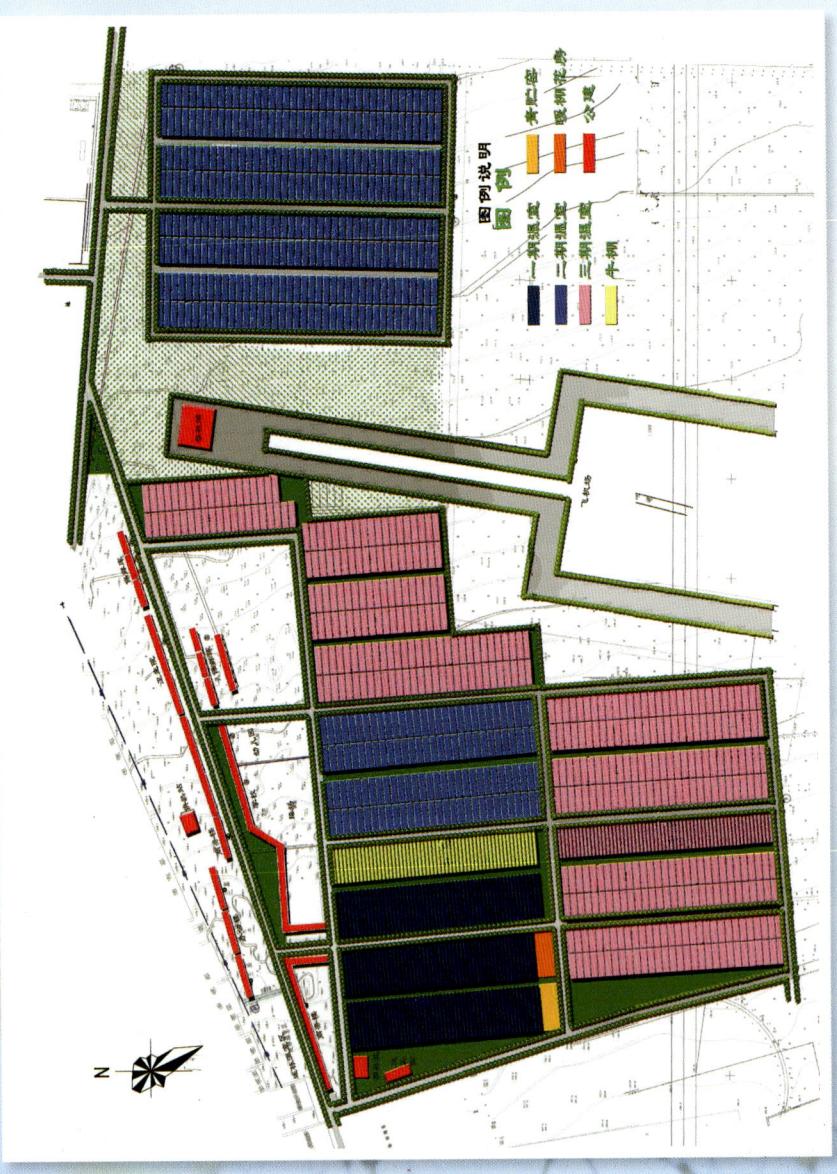

园区平面图

无锡唯琼生态农庄

鸟瞰图

山西皇城相府养生农业区

鸟瞰图

内蒙古鄂尔多斯市绿梦苑生态农业科技园

鸟瞰图

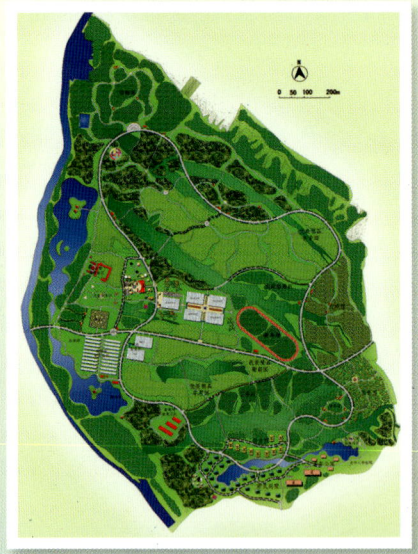

平面图

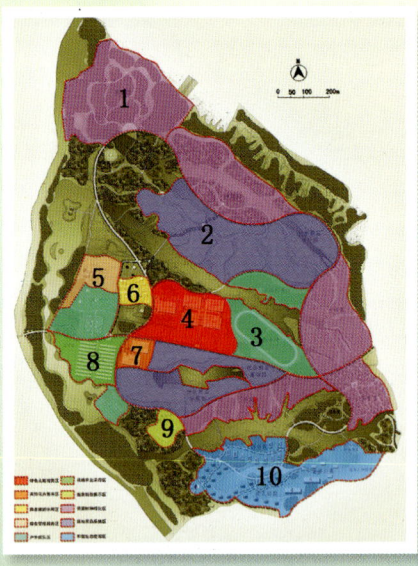

功能结构分布图

1-乔灌树种绿化区　　6-商务旅游休闲区
2-露地果品采摘区　　7-高档花卉繁育园
3-户外娱乐区　　　　8-设施农业示范区
4-特色主题观赏区　　9-畜禽科普展示区
5-综合管理服务区　　10-和谐生态度假区

中国台湾香格里拉休闲农场

农场内建筑物

从香格里拉休闲农场眺望兰阳平原

中国台湾台一生态教育休闲农场

农场内景

日本北海道富良野观光旅游农业园

彩虹花田

薰衣草花田